趣味空间思维
平面空间

STEAM 核心能力

主编　王婧雯

"码"上了解本书

学校：＿＿＿＿＿＿＿＿＿＿＿＿

班级：＿＿＿＿＿＿＿＿＿＿＿＿

姓名：＿＿＿＿＿＿＿＿＿＿＿＿

河南大学出版社
HENAN UNIVERSITY PRESS
·郑州·

图书在版编目（CIP）数据

趣味空间思维 / 王婧雯主编. -- 郑州 : 河南大学出版社, 2022.3
　　ISBN 978-7-5649-5038-5

Ⅰ. ①趣… Ⅱ. ①王… Ⅲ. ①小学数学课 - 教学参考资料 Ⅳ. ①G624.503

中国版本图书馆CIP数据核字(2022)第044161号

趣味空间思维
QUWEI KONGJIAN SIWEI

责任编辑	仝一帆
责任校对	王丽芳
封面设计	荣恒设计部
版式设计	荣恒排版部

出版发行	河南大学出版社		
	地址：郑州市郑东新区商务外环中华大厦2401号　邮编：450046		
	电话：0371-86059752（自然科学与外语部）　　网址：hupress.henu.edu.cn		
	0371-86059701（营销部）		
印　刷	河南省诚和印制有限公司		
版　次	2022年3月第1版	印　次	2022年3月第1次印刷
开　本	890 mm × 1240 mm　1/16	印　张	24
字　数	300千字	定　价	108.00元（全6册）

（本书如有印装质量问题，请与河南大学出版社营销部联系调换。）

前 言

空间思维能力是STEAM［科学（Science）、技术（Technology）、工程（Engineering）、艺术（Arts）、数学（Mathematics）］教育中各学科的共同基础和核心能力。

荣恒"趣味空间思维"训练丛书是一套培养孩子创造力、专注力、逻辑推理能力、观察能力、语言表达能力、绘图能力、空间想象能力等的益智读物。

《平面空间》是其中一本，本书由图形的认识、图形的分割、图形的面积、对称图形、七巧板等内容构成。

图形的认识可以教孩子认识生活中常见的平面图形，并能利用这些图形简单拼出其他图形。

图形的分割要求找出剪开后的相同的图形，锻炼孩子的观察能力和动手能力。

图形的面积和对称图形主要考查孩子的观察能力，并提升孩子的空间想象能力。

七巧板主要由孩子来动手操作完成，拼出现有的组合，也可以拓展思维，拼出新的组合。

本书从不同的角度加强孩子的思维能力，同时也为后续的学习打下一定的基础。

目 录

1. 图形的认识 ············ 1

2. 图形的分割 ············ 25

3. 图形的面积 ············ 41

4. 对称图形 ············ 46

5. 七巧板 ············ 53

◆ 参考答案 ············ 57

1 图形的认识

1. 正方形

（1）两个正方形通过移动和旋转可以拼出下面的图形。

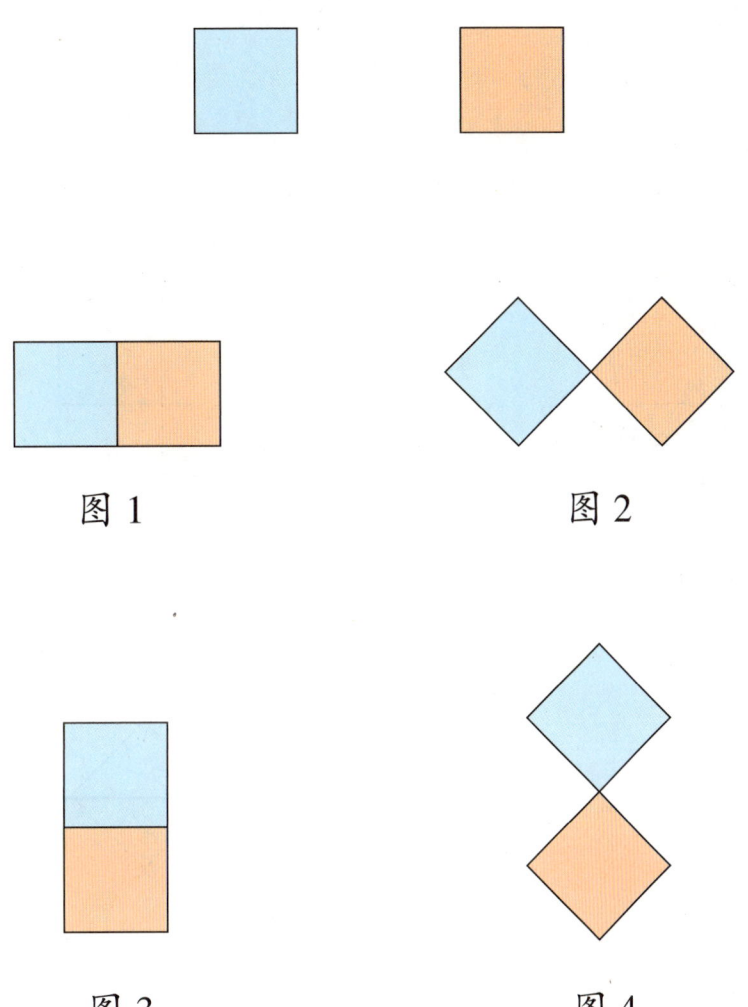

图 1　　　　　　　图 2

图 3　　　　　　　图 4

（2）四个正方形通过移动和旋转可以拼出下面的图形。

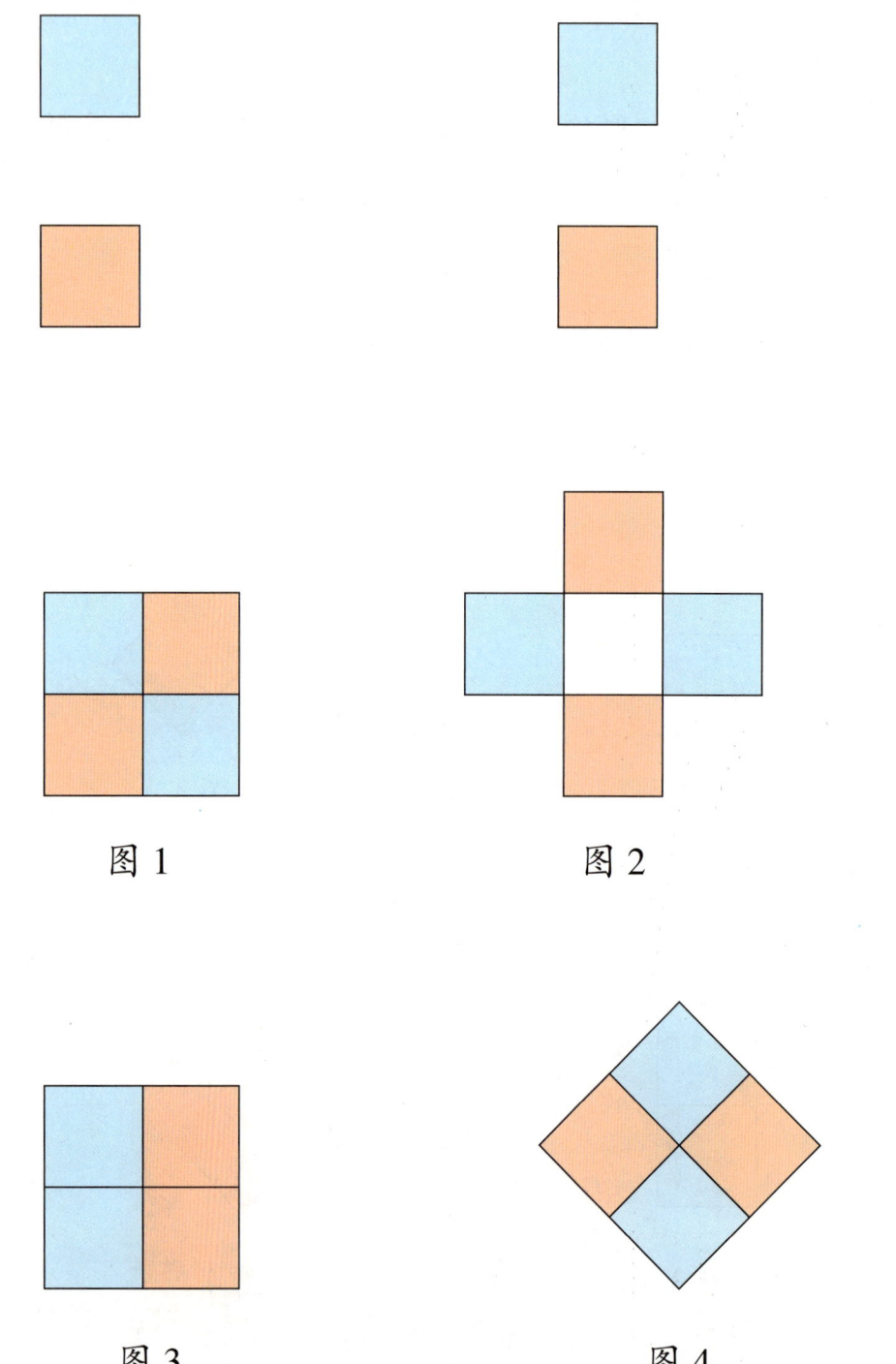

图1　　　　　　　图2

图3　　　　　　　图4

（3）多个正方形可以拼出"山峰"。

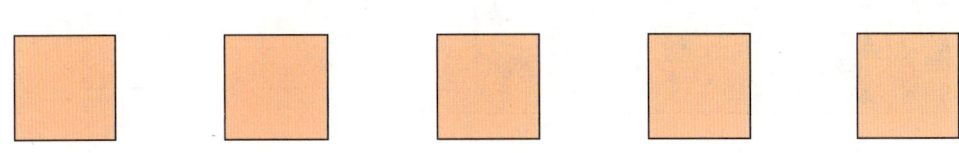

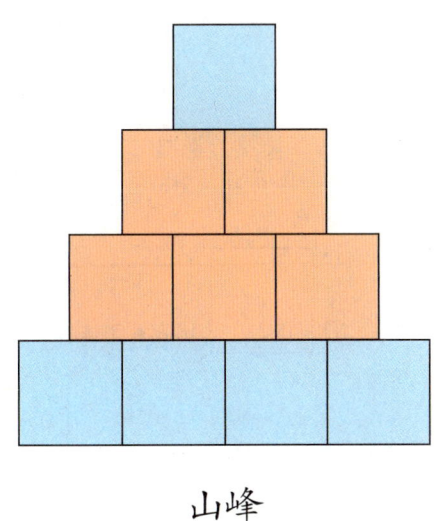

山峰

（4）用大小不同的正方形可以拼出"机器人"。

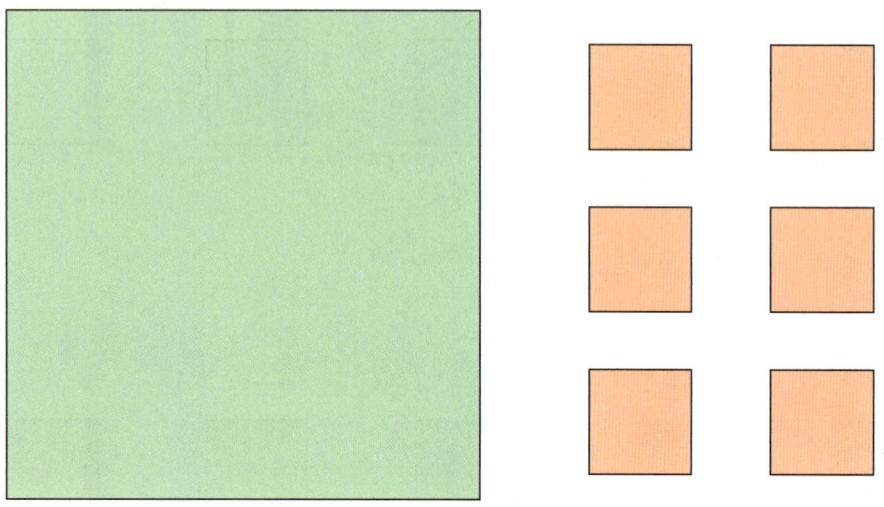

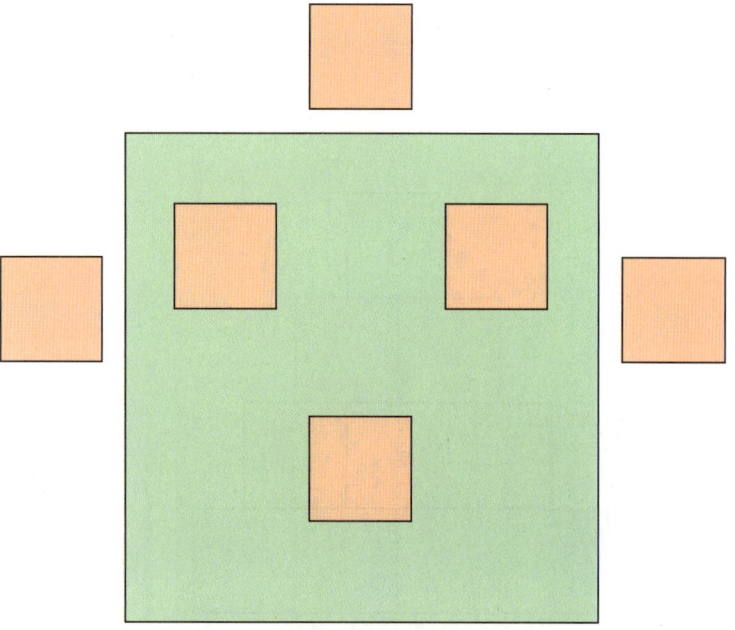

机器人

2. 长方形

（1）用两个长方形可以拼出下面的图形。

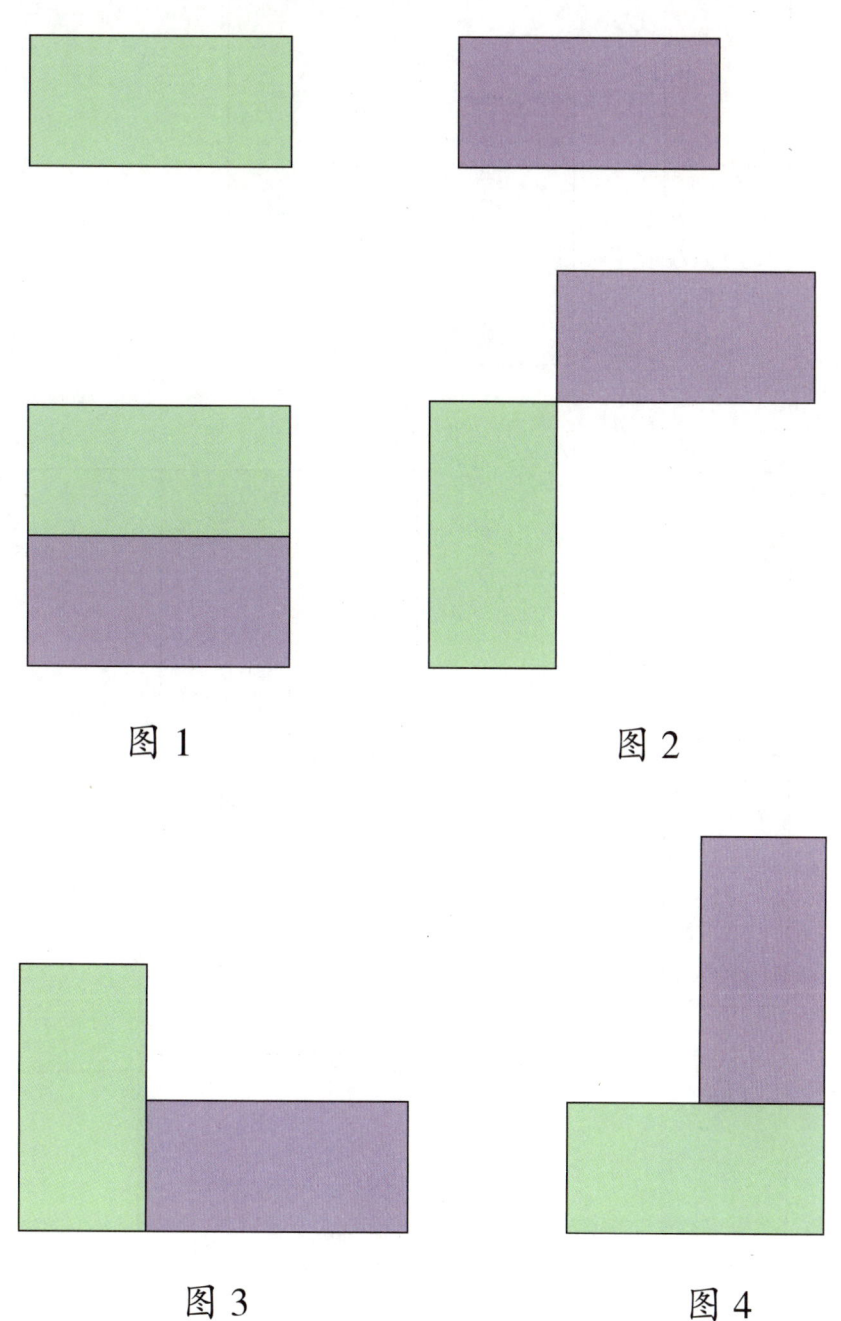

图 1　　　　　　图 2

图 3　　　　　　图 4

（2）用三个长方形可以拼出下面的图形。

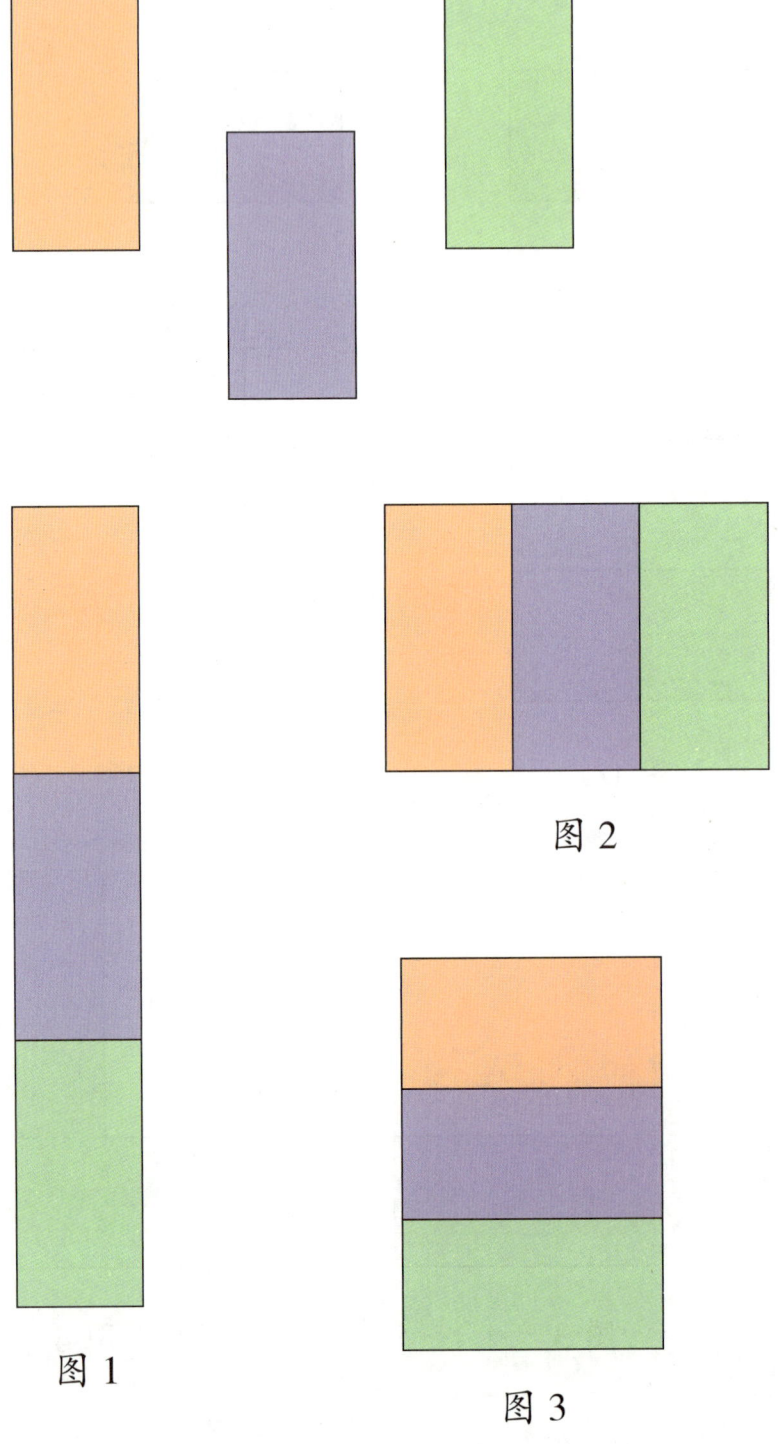

图1

图2

图3

3. 三角形

（1）用两个直角三角形可以拼出下面的图形。

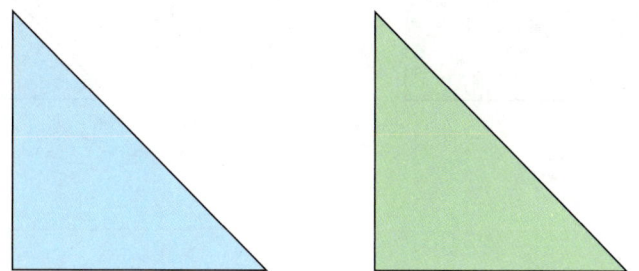

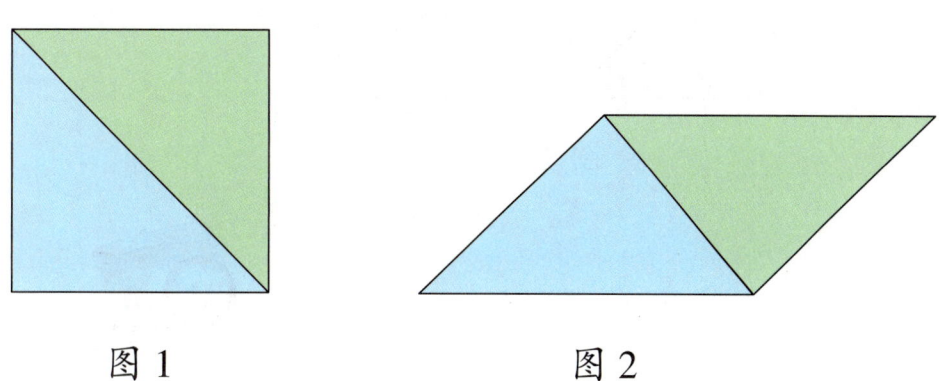

图1 　　　　　图2

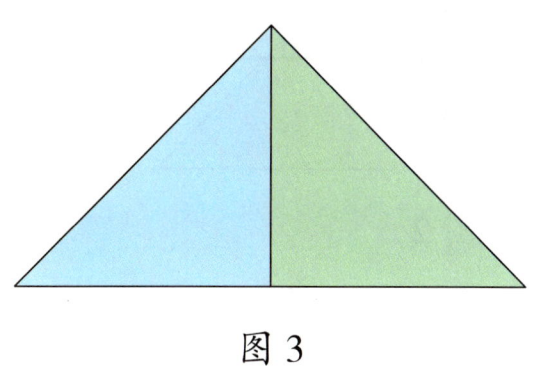

图3

（2）用四个直角三角形可以拼出下面的图形。

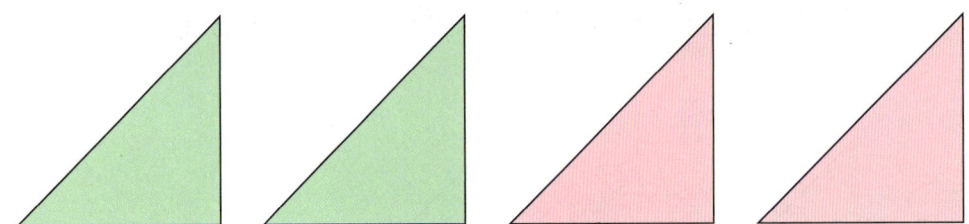

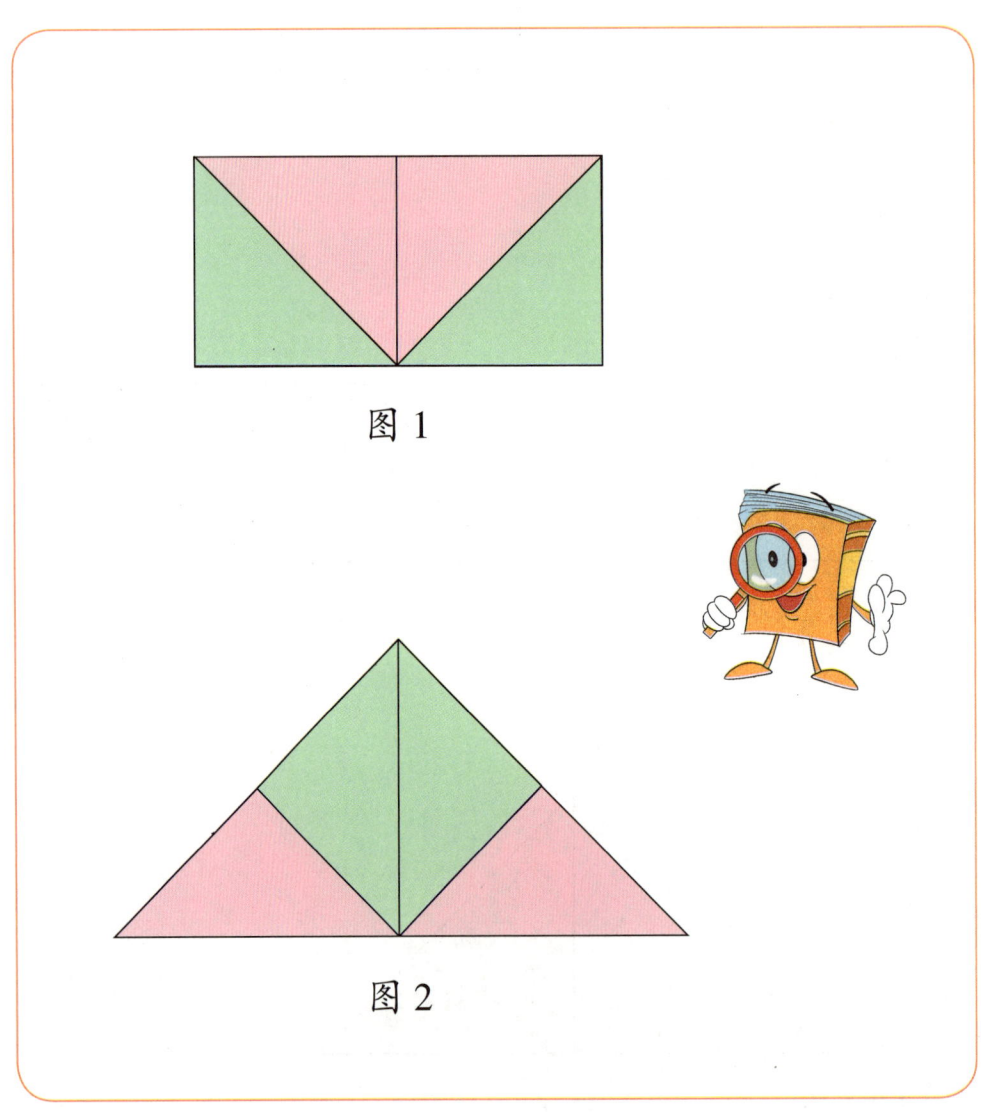

图1

图2

（3）用两个等边三角形可以拼出下面的图形，你知道如何拼吗？画一画。

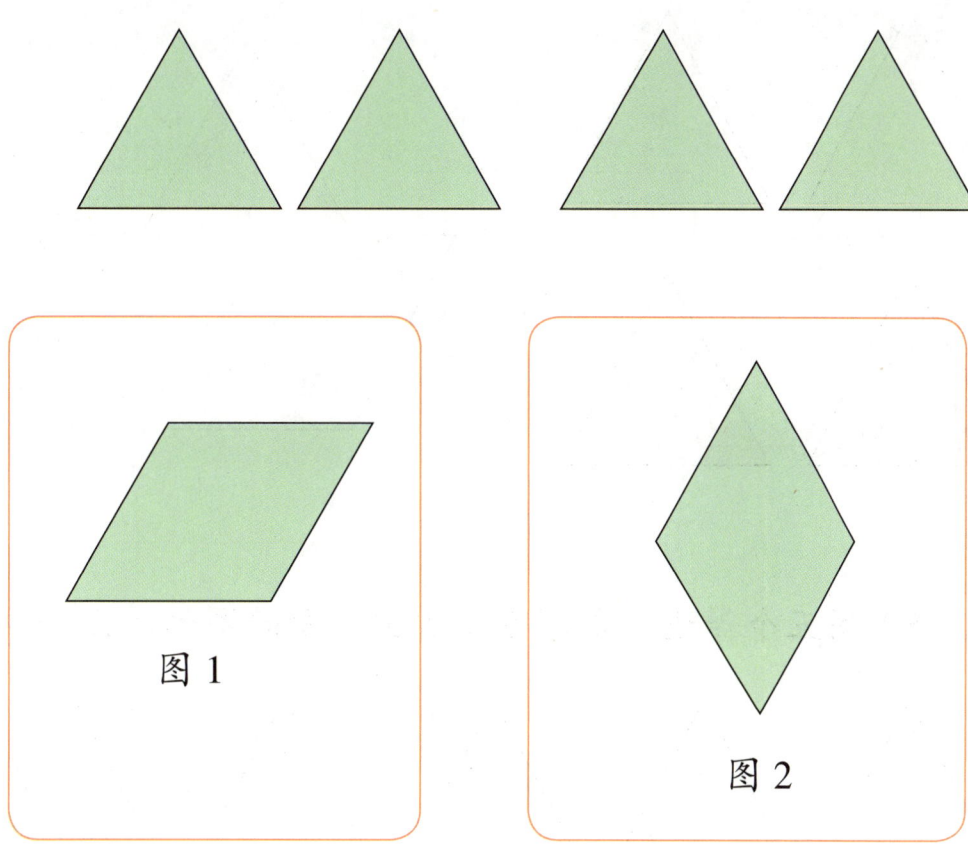

图1　　　图2

这个梯形是由几个等边三角形拼成的呢？画一画。

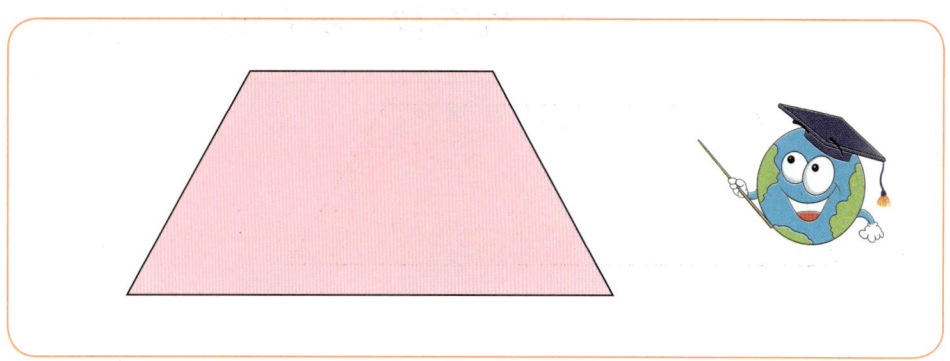

（4）用四个等边三角形可以拼出右面的图形。画一画。

（5）用五个等边三角形可以拼出下面的图形。画一画。

像不像一座大坝？

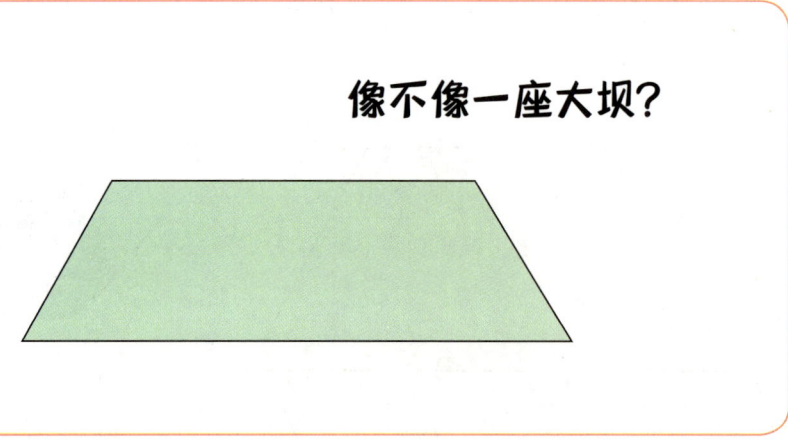

4. 圆形

(1) 用半圆可以拼出"圆"。

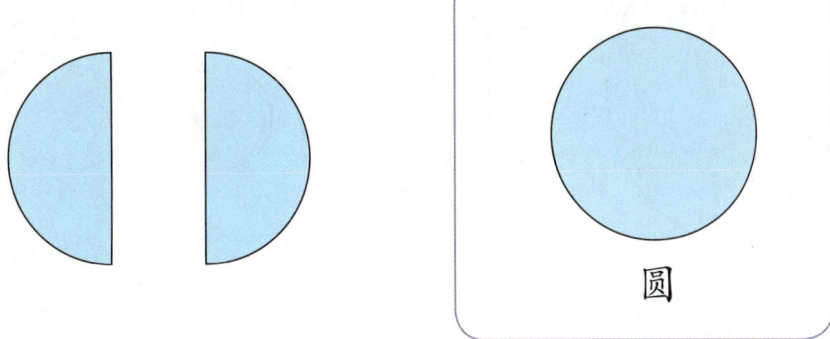

(2) 用圆和正方形可以拼出"灯泡"。

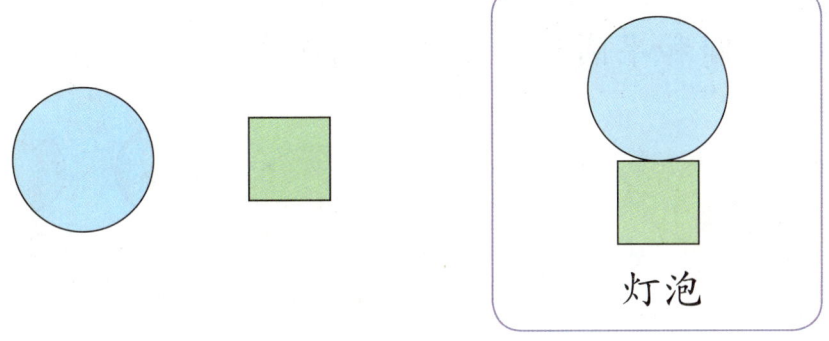

(3) 用圆和长方形可以拼出"球拍"。

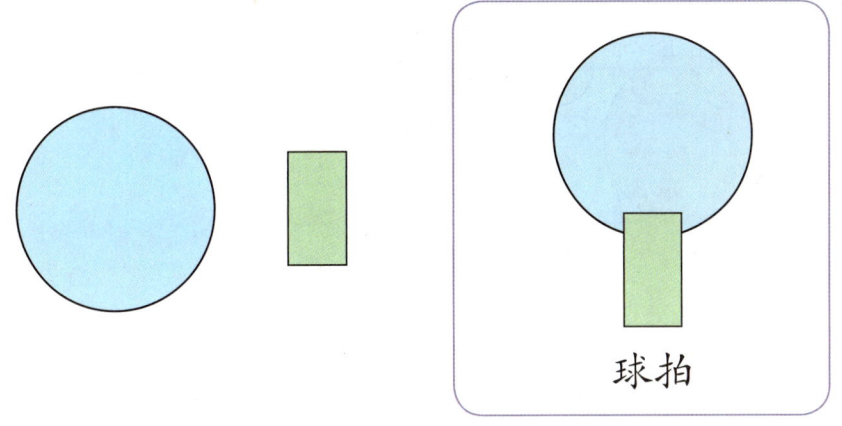

（4）用圆和半圆可以拼出"小熊"。

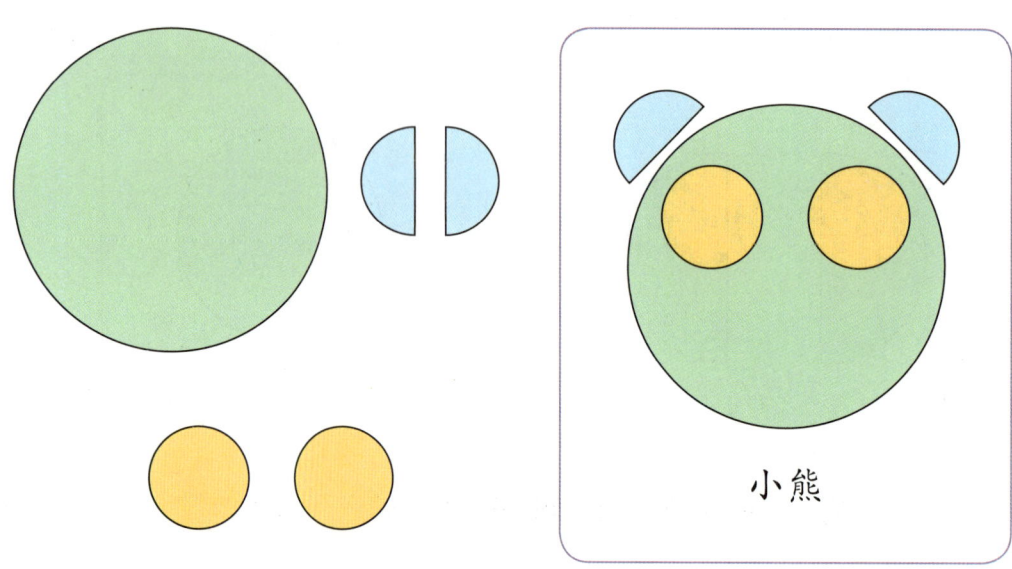

小熊

（5）用圆和半圆可以拼出"螃蟹"。

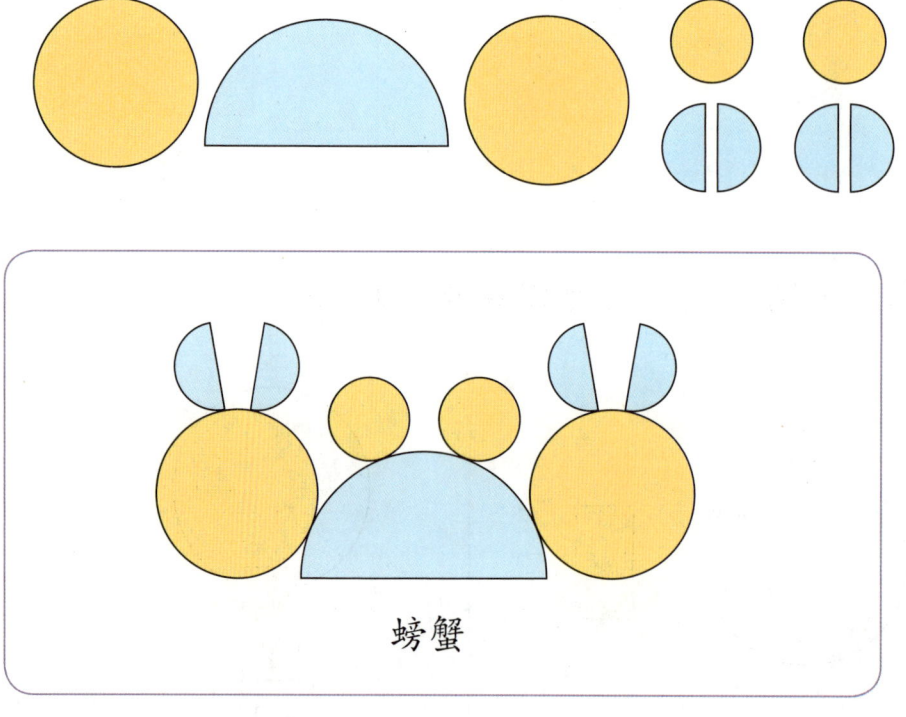

螃蟹

（6）用圆和半圆可以拼出"小蜜蜂"。

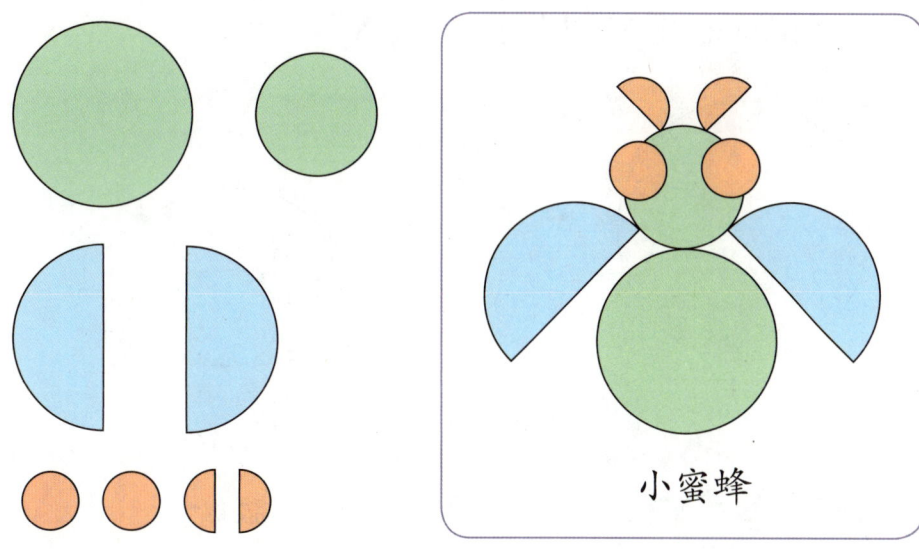

（7）用圆、三角形和扇形可以拼出"小鸟"。

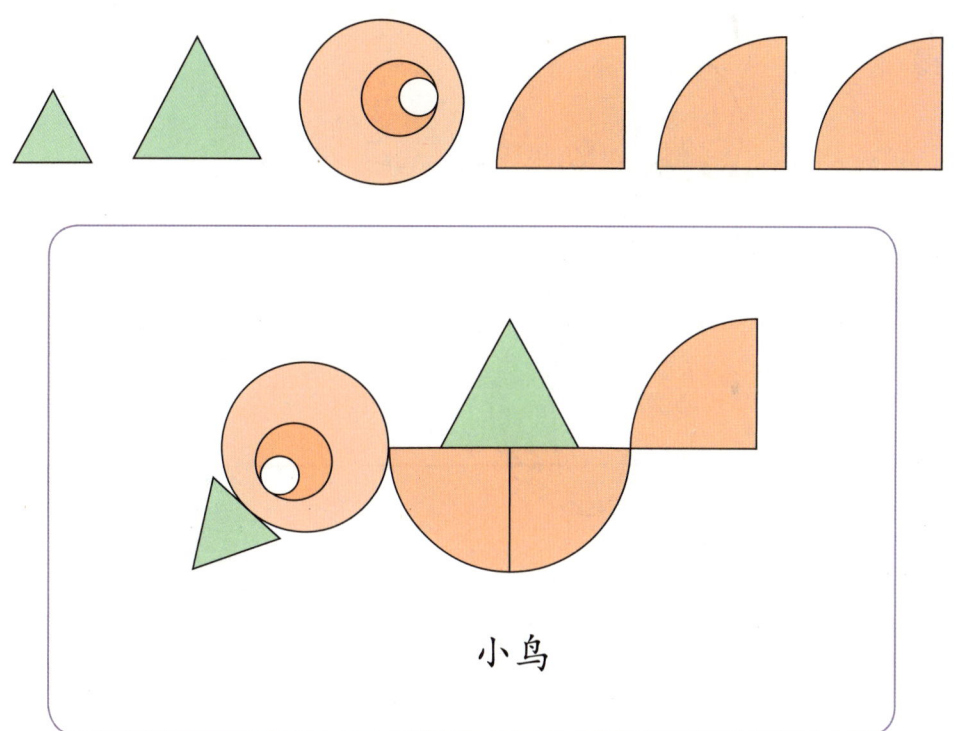

5. 椭圆形

（1）用圆和椭圆可以拼出"眼睛"。

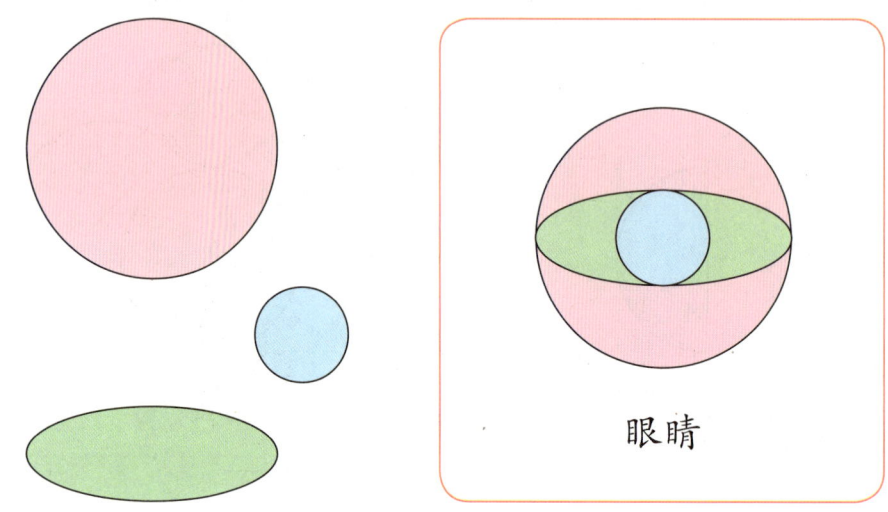

眼睛

（2）用圆、椭圆和长方形可以拼出"小树"。

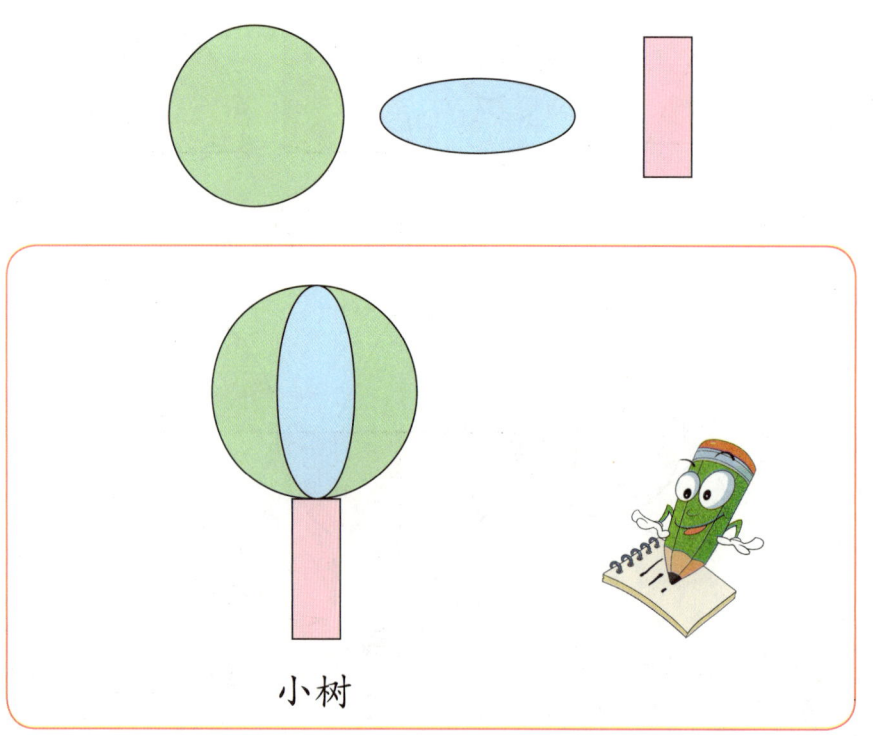

小树

（3）用椭圆可以拼出美丽的"蝴蝶"。

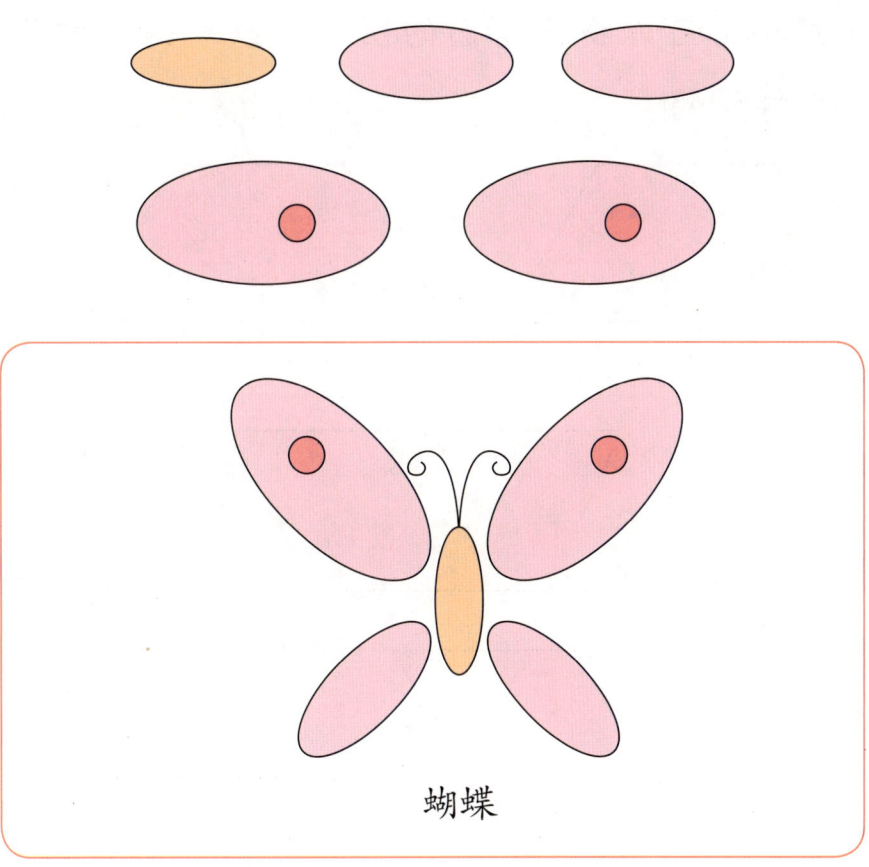

蝴蝶

（4）用椭圆可以拼出"孔雀的羽毛"。

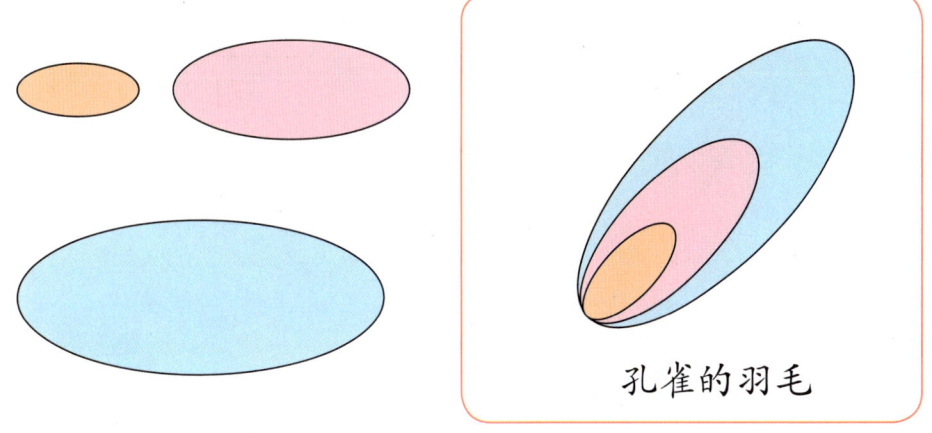

孔雀的羽毛

6. 梯形

（1）用梯形可以拼出下面的图形。画一画，看看是怎样拼的。

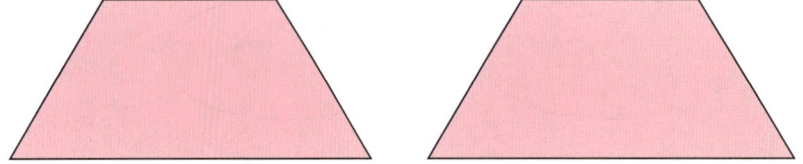

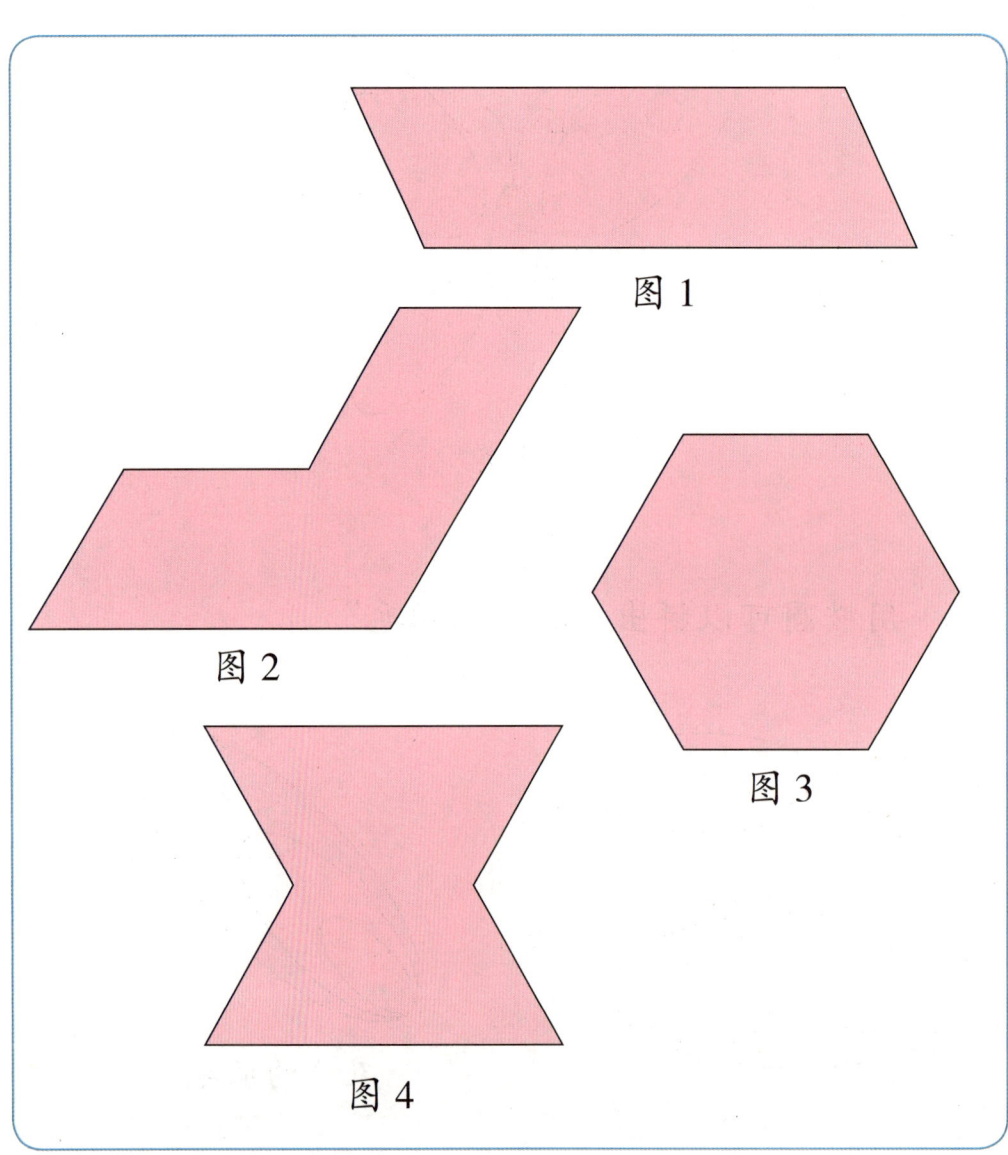

图1

图2

图3

图4

（2）用梯形可以拼出"水壶"。

水壶

（3）用梯形和三角形可以拼出"小船"。

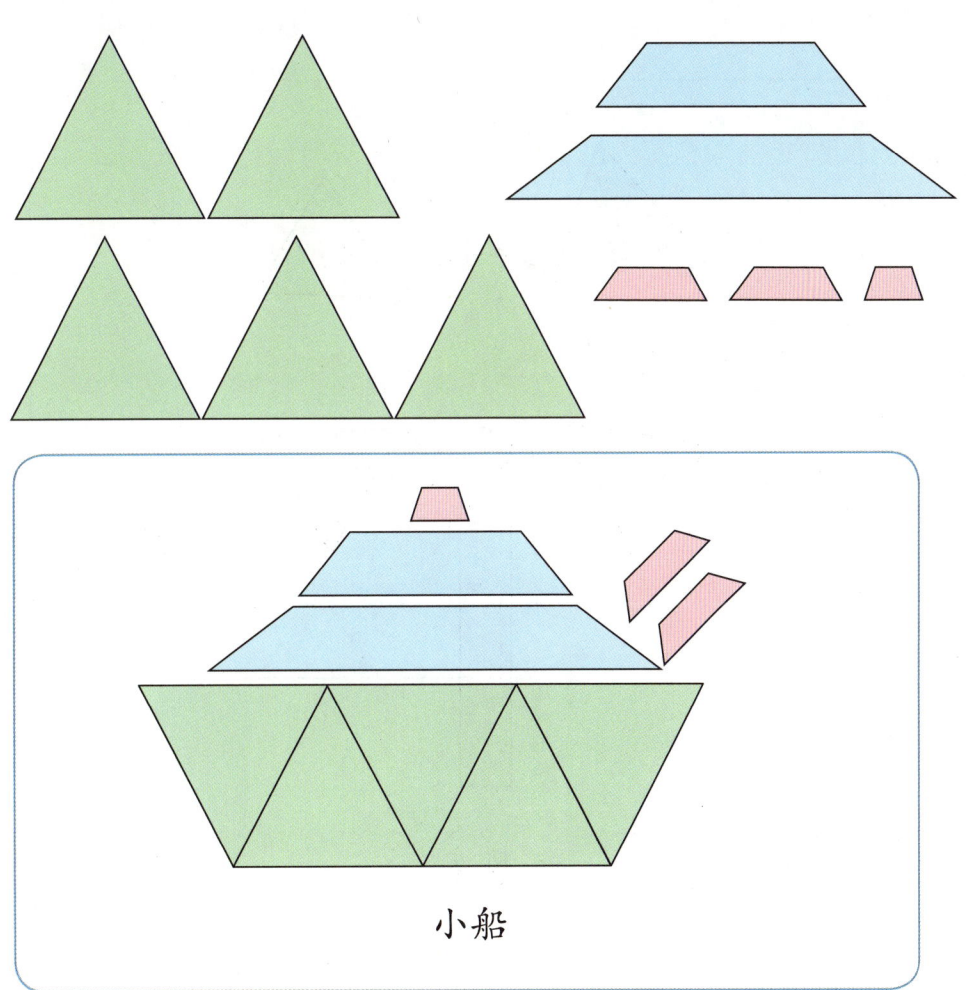

小船

7. 多种图形的组合

（1）用三角形、长方形和圆可以拼出"风车"。

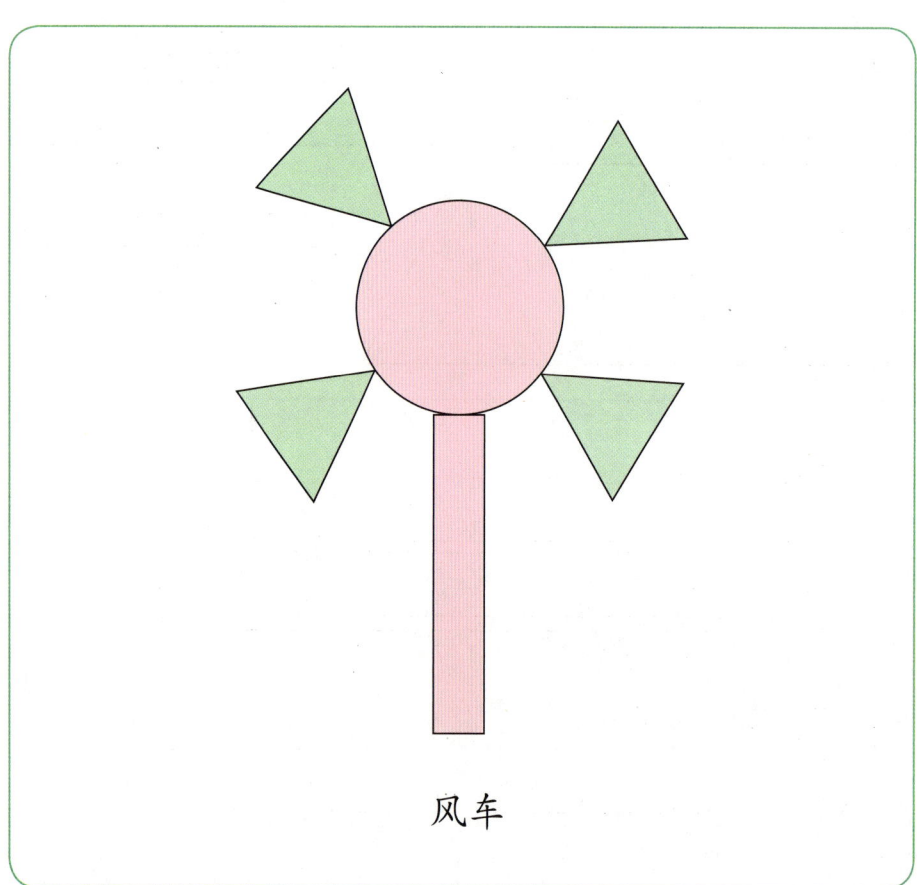

风车

（2）用梯形、圆、长方形和三角形可以拼出"台灯"。

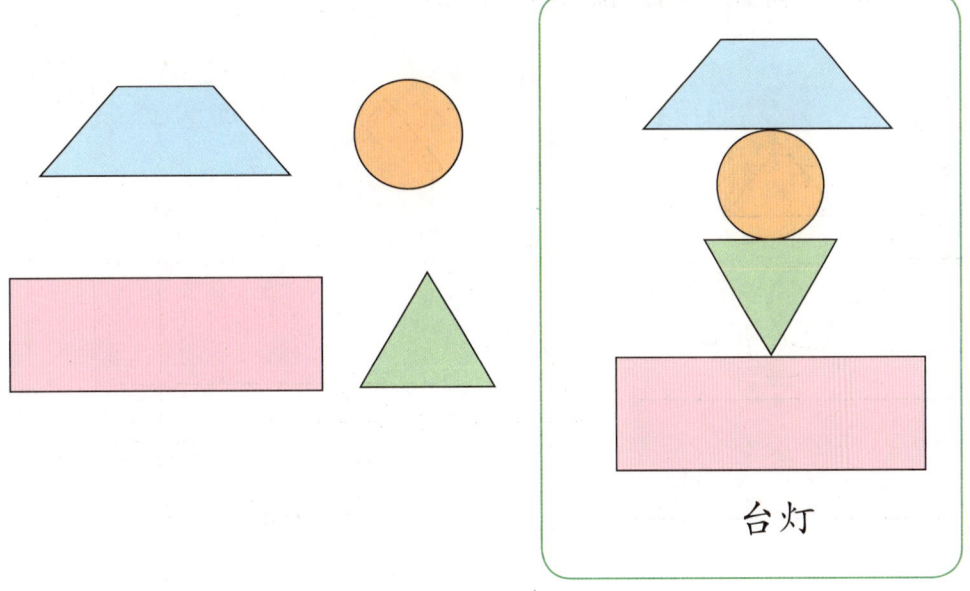

（3）用正方形、长方形、圆和三角形可以拼出另一种"台灯"。

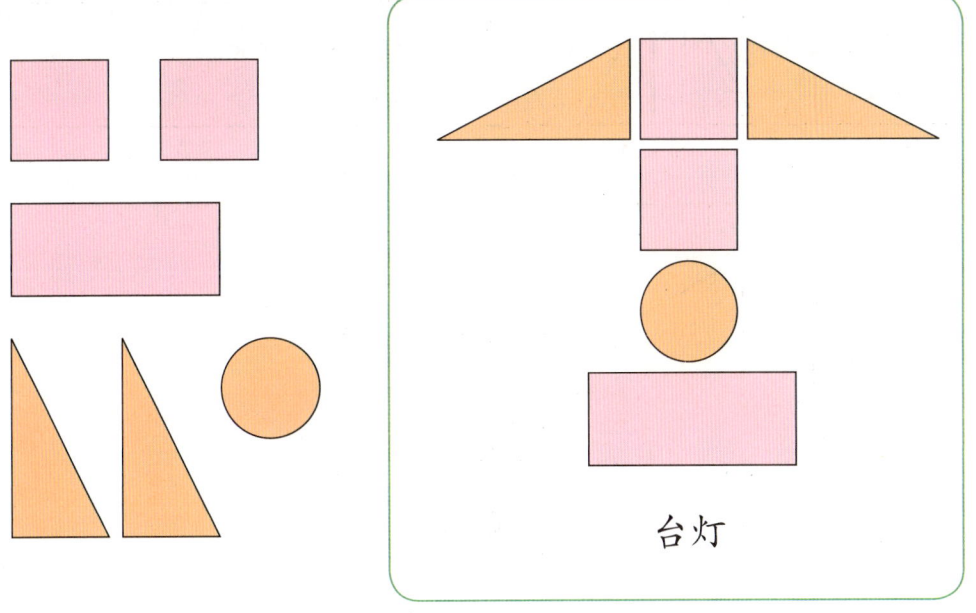

（4）用三角形、正方形、圆和长方形可以拼出"火车"。画一画，看看是怎么拼的。

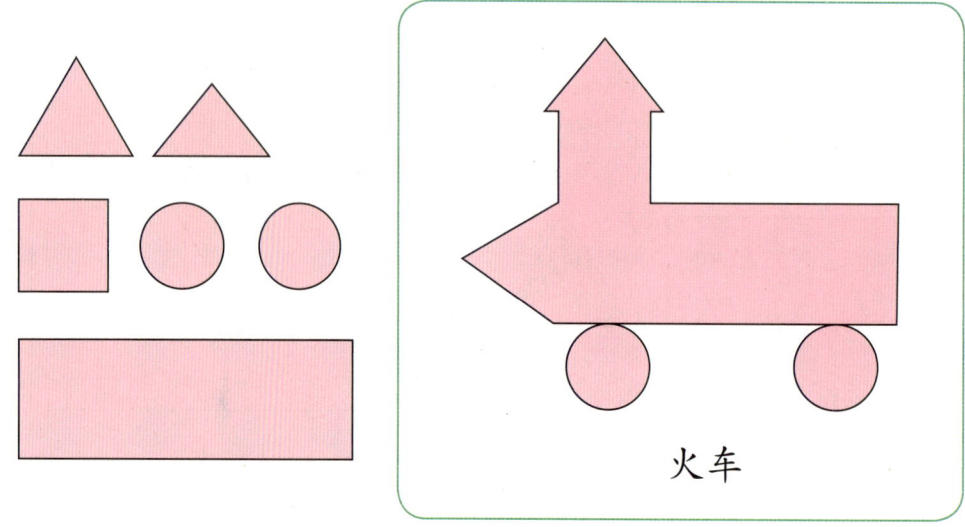

火车

（5）用三角形、梯形和长方形可以拼出"火箭"。画一画，看看是怎么拼的。

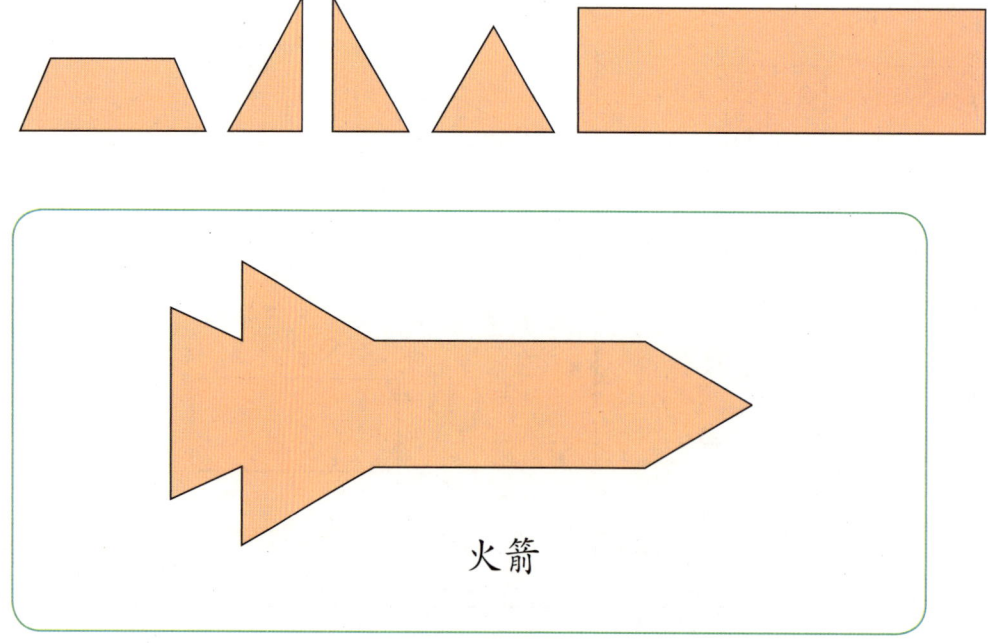

火箭

(6) 用正方形和三角形可以拼出"小鱼"。画一画，看看是怎么拼的。

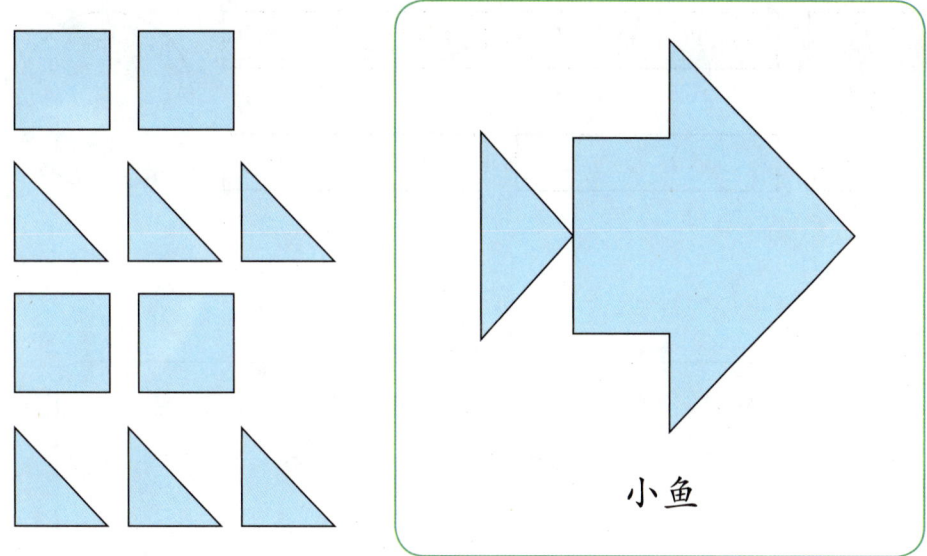

小鱼

(7) 用长方形和扇形可以拼出"小花"。画一画，看看是怎么拼的。

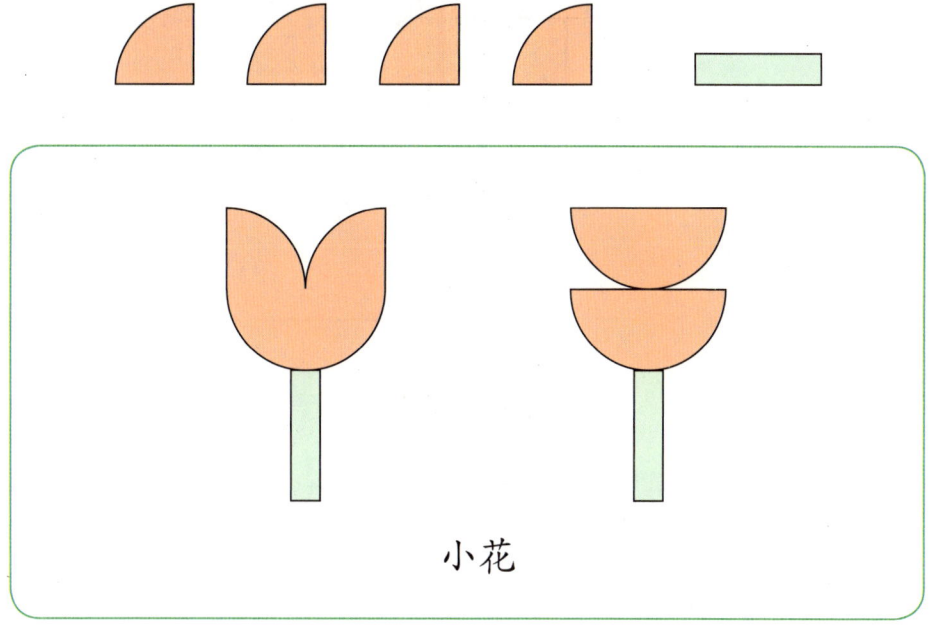

小花

（8）用正方形、长方形和圆拼出聪明的"我"。

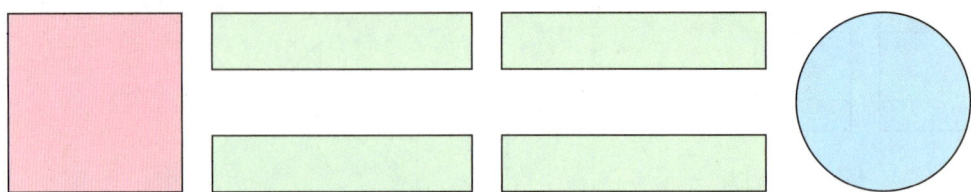

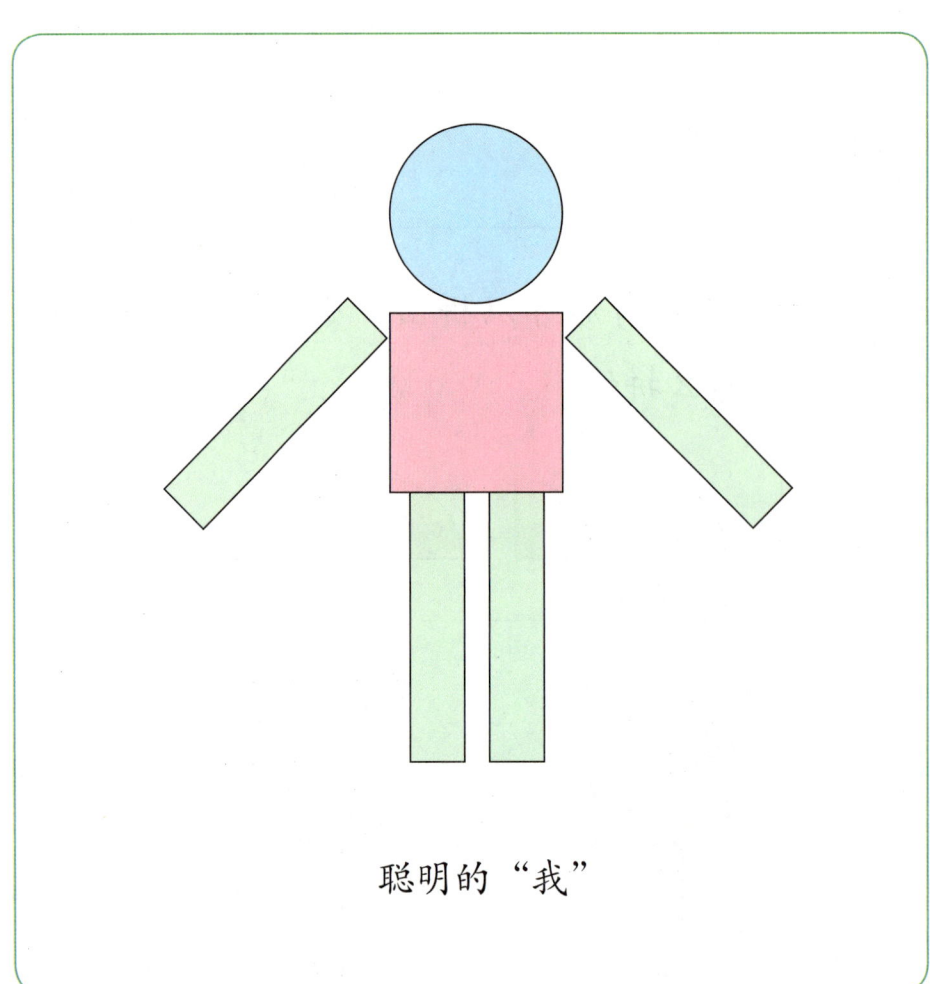

聪明的"我"

（9）用长方形、三角形和梯形拼出"松树"。画一画，看看是怎么拼的。

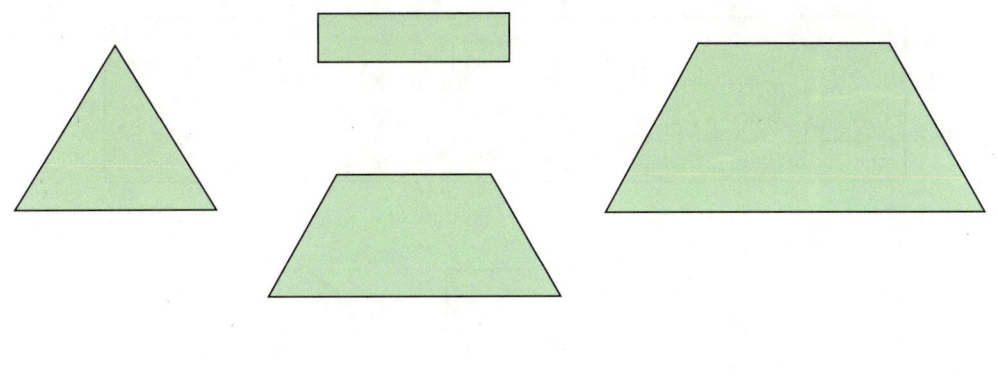

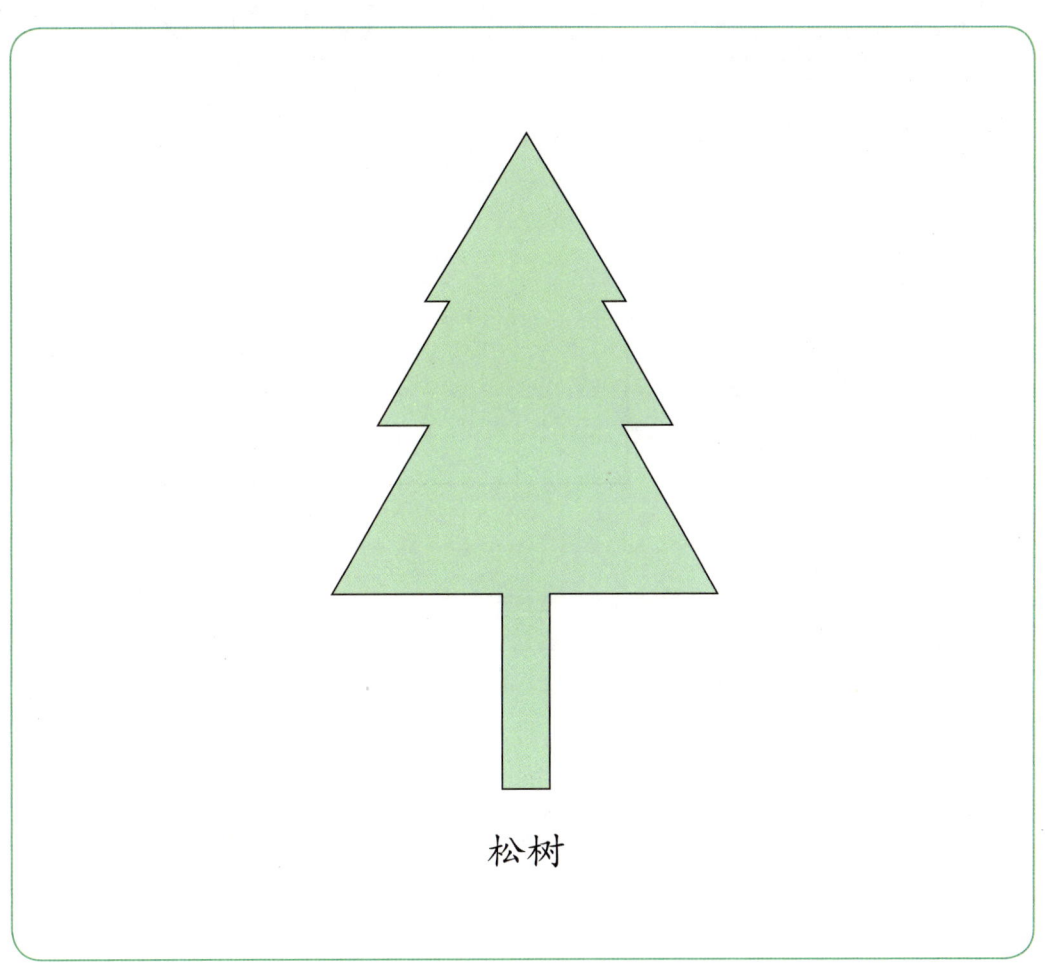

松树

（10）用长方形、三角形、半圆和正方形拼出"小汽车"。画一画，看看是怎么拼的。

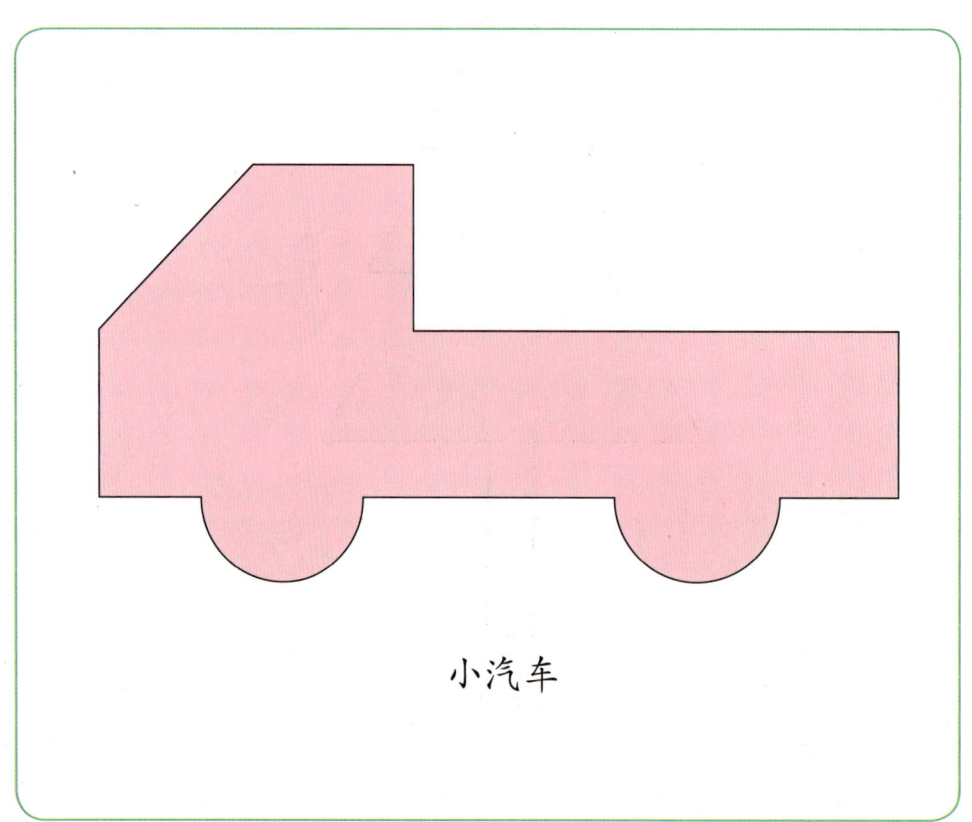

小汽车

2 图形的分割

扫码获取学习资源

 找相同的图形

1. 找一找，下列各图中有哪些完全相同的图形呢？请你把相同的图形做上相同的标记。

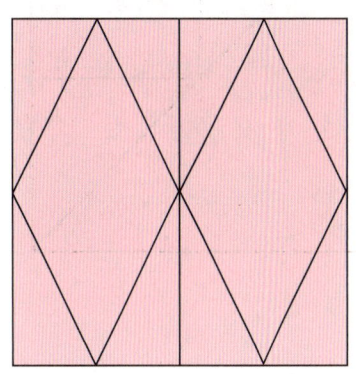

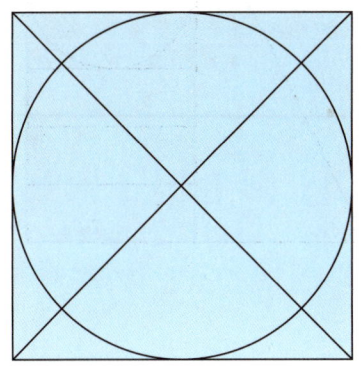
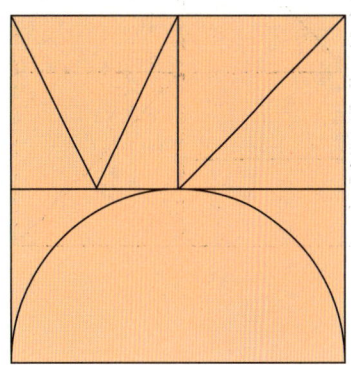

2. 找一找，下列各图中有哪些完全相同的图形呢？请你把相同的图形做上相同的标记。

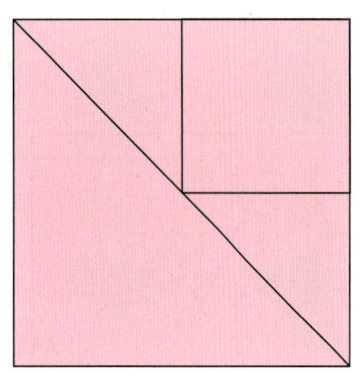
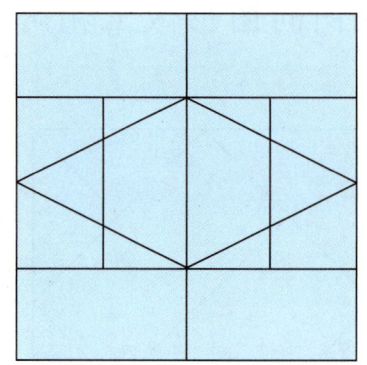

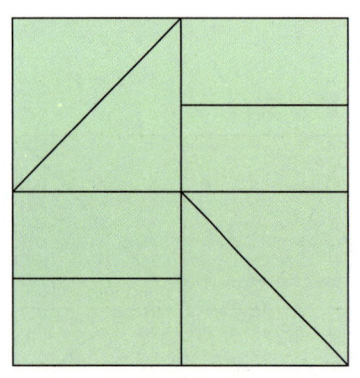

 找出没有用到的图形

1. 用若干个上边格子里的小图形可以拼出下边格子里的大图形中的2个，只有一个不能拼出来，把它圈出来。

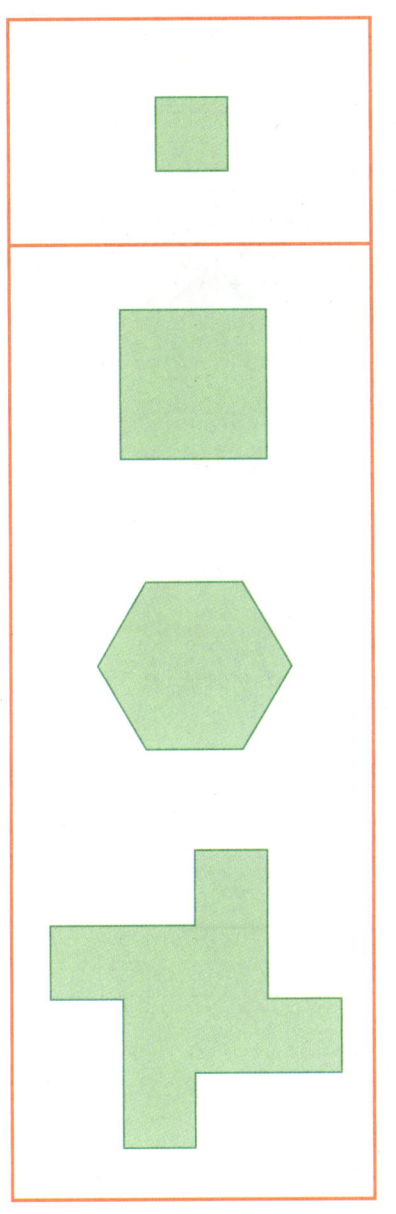
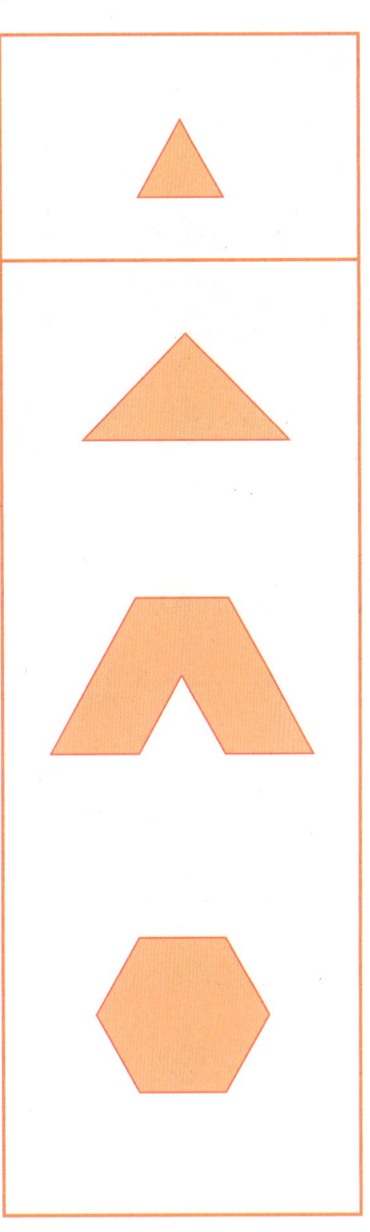

2. 用若干个上边格子里的小图形可以拼出下边格子里的大图形中的 2 个，只有一个不能拼出来，把它圈出来。

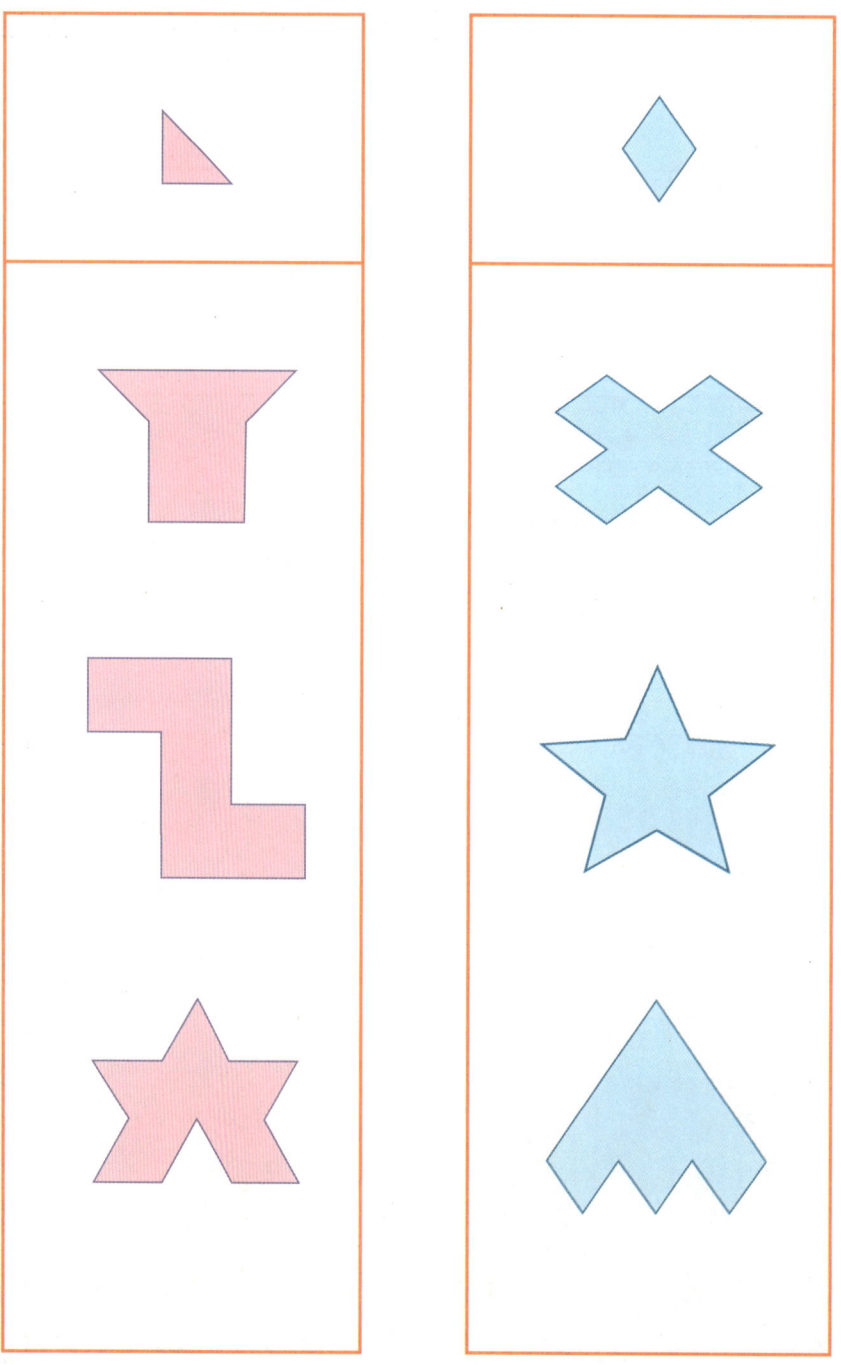

3. 左边格子里的图形是用右边格子里的 3 个图形拼成的，请你在右边格子里找到用不到的那个图形，把它圈出来。

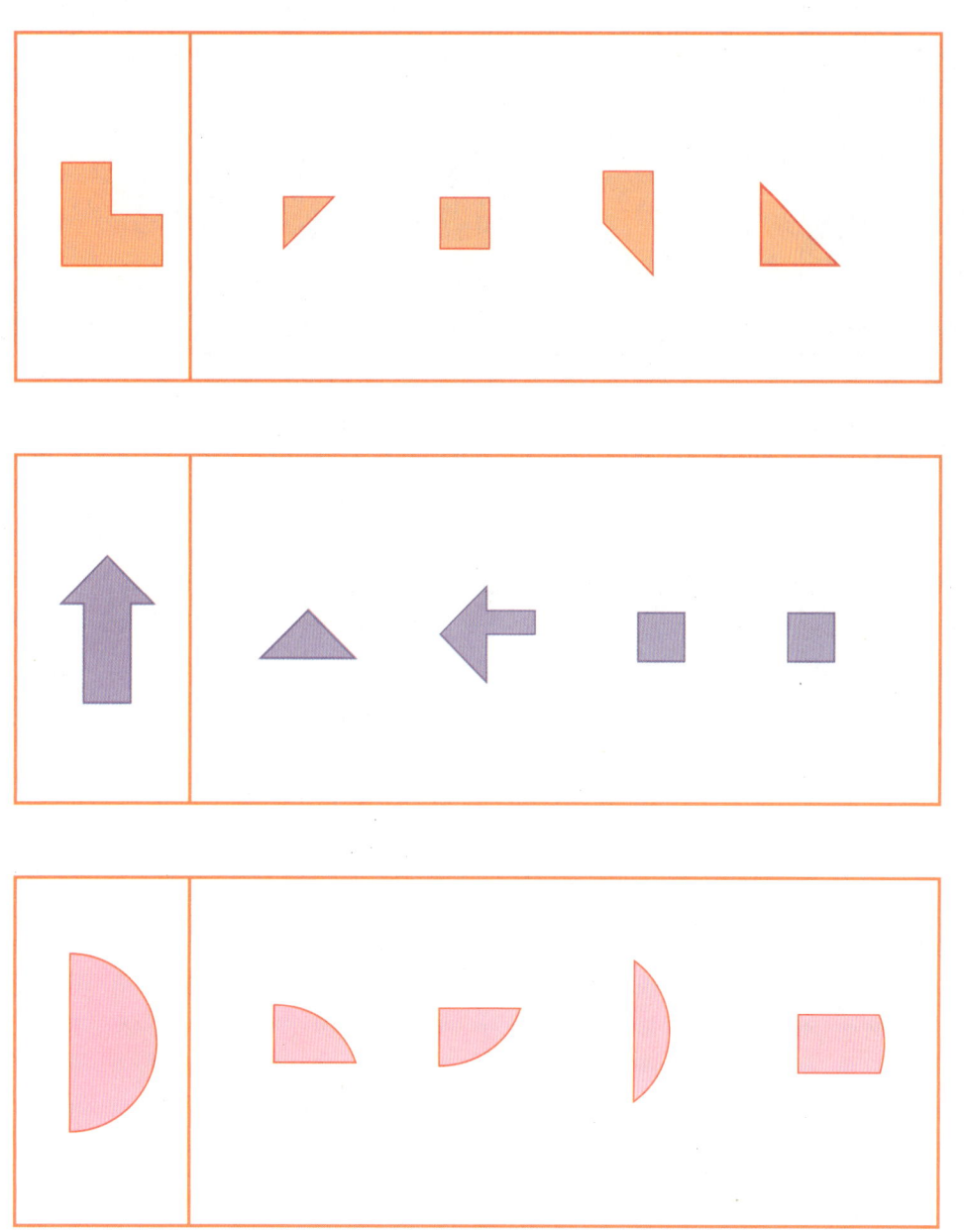

4. 左边格子里的图形是用右边格子里的 3 个图形拼成的，请你在右边格子里找到用不到的那个图形，把它圈出来。

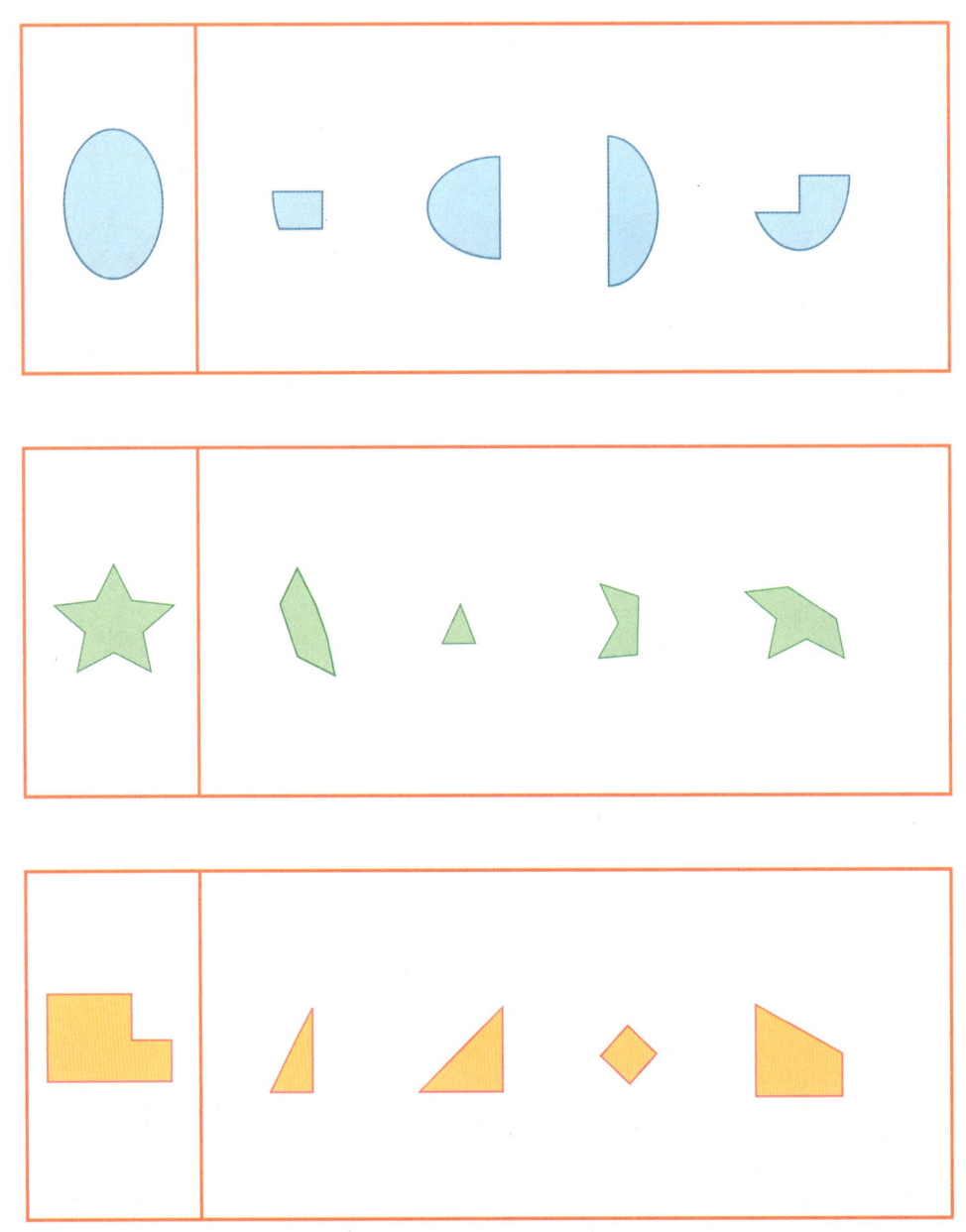

 找出包含的图形

1. 右边格子里的图形是由多个图形拼成的，左边格子里是其中一个图形的一块拼图，请你在右边格子里找出含有左边格子里的拼图的图形，把它圈出来。

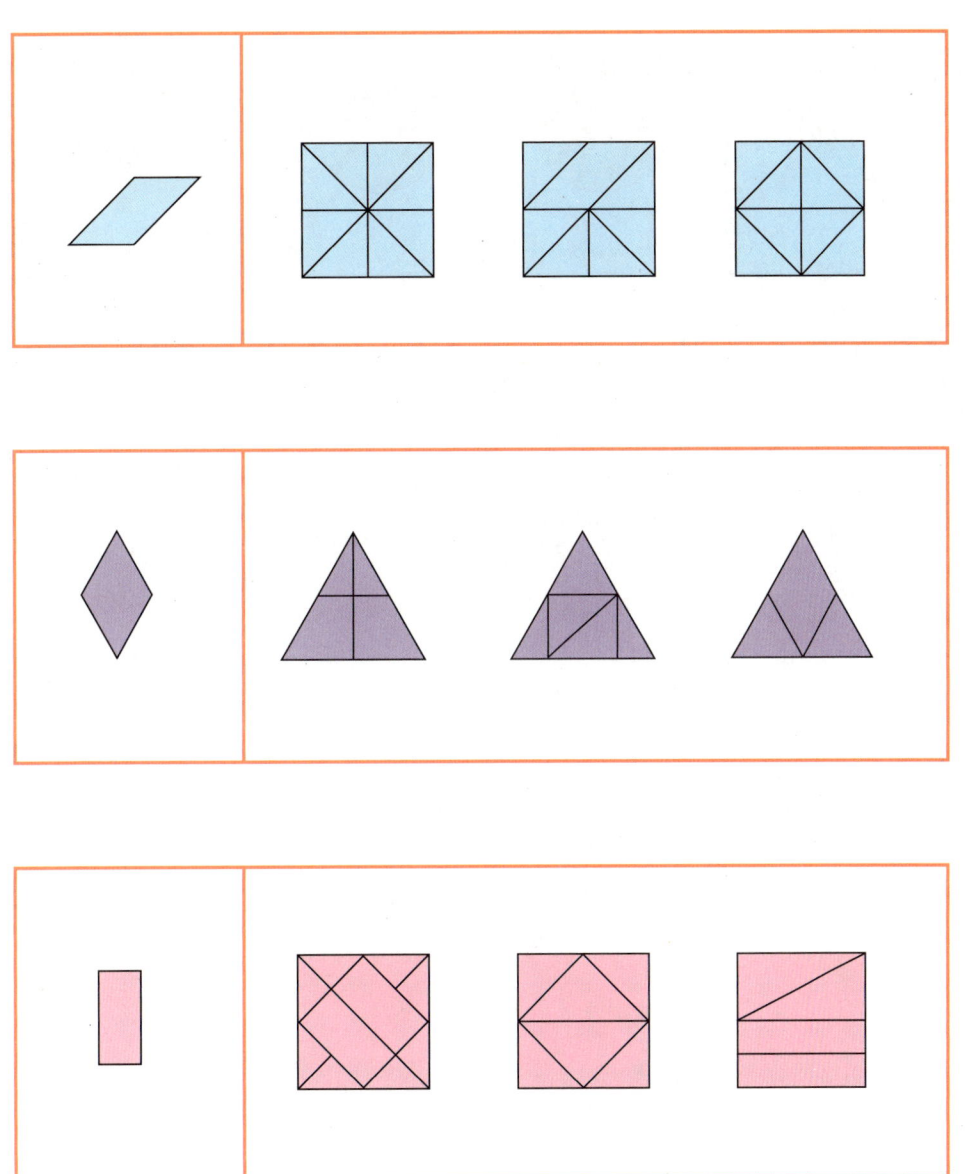

2. 右边格子里的图形是由多个图形拼成的，左边格子里是其中一个图形的一块拼图，请你在右边格子里找出含有左边格子里的拼图的图形，把它圈出来。

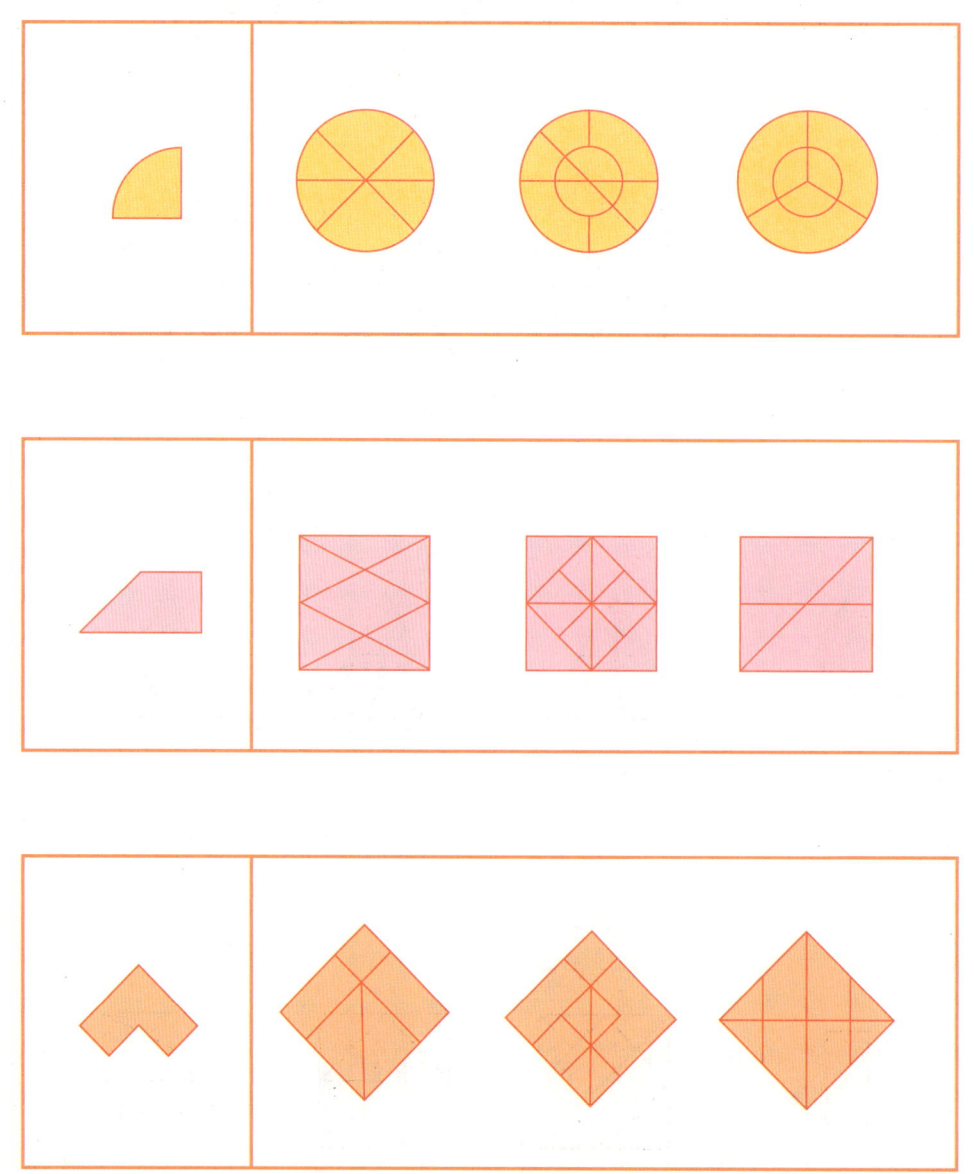

 **找出围成的图形**

1. 左边的方格中有四条小路，它们围成的图形是什么形状呢？连一连。

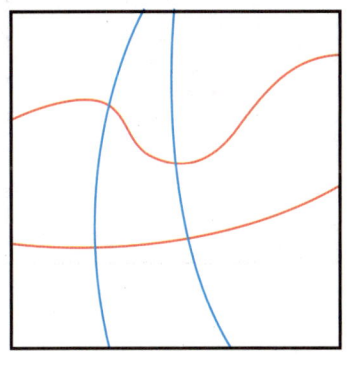   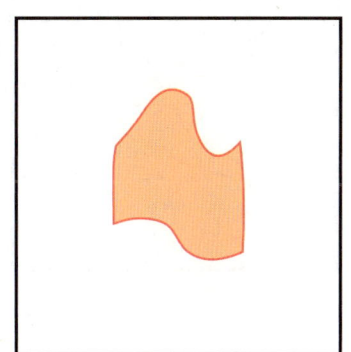

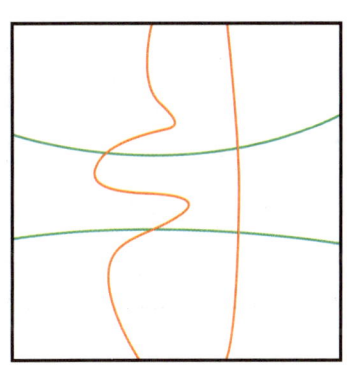   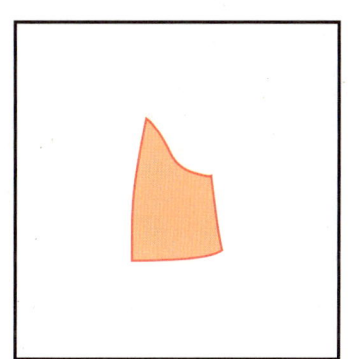

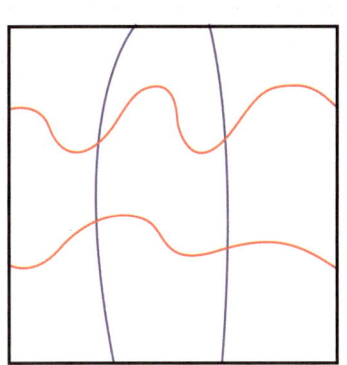   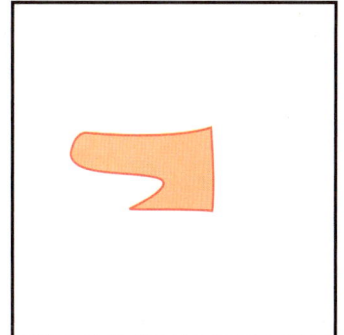

2. 左边的方格中有四条小路,它们围成的图形是什么形状呢?连一连。

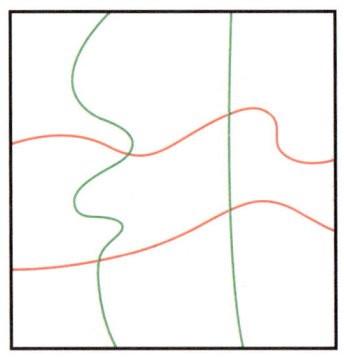
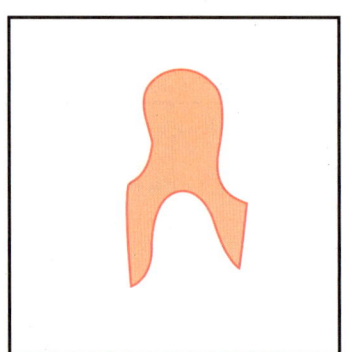

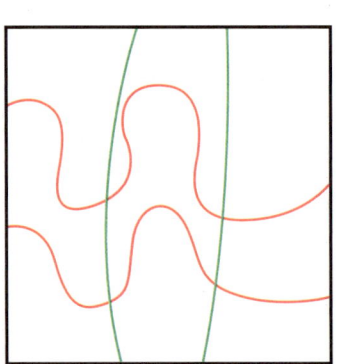
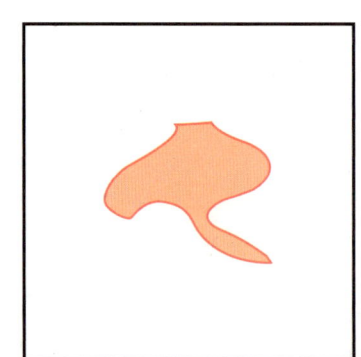

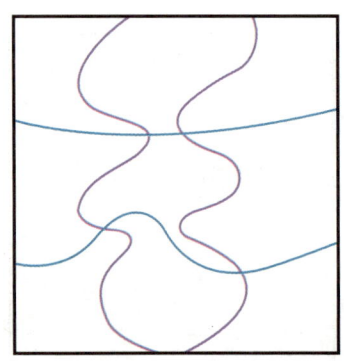
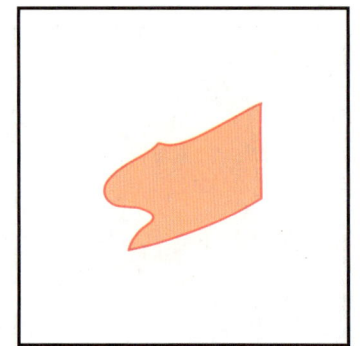

3. 左边的方格中有四条小路,它们围成的图形是什么形状呢?连一连。

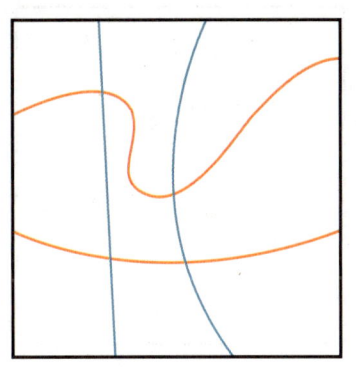 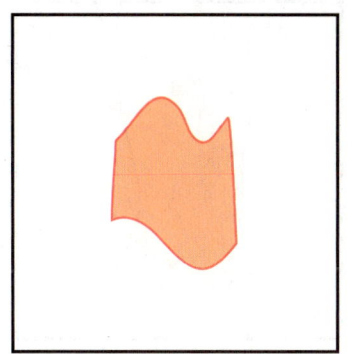

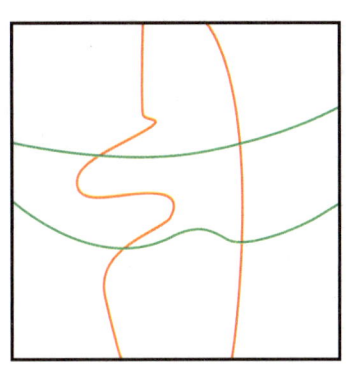 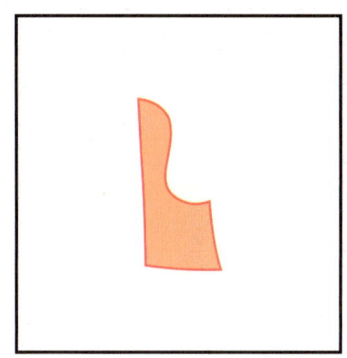

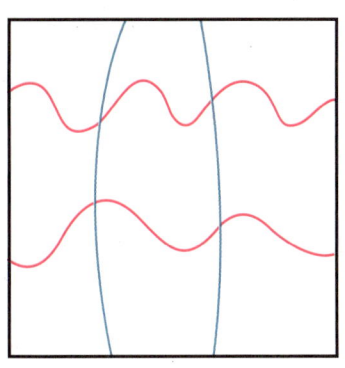 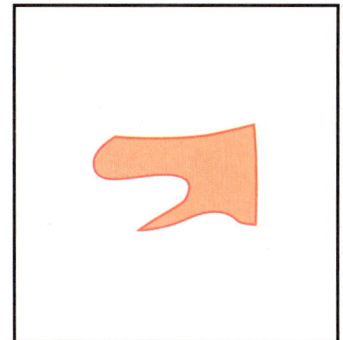

4. 左边的方格中有四条小路，它们围成的图形是什么形状呢？连一连。

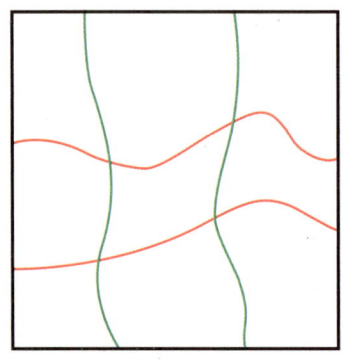
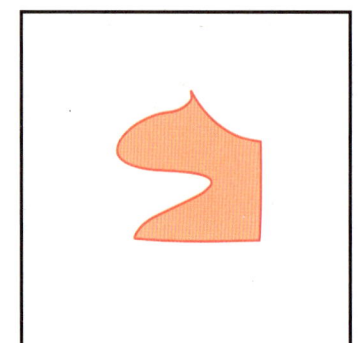

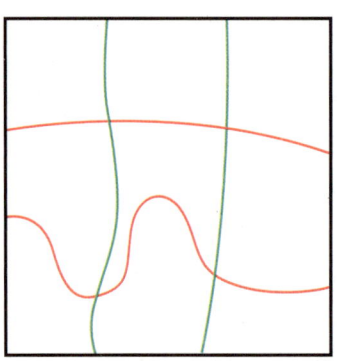
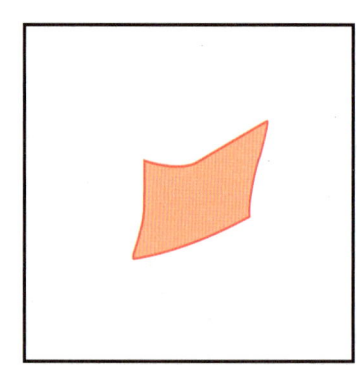

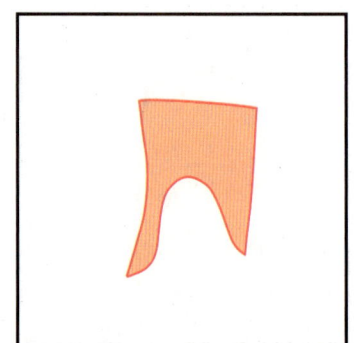

 合并成完整的图形

1. 左右哪两个图形能合并成一个完整的三角形呢？连一连。

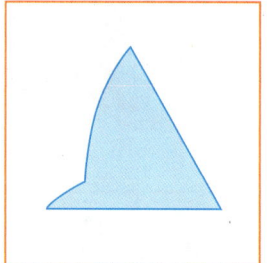

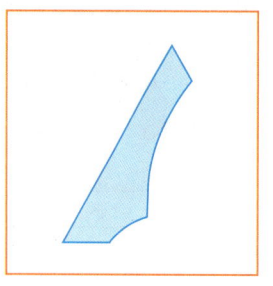

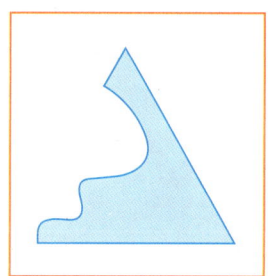

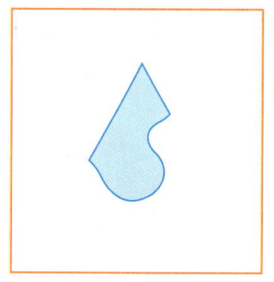

2. 左右哪两个图形能合并成一个完整的三角形呢？连一连。

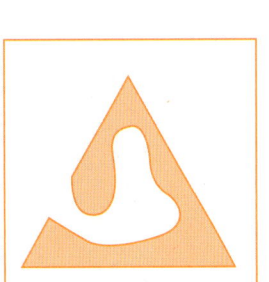

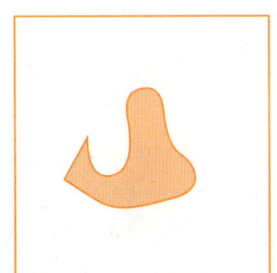

3. 左右哪两个图形能合并成一个完整的圆呢？连一连。

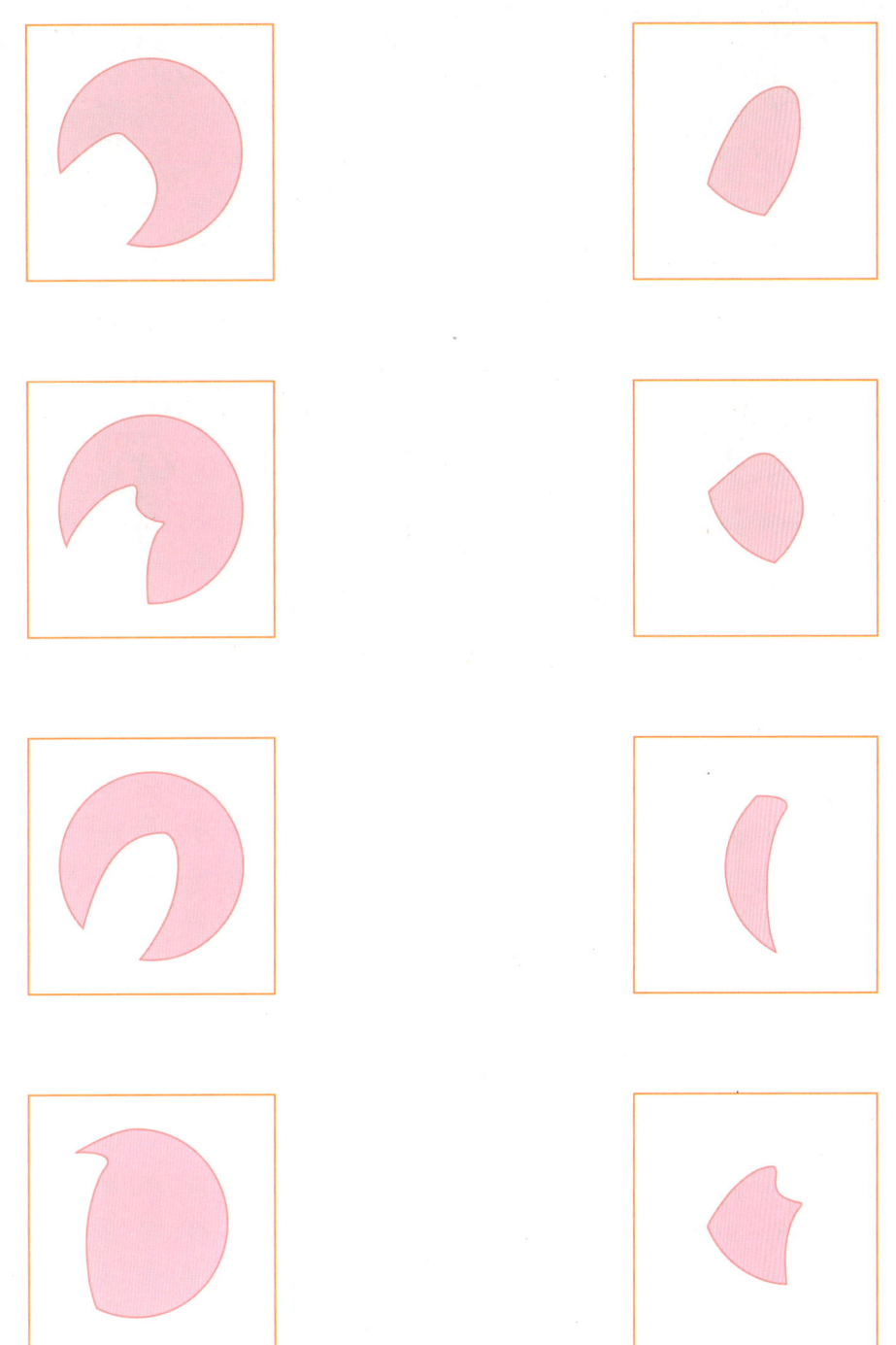

4. 左右哪两个图形能合并成一个完整的圆呢？连一连。

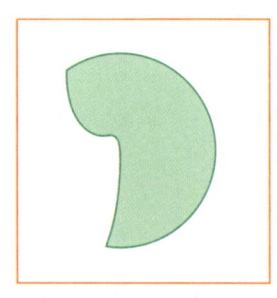 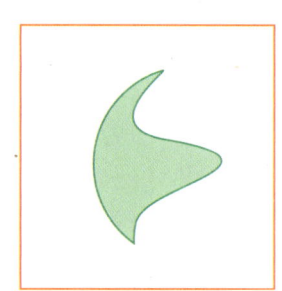

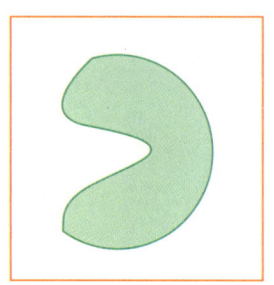 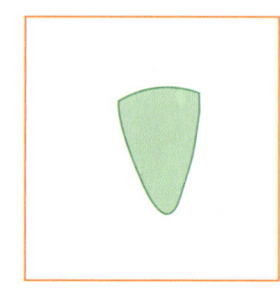

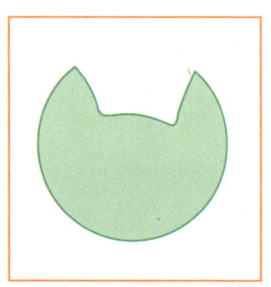 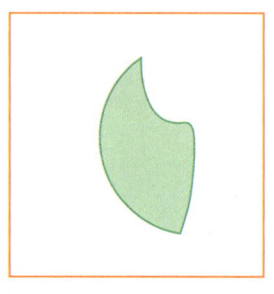

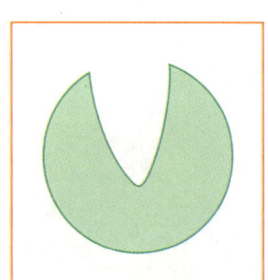 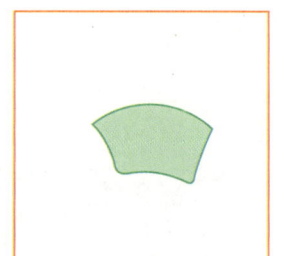

3 图形的面积

在平面里，物体所占平面的大小叫面积。

想一想，下面这两个图形的面积是一样大的吗？

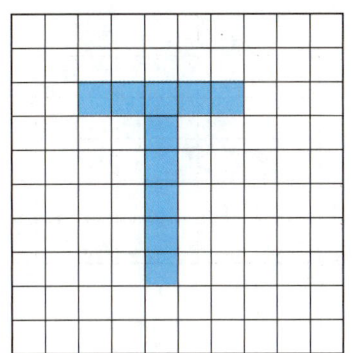 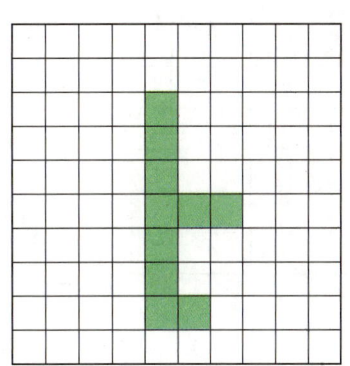

两种图形都完全占满 10 个格子，说明它们的面积是一样的。

下面的这四个图形，哪两个的面积是一样的？把它们连起来。

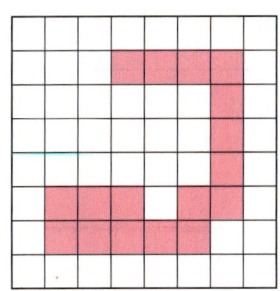 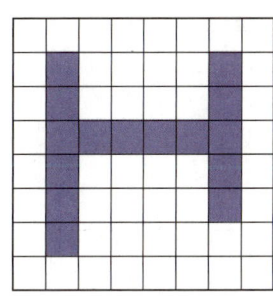

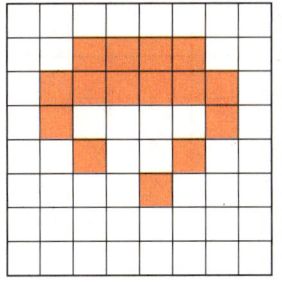 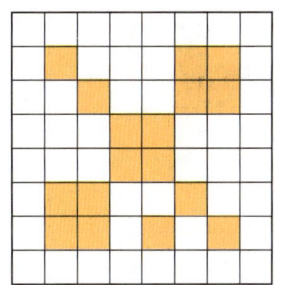

找出相同的面积

1. 数一数，把面积相同的两个图形连起来。

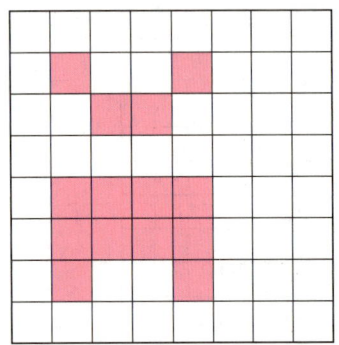
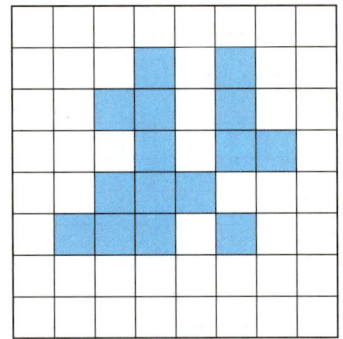

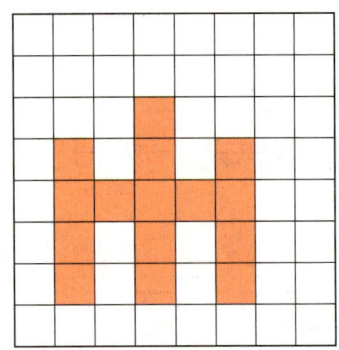
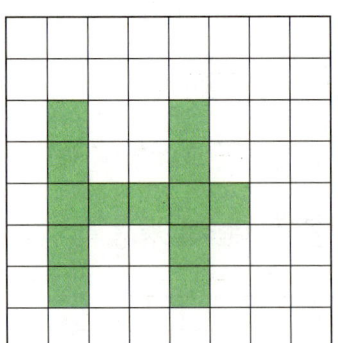

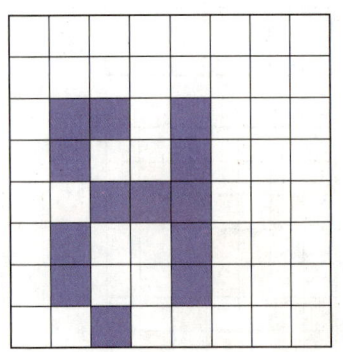
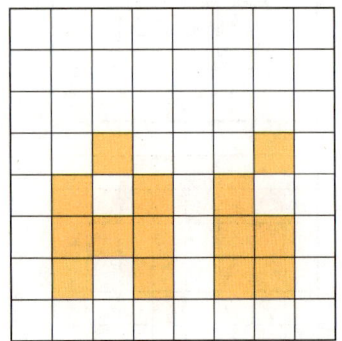

2. 数一数,把面积相同的两个图形连起来。

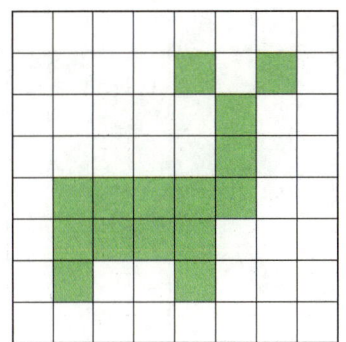
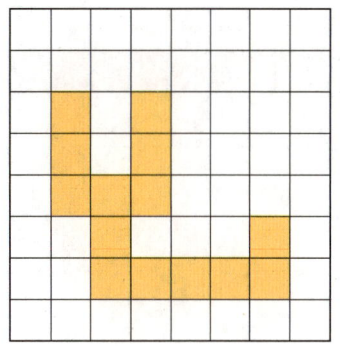

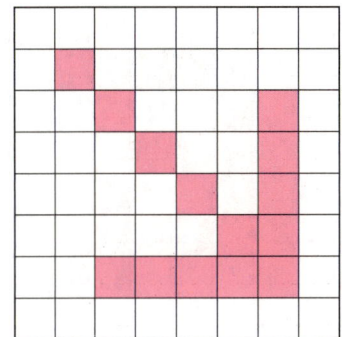
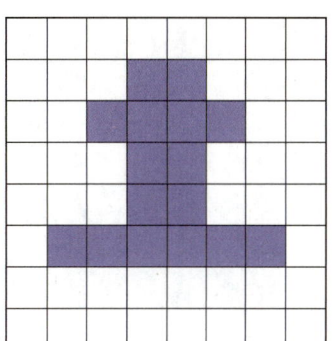

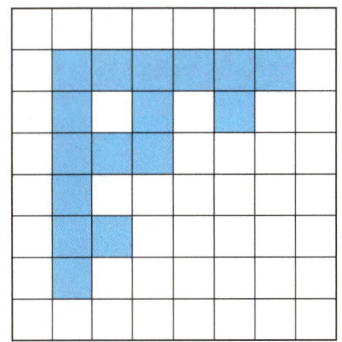
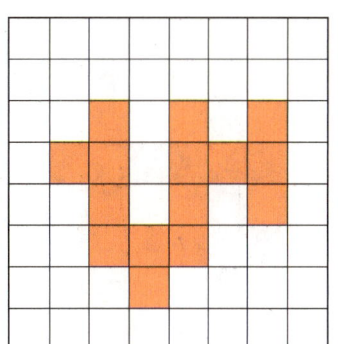

3. 数一数，把面积相同的两个图形连起来。

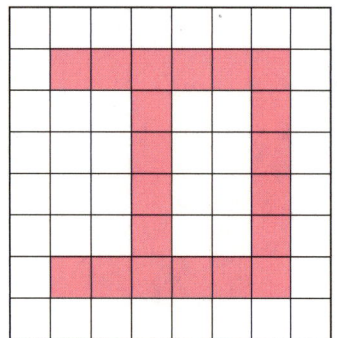
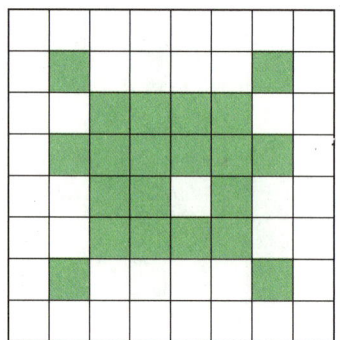

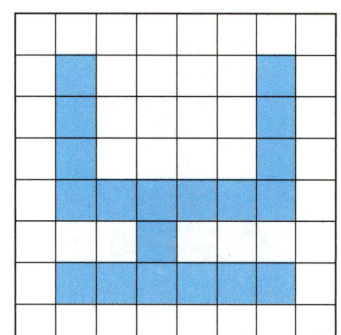
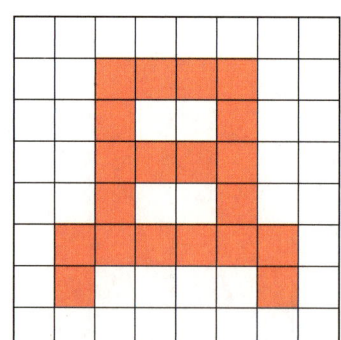

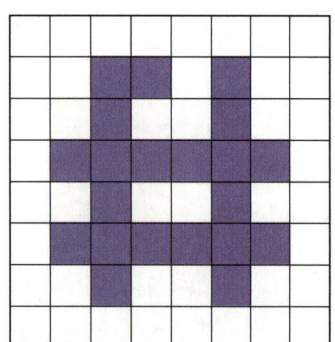
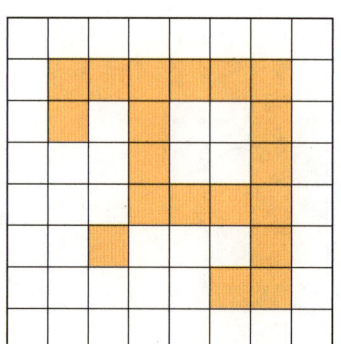

4. 数一数,把面积相同的两个图形连起来。

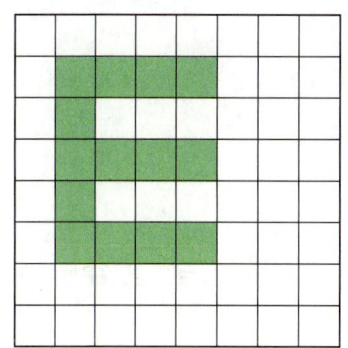
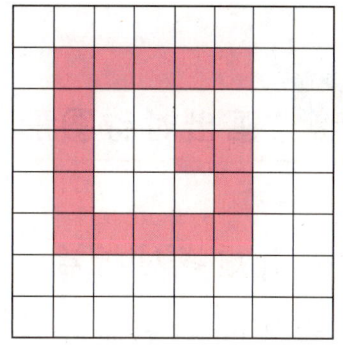
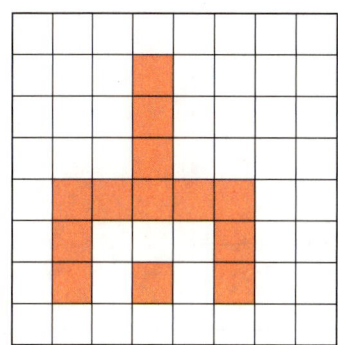
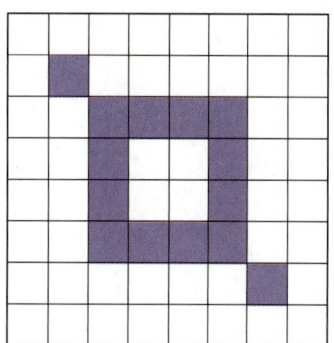
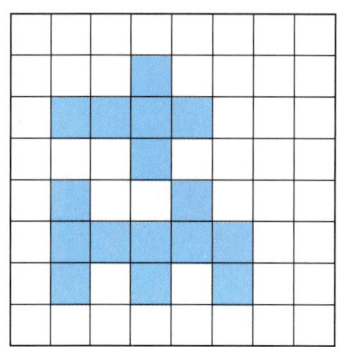
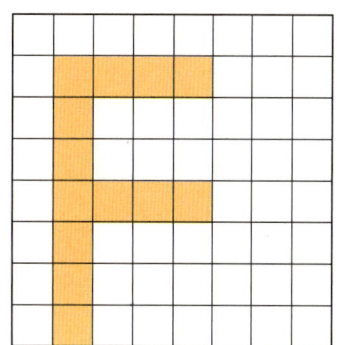

 # 4 对称图形

扫码获取学习资源

 画出对称图形

1. 沿着虚线对折后,左右两侧的图形能够完全重合。把右侧的图形画出来吧!

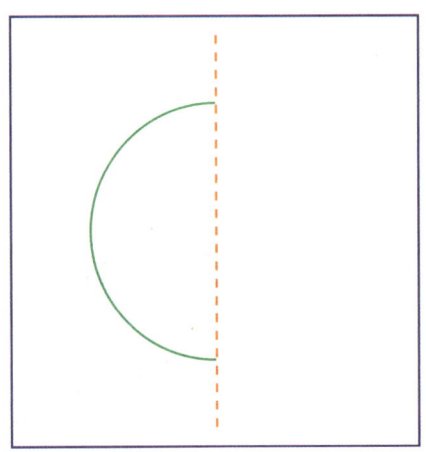
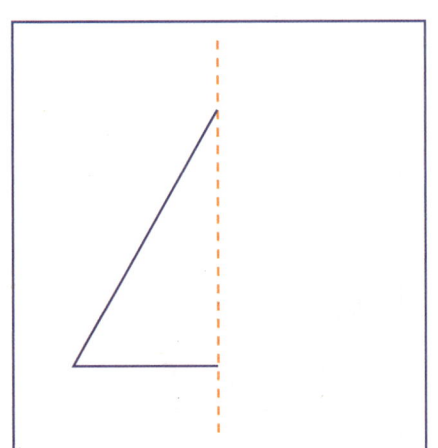
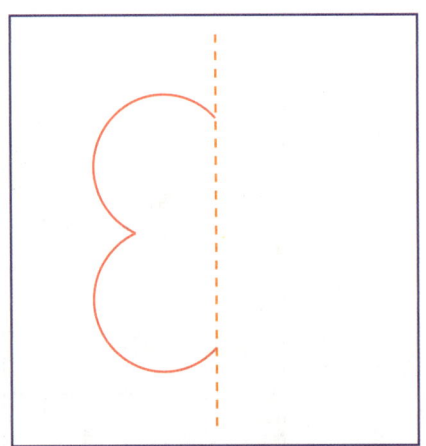
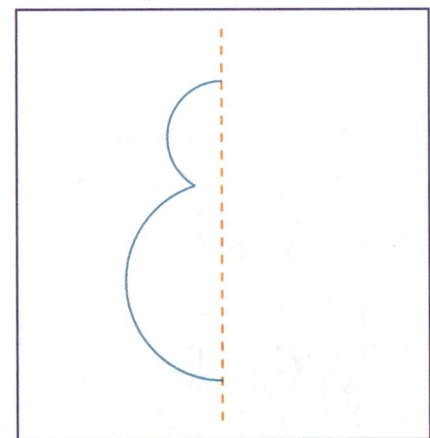

2. 沿着虚线对折后,左右两侧的图形能够完全重合。把右侧的图形画出来吧!

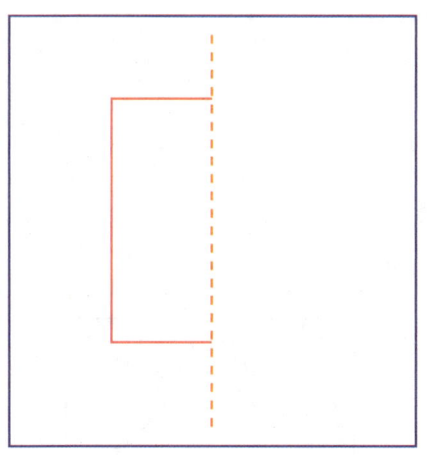
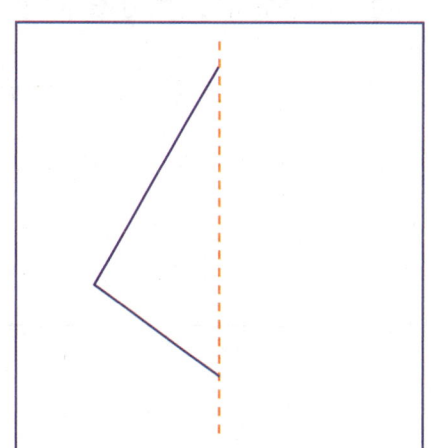
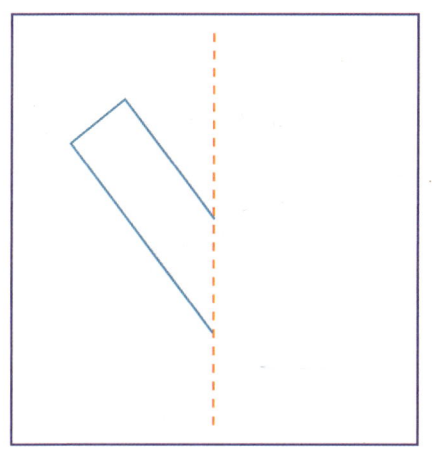
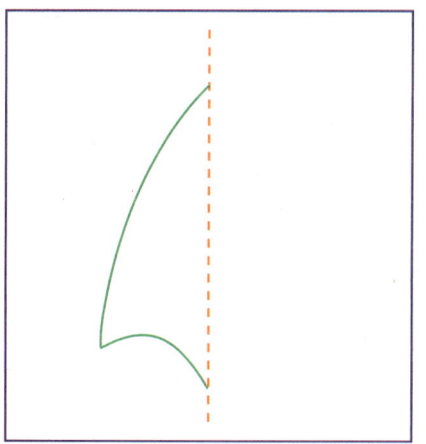

 画出剪切线

1. 第一排的图形是在第二排的纸上剪出来后再展开得到的,请你把剪切线画出来吧!

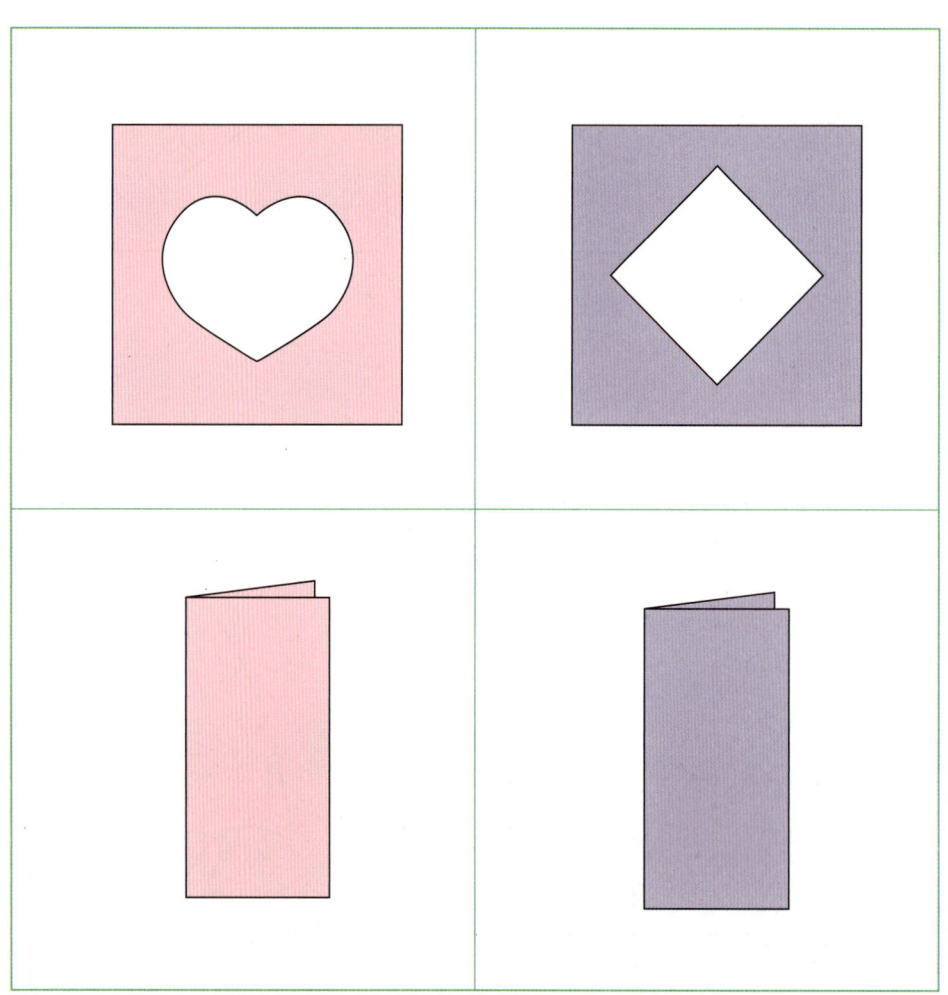

2. 第一排的图形是在第二排的纸上剪出来后再展开得到的，请你把剪切线画出来吧！

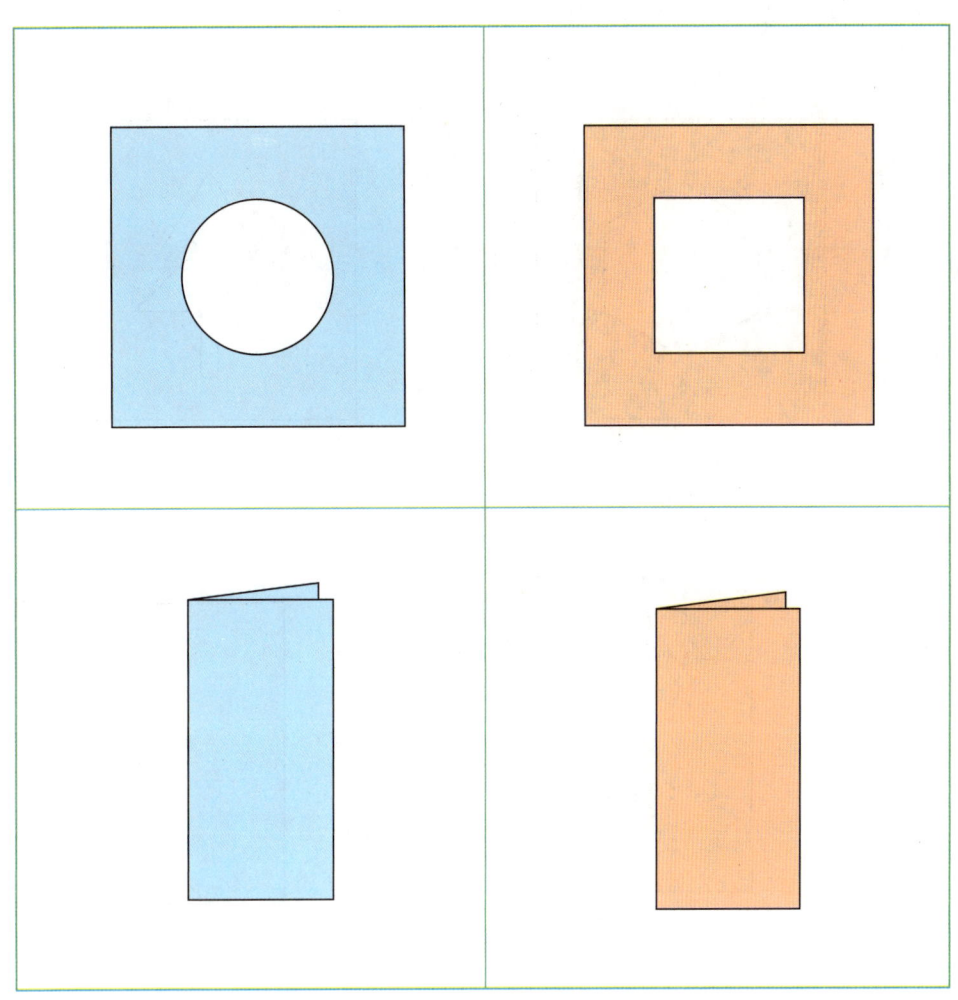

3. 第一排的图形是在第二排的纸上剪出来后再展开得到的，请你把剪切线画出来吧！

找到展开后的图形

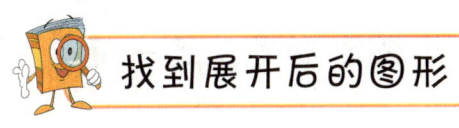

1. 把左边对折后的纸片展开后是什么图形呢？连一连。

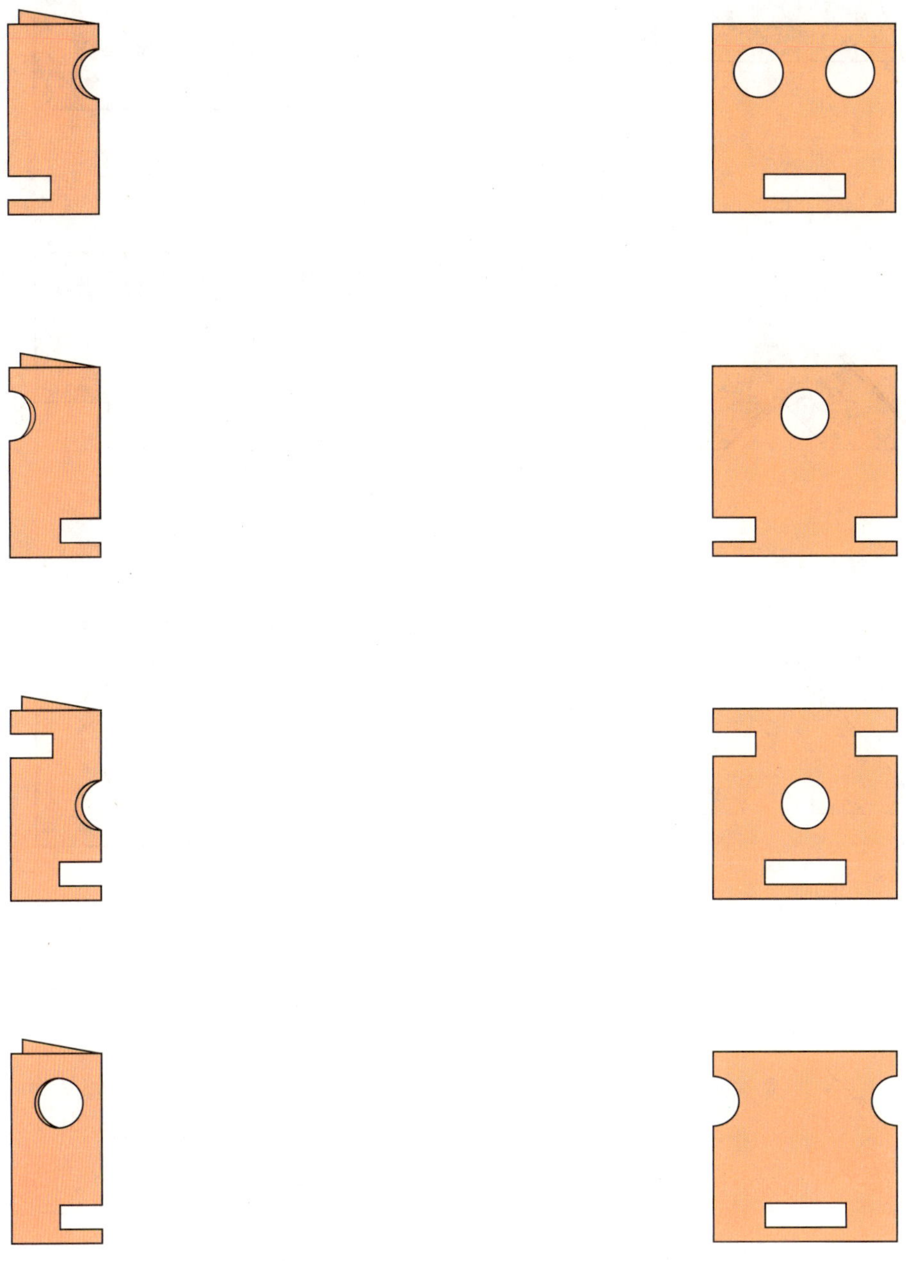

2. 把左边对折后的纸片展开后是什么图形呢？连一连。

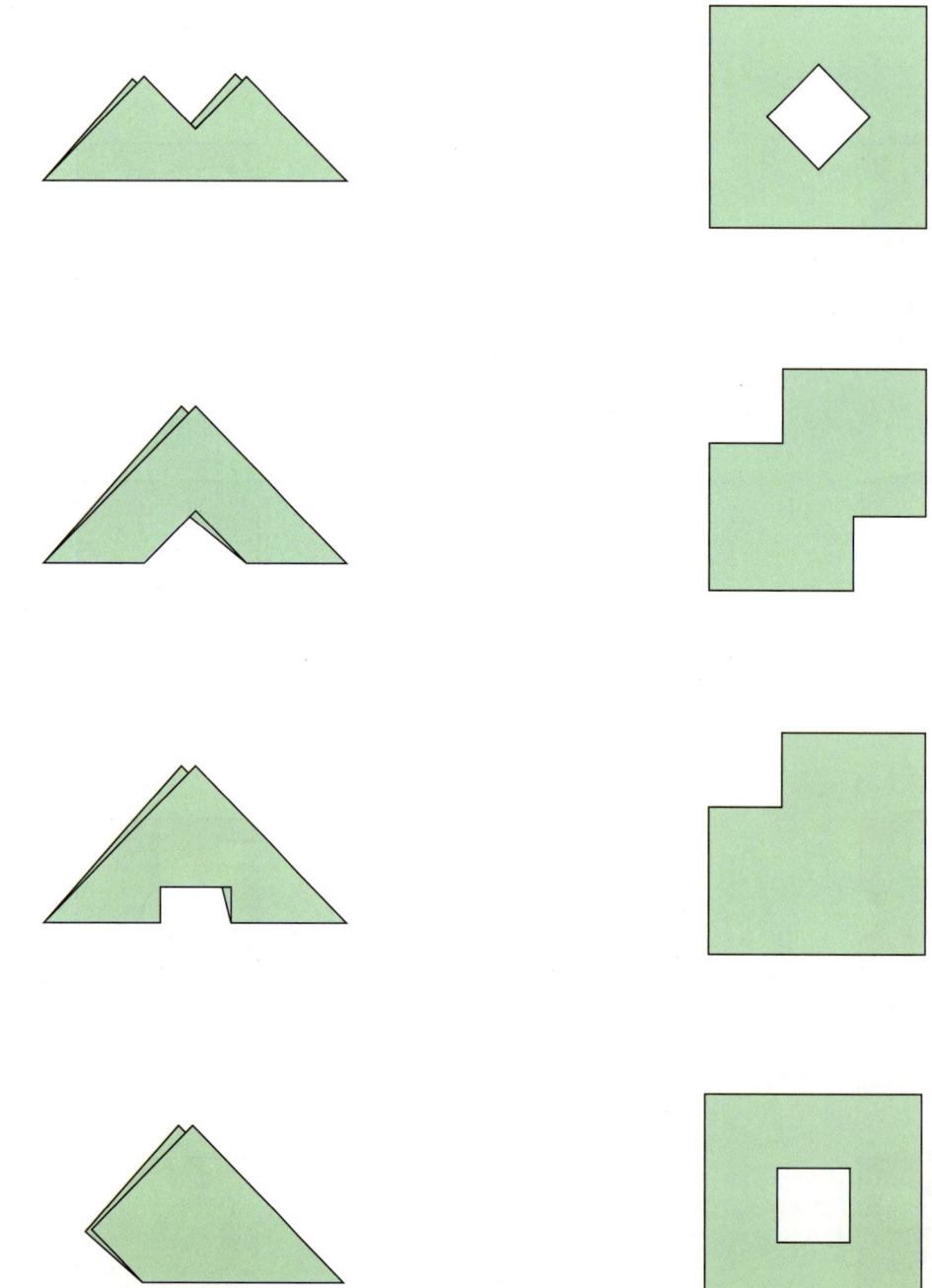

 # 七巧板

你玩过七巧板吗?它是一种历史悠久的智力玩具。用它能拼出1600多种图案呢!

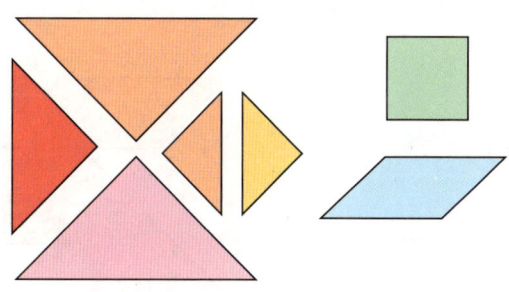

观察下面用七巧板拼出的动态小人,你能认出来它们在做什么动作吗?

 用七巧板拼图

1. 下面是用七巧板拼出的图案,你知道是如何拼成的吗?在图上画一画。

2. 下面是用七巧板拼出的图案，你知道是如何拼成的吗？在图上画一画。

3. 下面是用七巧板拼出的图案，你知道是如何拼成的吗？在图上画一画。

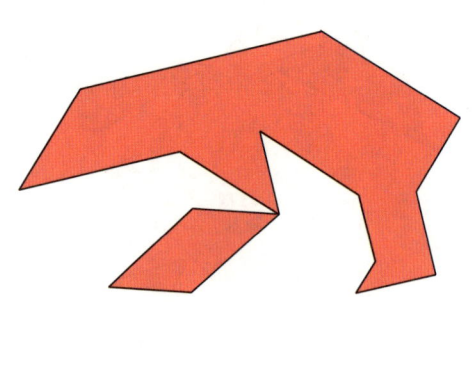
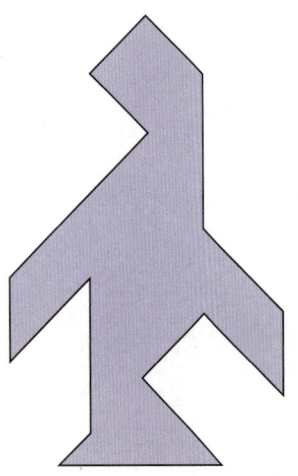
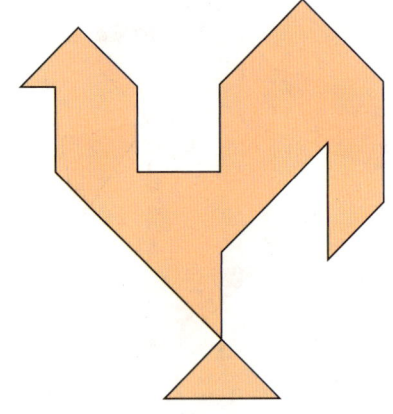

参考答案

1 图形的认识 略
2 图形的分割

找相同的图形（略）

找出没有用到的图形

1.
2.

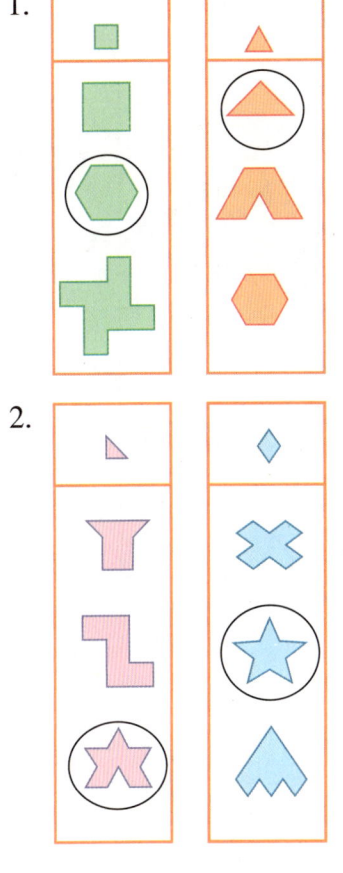

3.

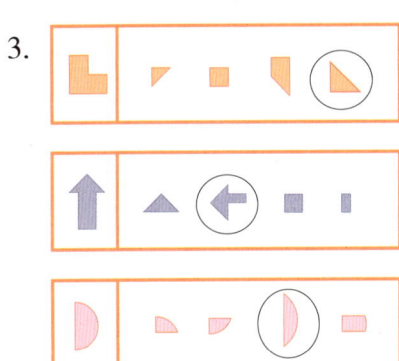

4.

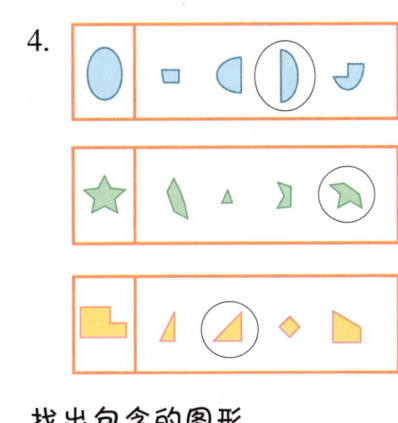

找出包含的图形

1.
2.

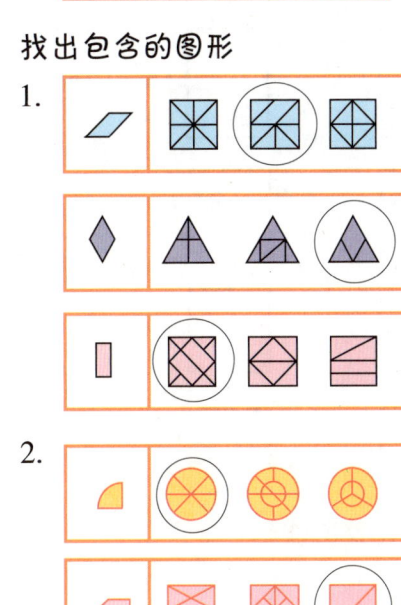

找出围成的图形

1.

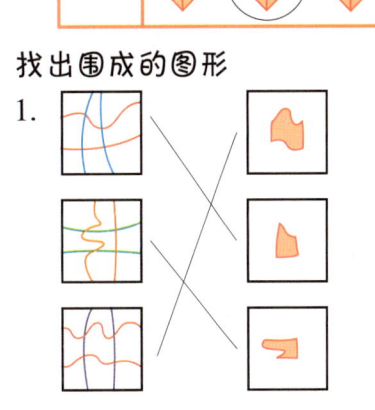

57

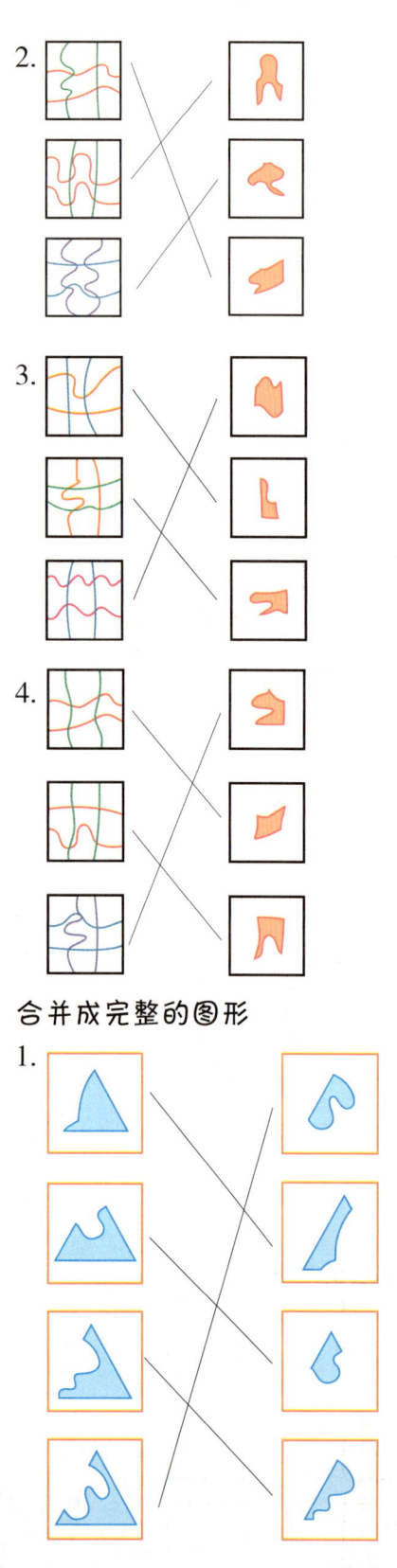

合并成完整的图形

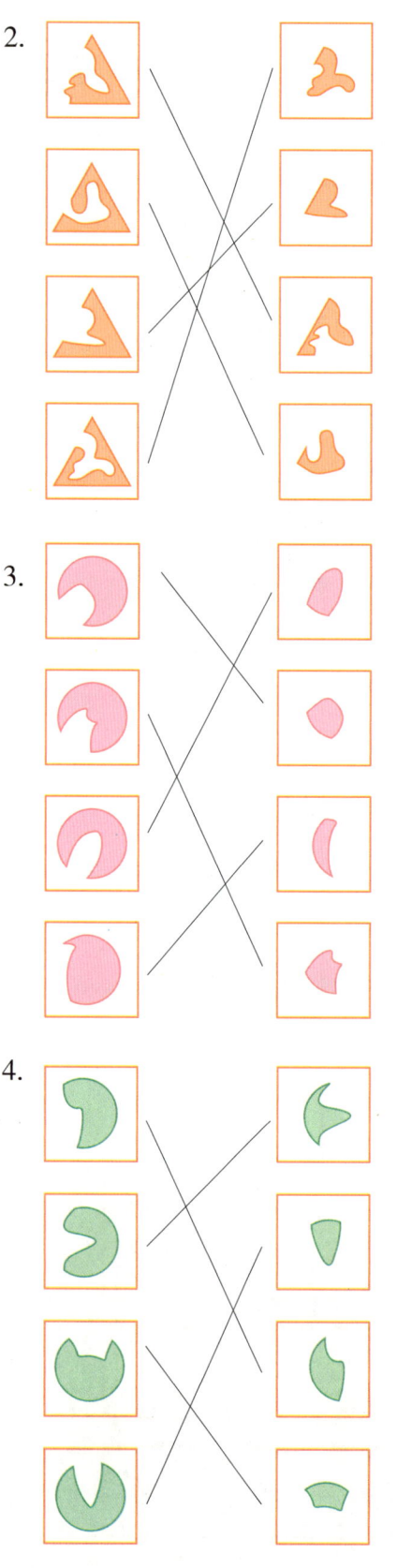

3 图形的面积

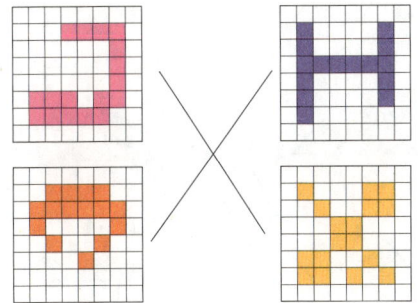

找出相同的面积

1.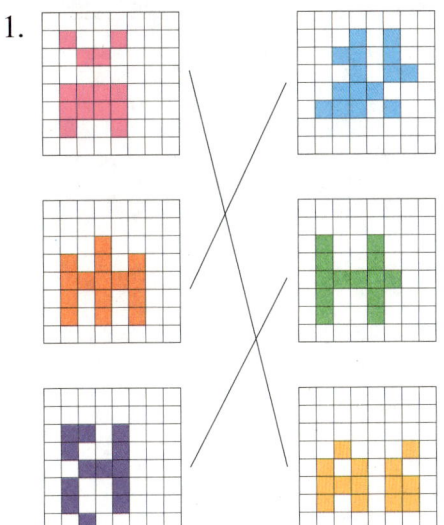

2.

3.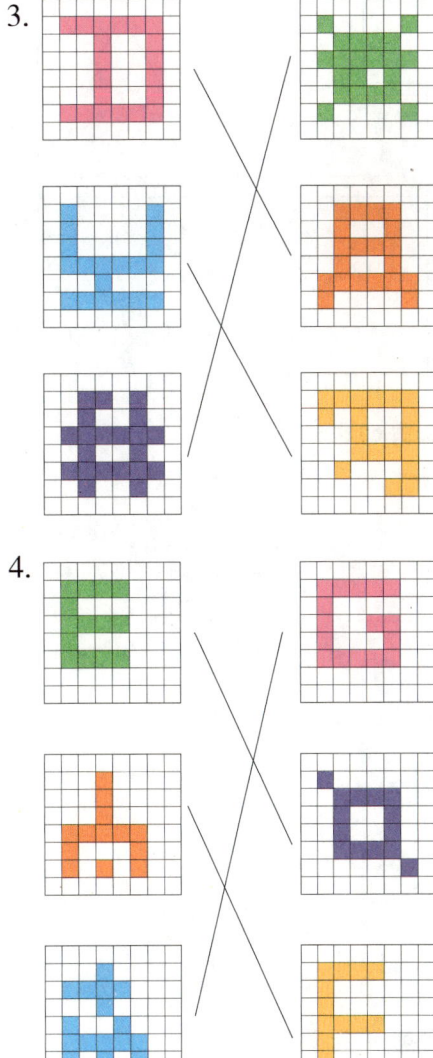

4.

4 对称图形

画出对称图形

1.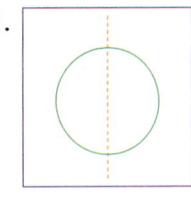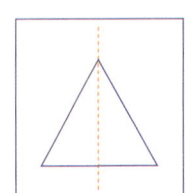
 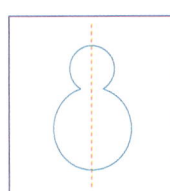

2.

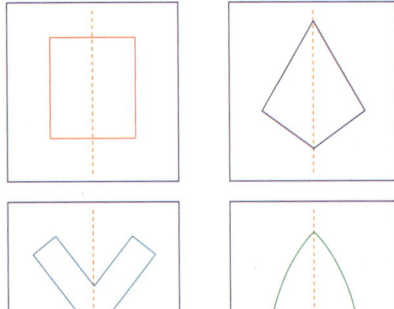

画出剪切线

1.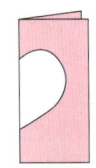

2.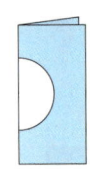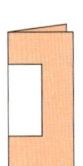

3.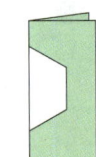

找到展开后的图形

1.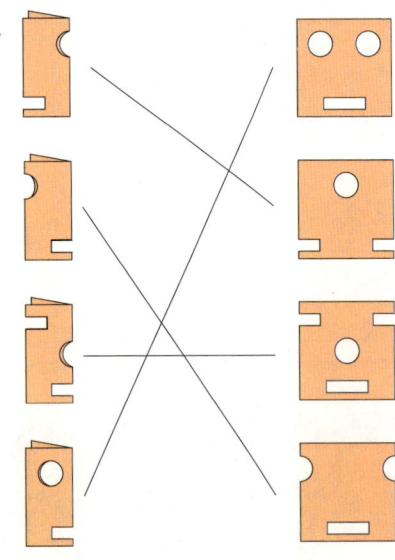

2.

5 七巧板　略

趣味空间思维

立体空间

STEAM 核心能力

主编 王婧雯

"码"上了解本书

学校：_____

班级：_____

姓名：_____

河南大学出版社
HENAN UNIVERSITY PRESS
·郑州·

前 言

空间思维能力是STEAM［科学（Science）、技术（Technology）、工程（Engineering）、艺术（Arts）、数学（Mathematics）］教育中各学科的共同基础和核心能力。

荣恒"趣味空间思维"训练丛书是一套培养孩子创造力、专注力、逻辑推理能力、观察能力、语言表达能力、绘图能力、空间想象能力等的益智读物。

《立体空间》是其中一本，本书由数立方体组合中小立方块的个数、立方块的摆放、从不同角度观察组合立方体、组合立方体的拼组等内容构成。

数立方块的个数需要想象出被遮挡的立方块的个数。

立方块的摆放不仅要想象摆放方式，而且要进行推理设计。

从不同角度观察组合立方块需要通过空间想象，得出其他角度观察立方体的组合形式。

立方体的拼组要求将两个立方块组合按照特定的方式拼在一起，进一步想象出新的组合体的样子。

本书内容形式多样，角度新颖，通过不同的形式培养孩子的空间思维能力和空间想象能力，同时也为以后更高阶段的学习打下一定的基础。

目 录

1. 数立方块 ……………………………… 1

2. 把立方块放进去 ……………………… 13

3. 从不同角度看过去 …………………… 19

4. 看，立方块掉下来了 ………………… 28

5. 把两个立方块组合拼在一起 ……… 38

6. 把两个立方块组合粘在一起 ……… 48

◆ 参考答案 ……………………………… 57

1 数立方块

数立方块的方法

数一数，下图有多少个立方块？你是怎么数的？

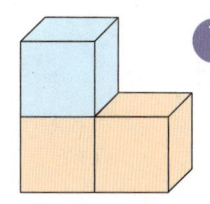

❶ 一共有 3 个，是不是很简单？

❷ 那下面这一堆有多少个立方块呢？该怎么数？

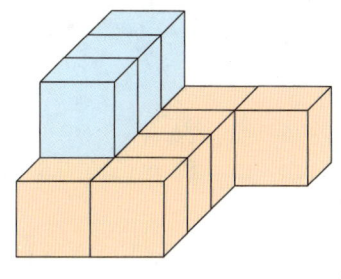

9 个？10 个？怎么能数清楚呢？不妨把两层分开来看。

第一层有 3 个。

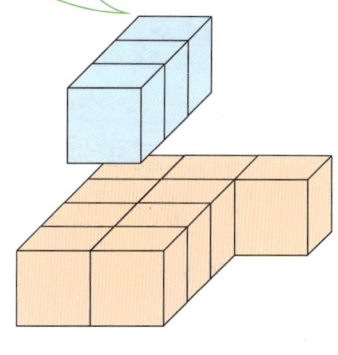

第二层没有被遮挡的立方块有 6 个，另外有 3 个被第一层的立方块完全遮挡住了。

一共有 3+9=12 个。

3 如果立方块有三层呢?

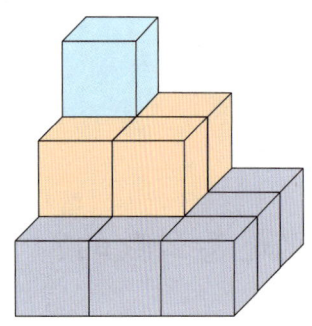

还是把每一层分开数一下吧!

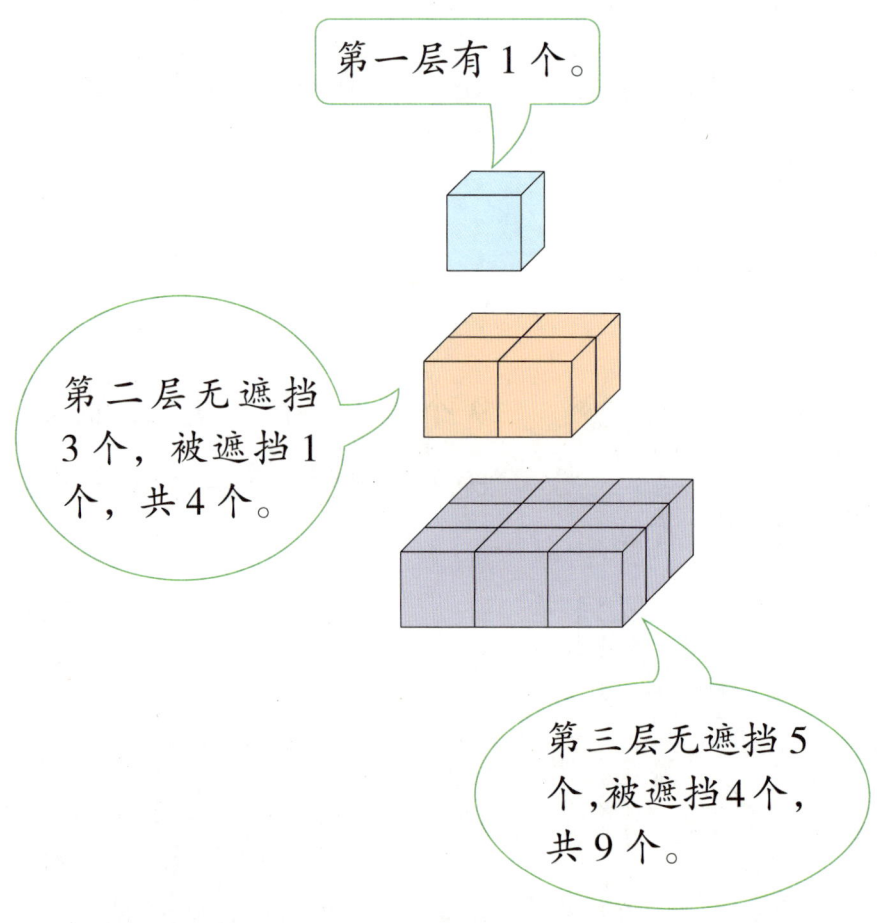

第一层有1个。

第二层无遮挡3个,被遮挡1个,共4个。

第三层无遮挡5个,被遮挡4个,共9个。

一共有 1+4+9=14 个。

认真数一数

1. 请你数一数每一个组合里各有多少个立方块，把数字填在方框里。

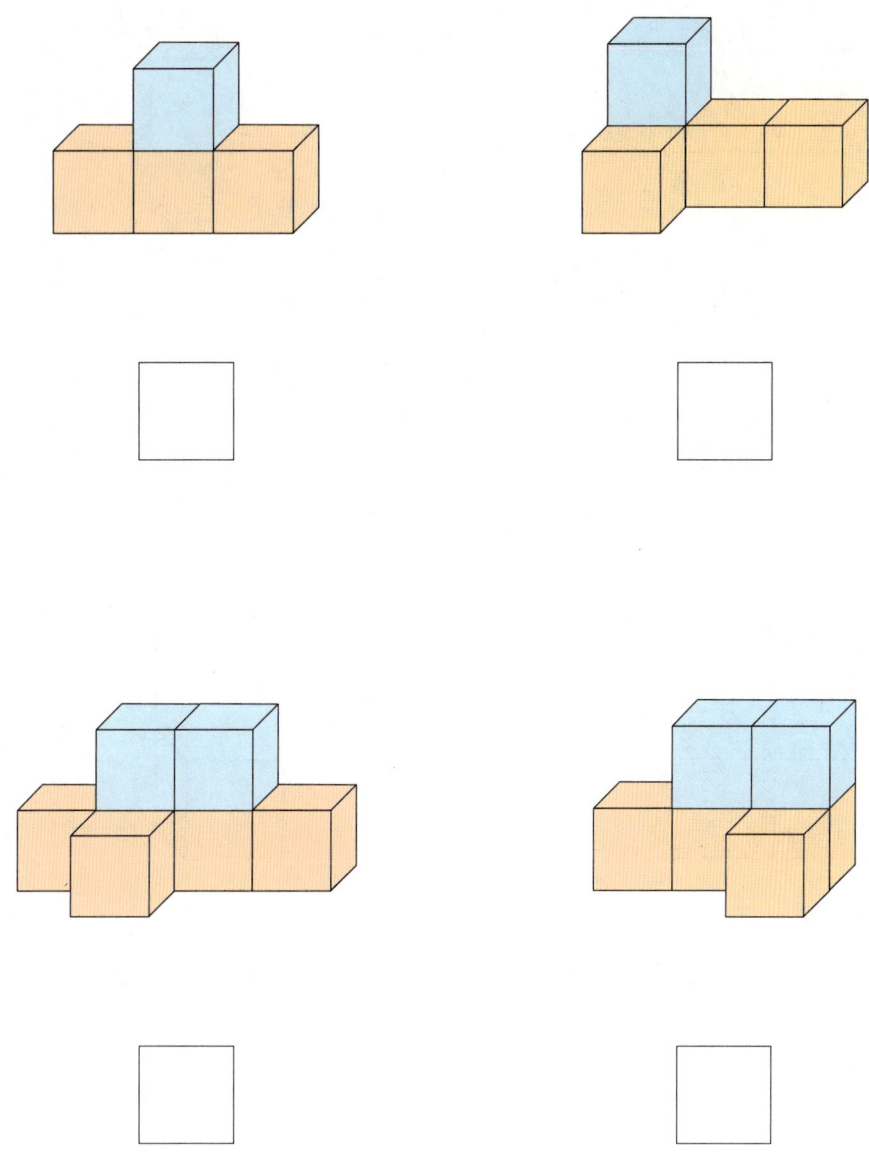

认真数一数

2. 请你数一数每一个组合里各有多少个立方块,把数字填在方框里。

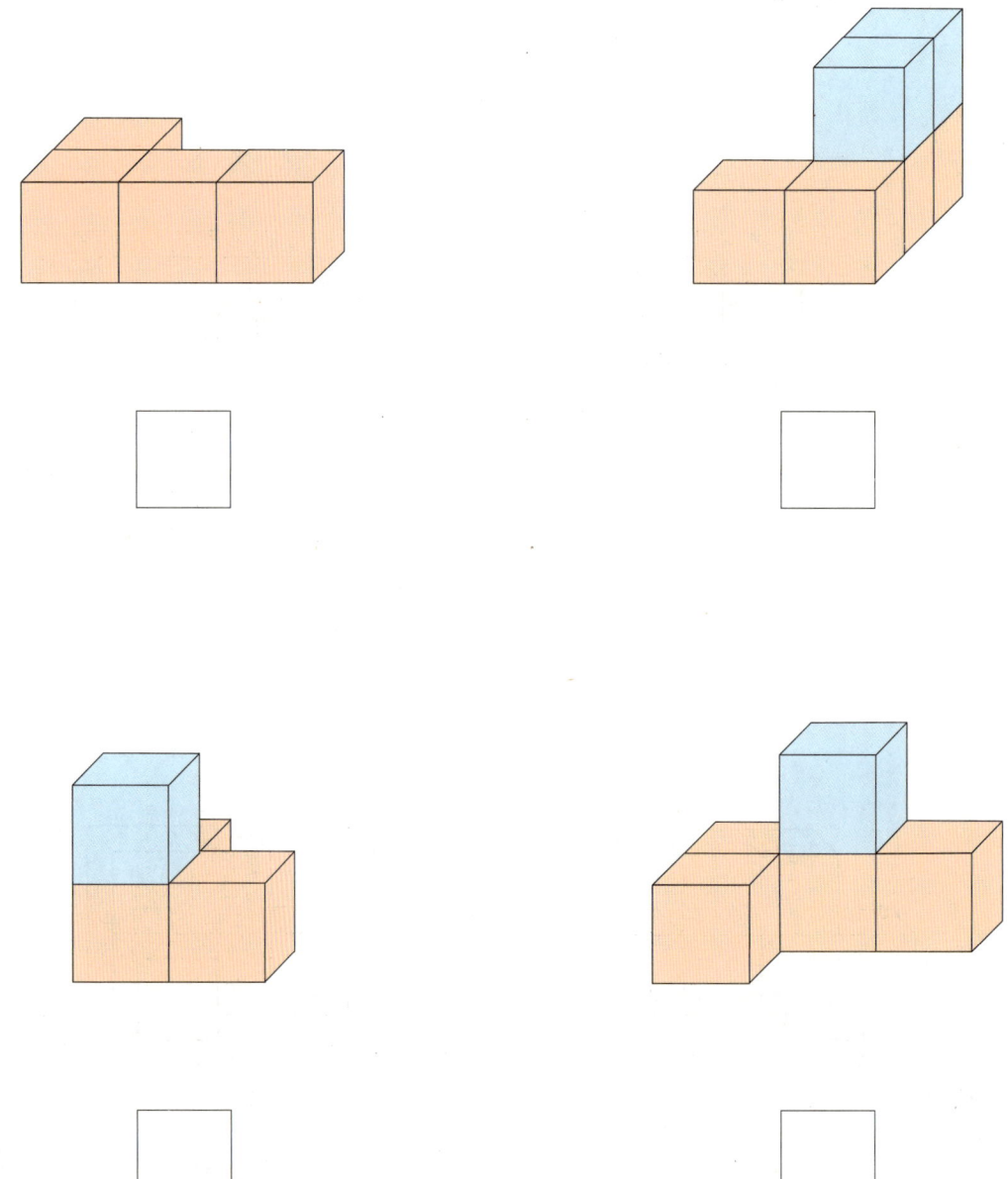

3. 请你数一数每一个组合里各有多少个立方块,把数字填在方框里。

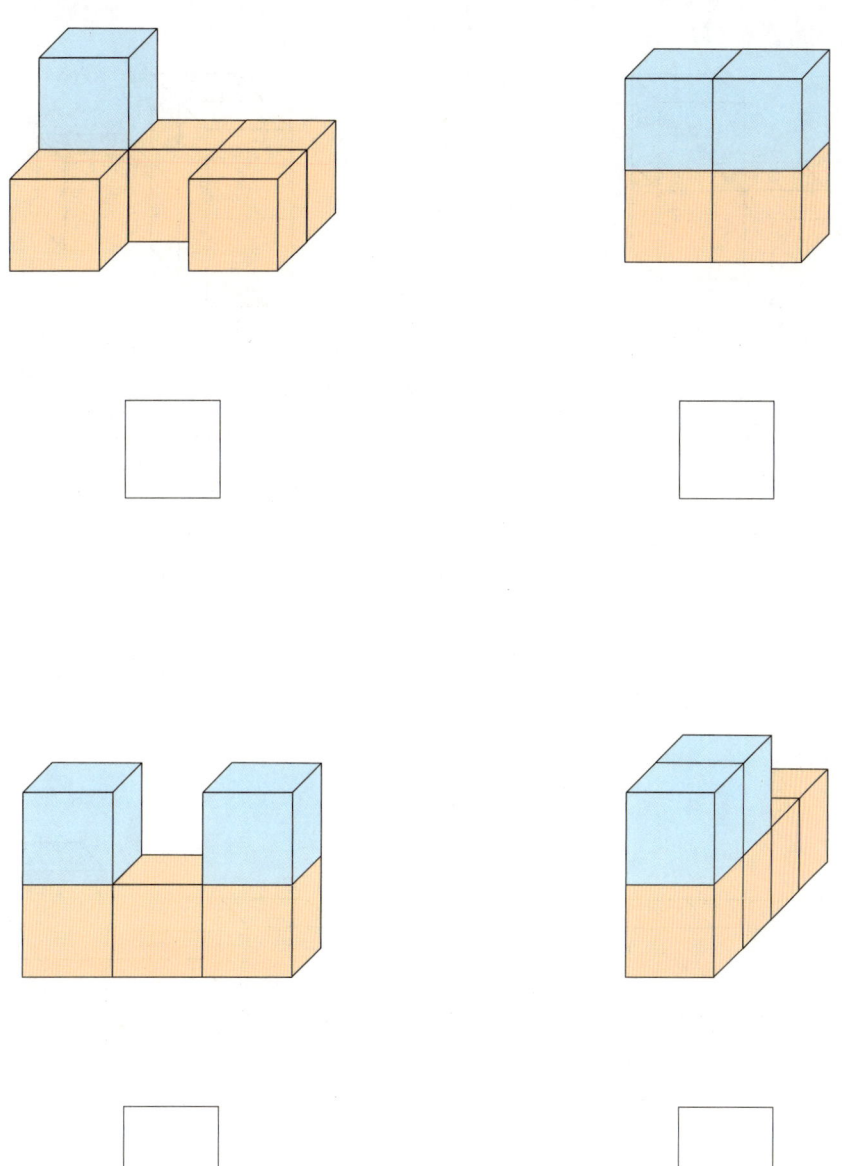

4. 请你数一数每一个组合里各有多少个立方块,把数字填在方框里。

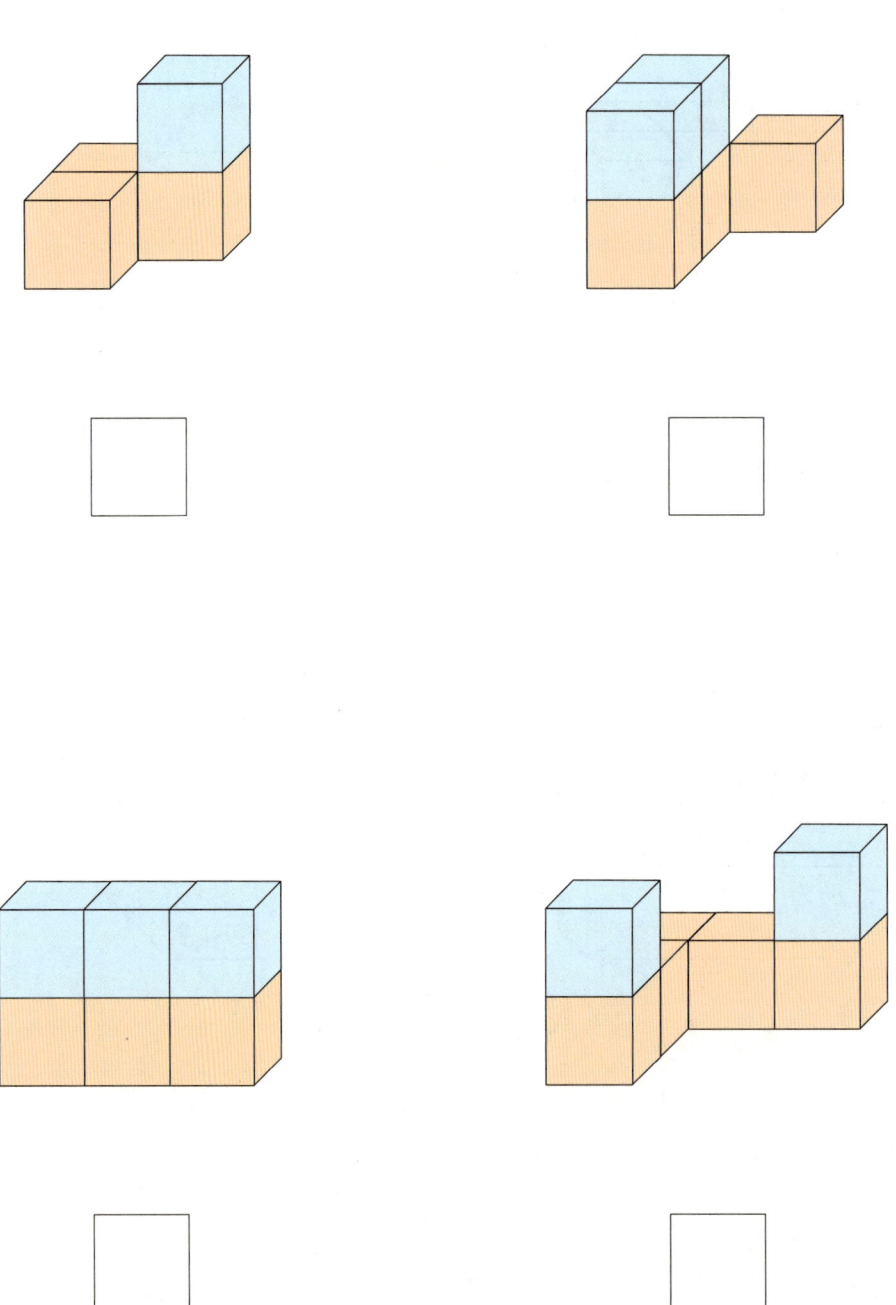

5. 请你数一数每一个组合里各有多少个立方块,把数字填在方框里。

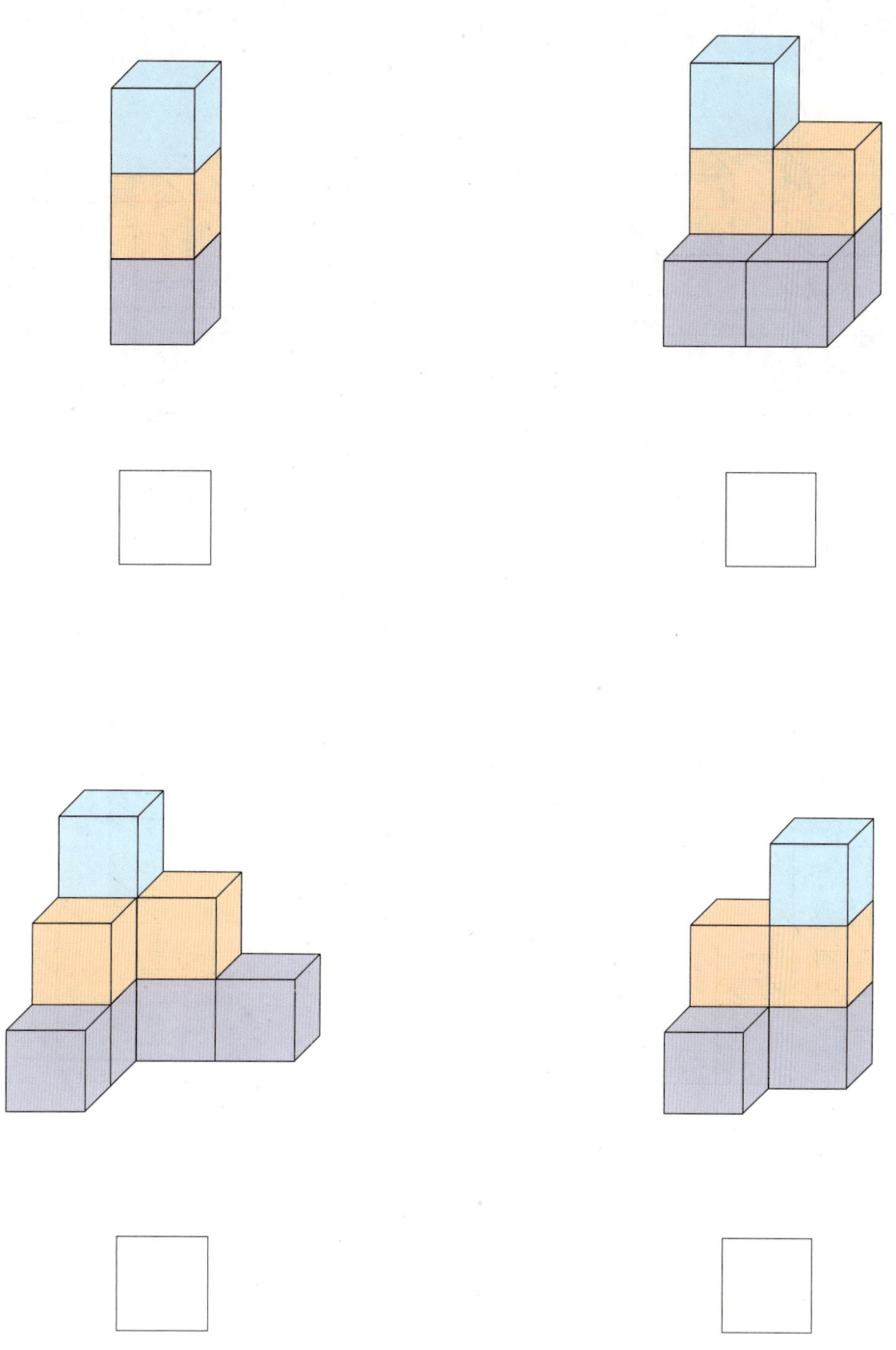

6. 请你数一数每一个组合里各有多少个立方块，把数字填在方框里。

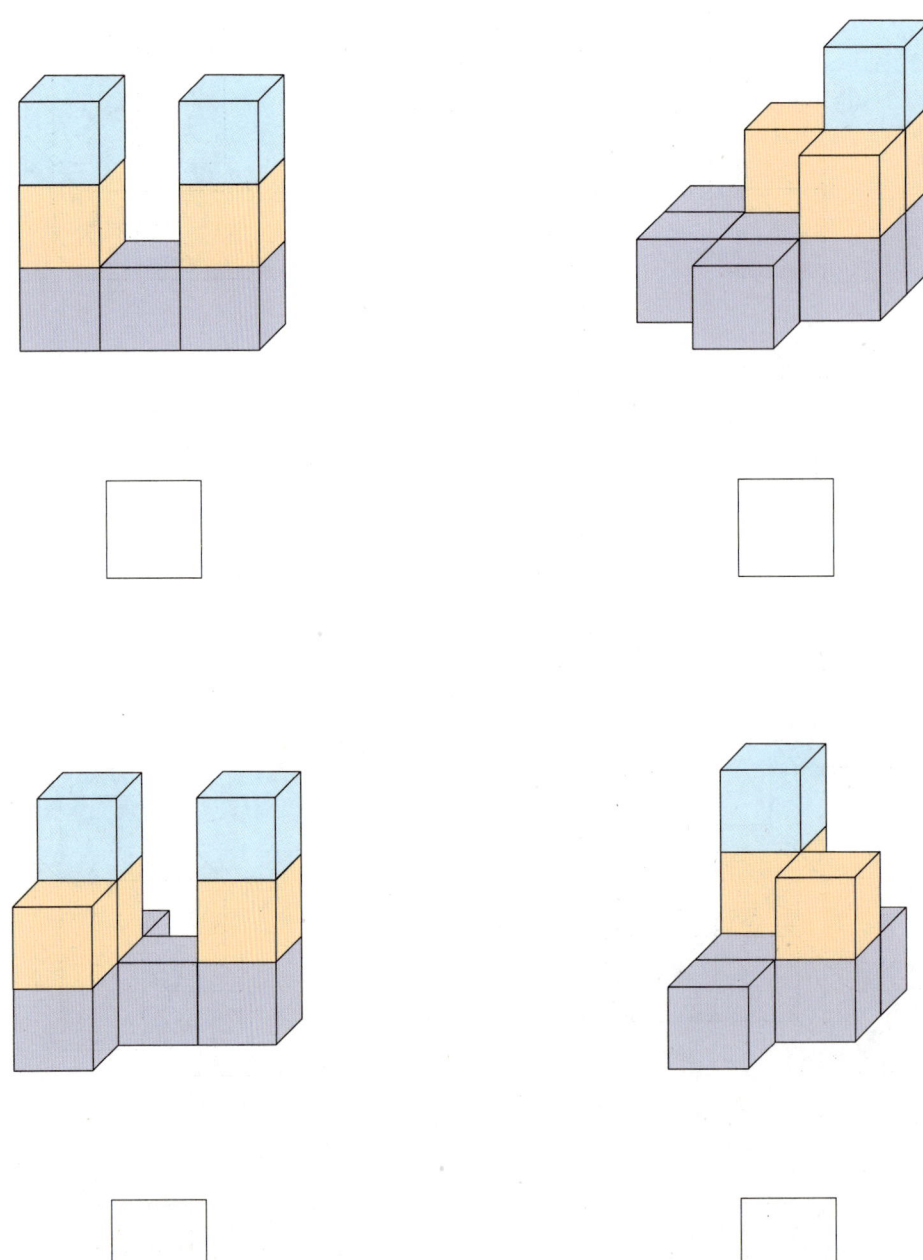

7. 请你数一数每一个组合里各有多少个立方块，把数字填在方框里。

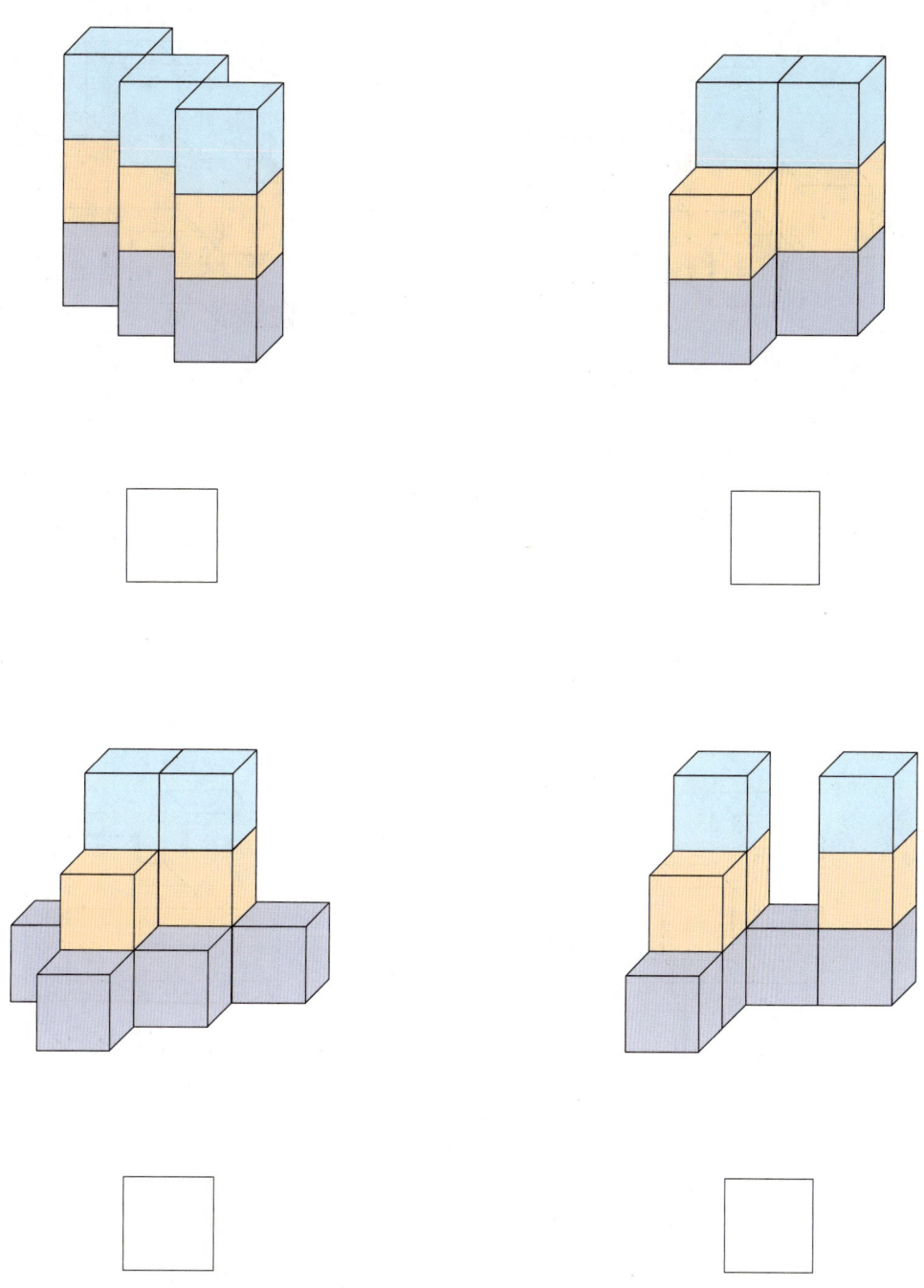

8. 请你数一数每一个组合里各有多少个立方块，把数字填在方框里。

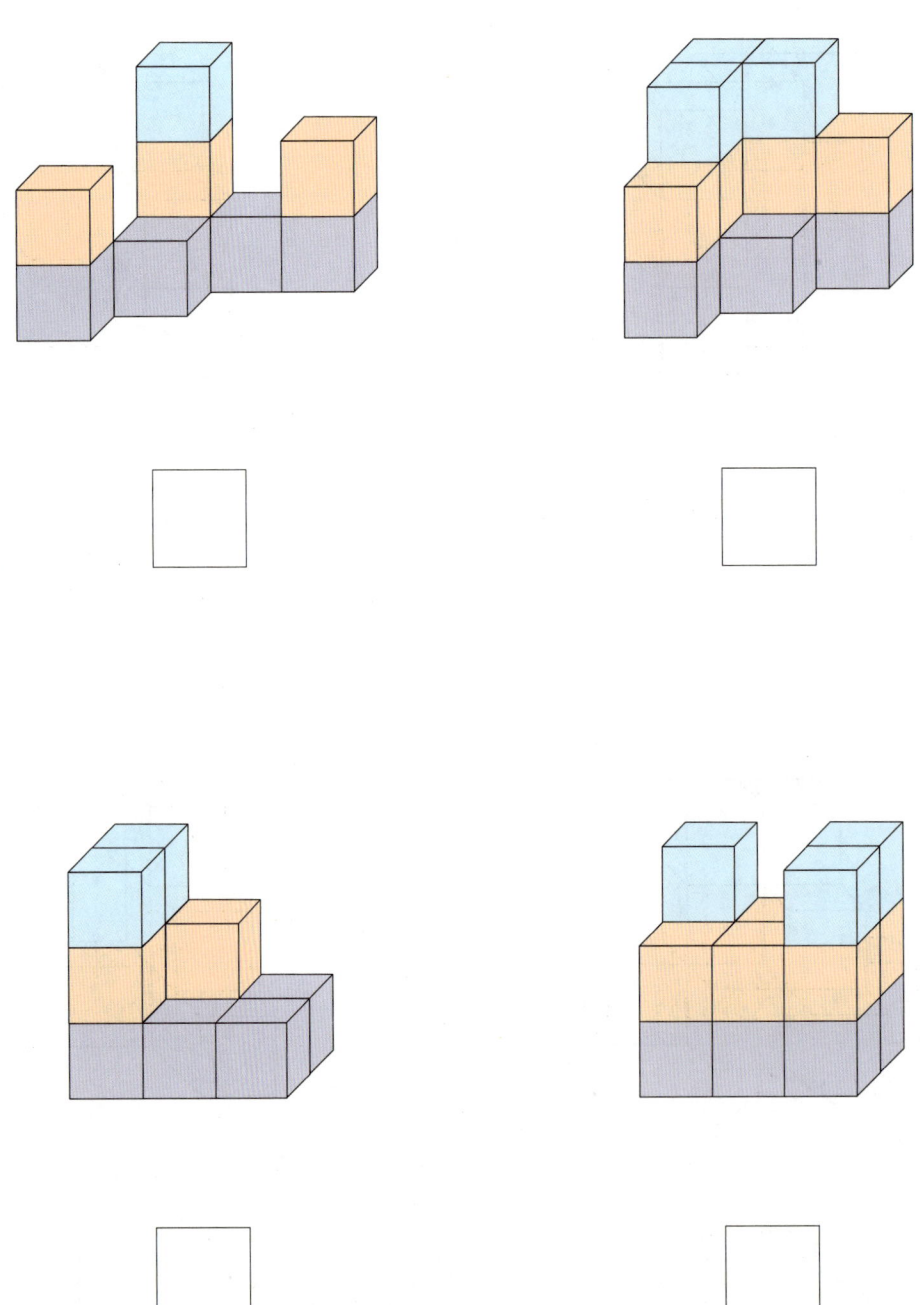

9. 请你数一数每一个组合里各有多少个立方块，把数字填在方框里。

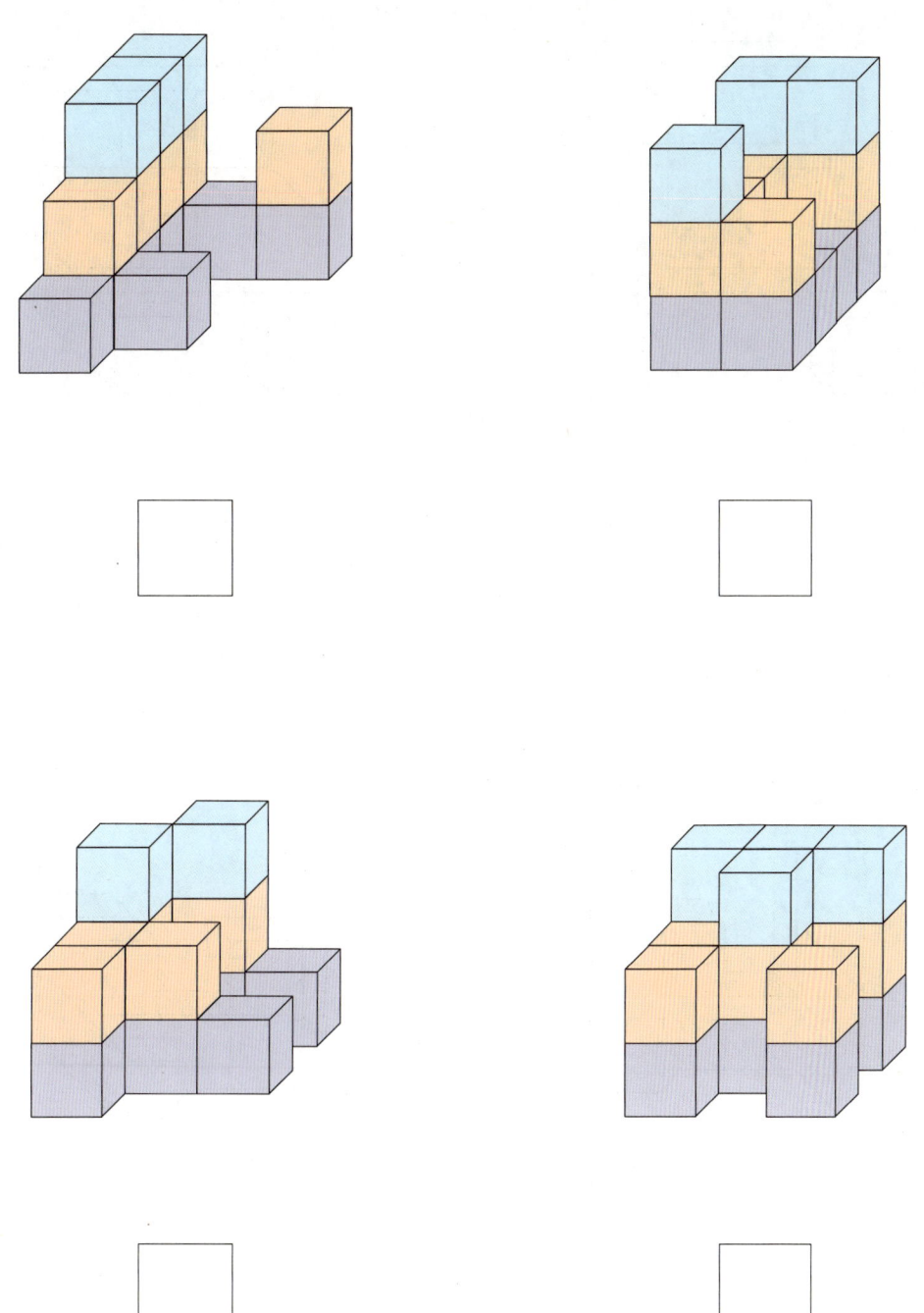

10. 请你数一数每一个组合里各有多少个立方块，把数字填在方框里。

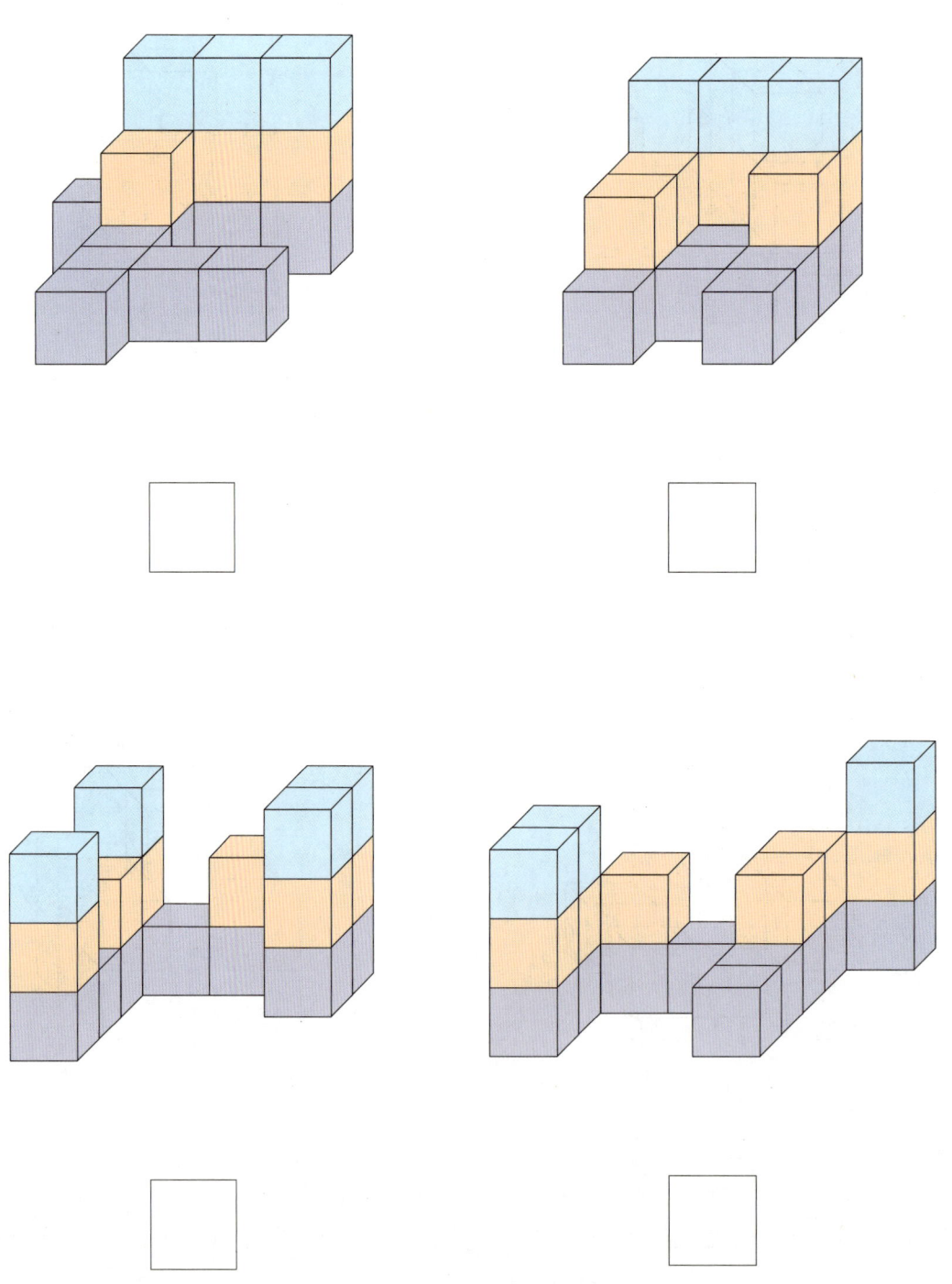

 **把立方块放进去**

扫码获取学习资源

把两个立方块粘在一起,构成一组立方块。把三组这样的立方块放进旁边的黄颜色处,如何放能正好放下呢?

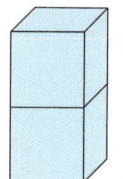 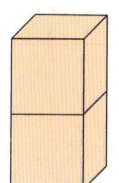 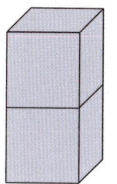

❶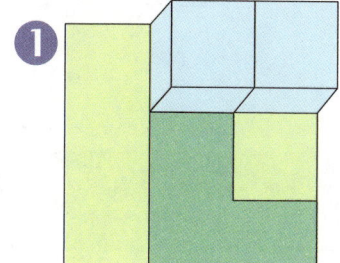

先在右上角放一组,能放下。

❷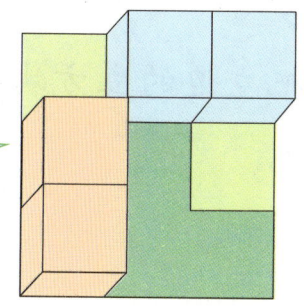

再在左下角放一组,第三组却放不下了。

❸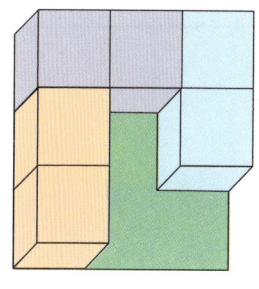

把第一组换个方向试一试。这样,三组都放下了。

终于都放进去了,接下来请你来试一试吧!

仔细摆一摆

用对应的颜色来代表里面放的立方块。

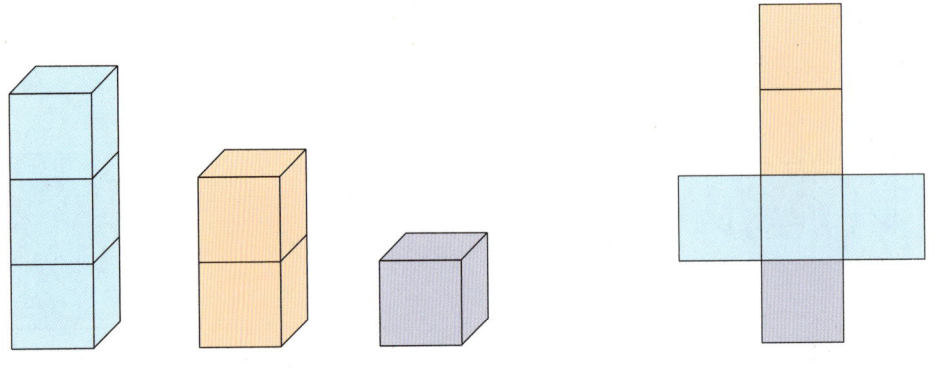

请把左边的立方块放到右边的方框里吧,涂上对应的颜色。

1.

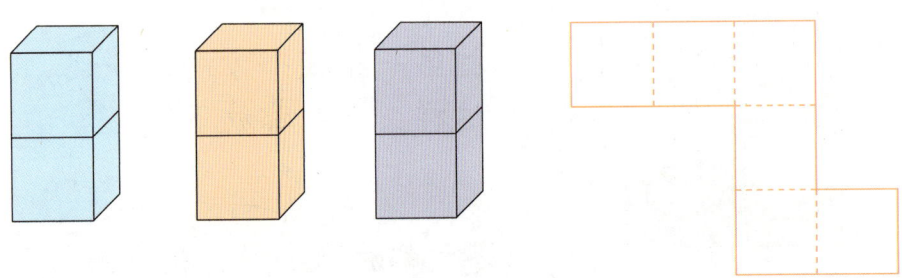

2.

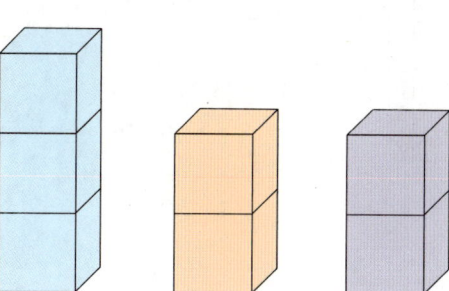 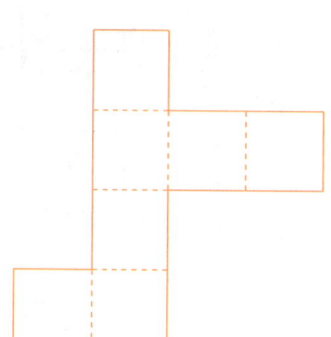

3.

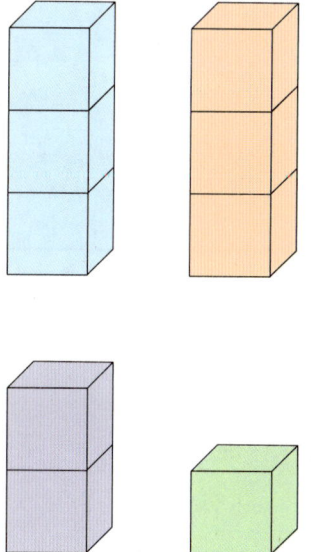 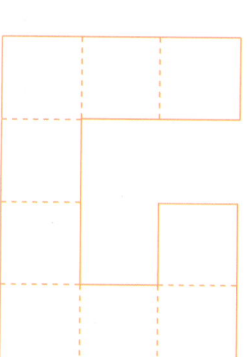

15

4.

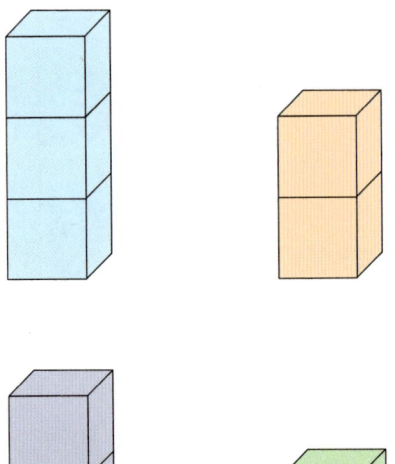

5.

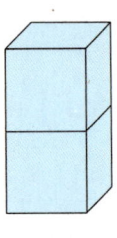 

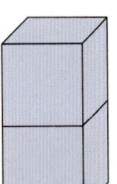 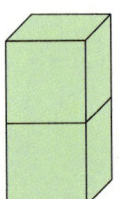 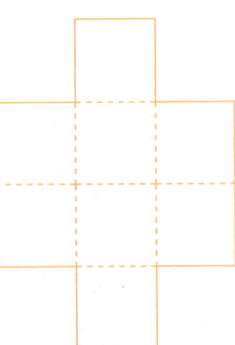

6.

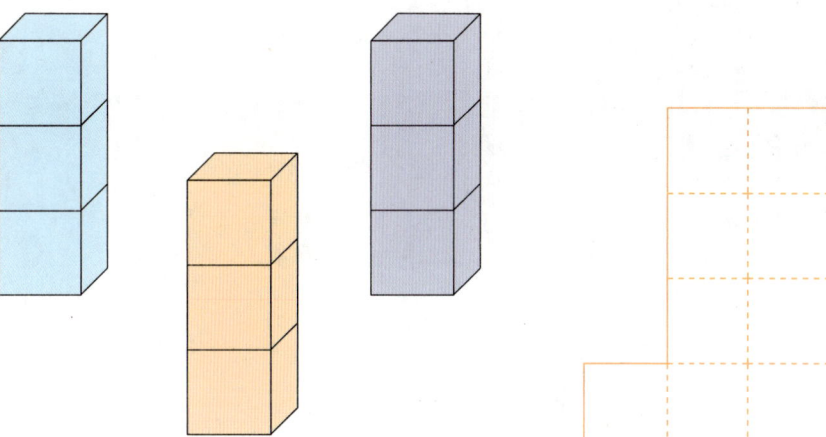

7.

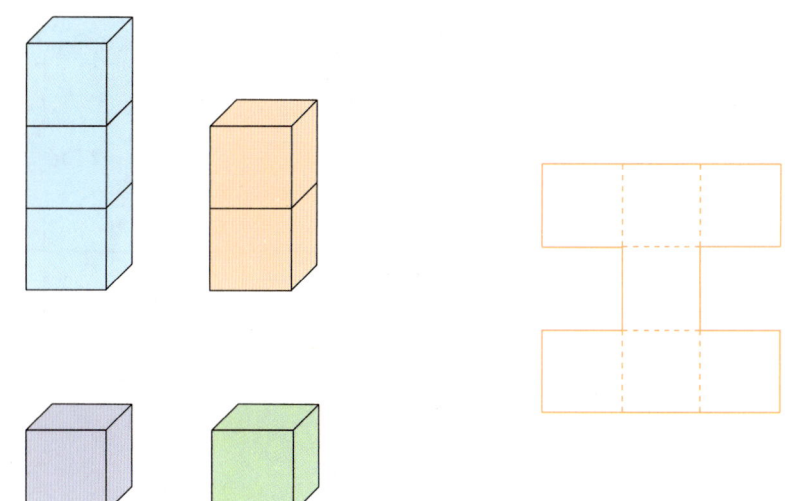

8.

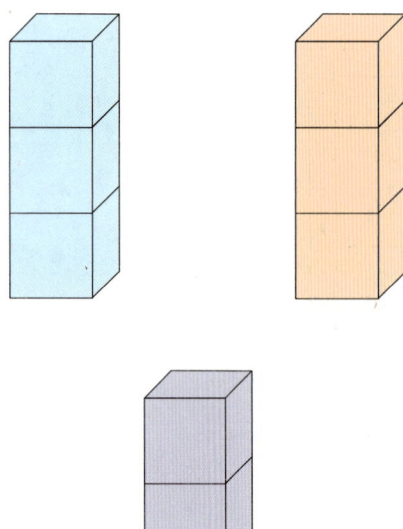

9.

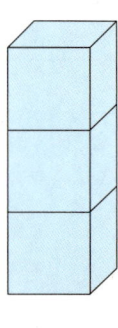
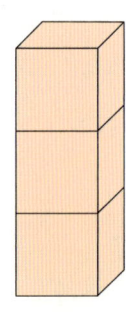

3 从不同角度看过去

让图形转一转

1. 把这个立方块组合转一转，下面哪些和它是一样的呢？在方框内画"√"。

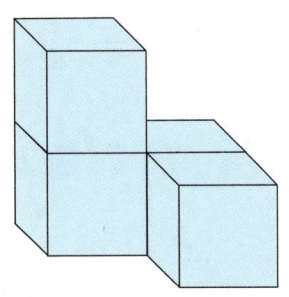

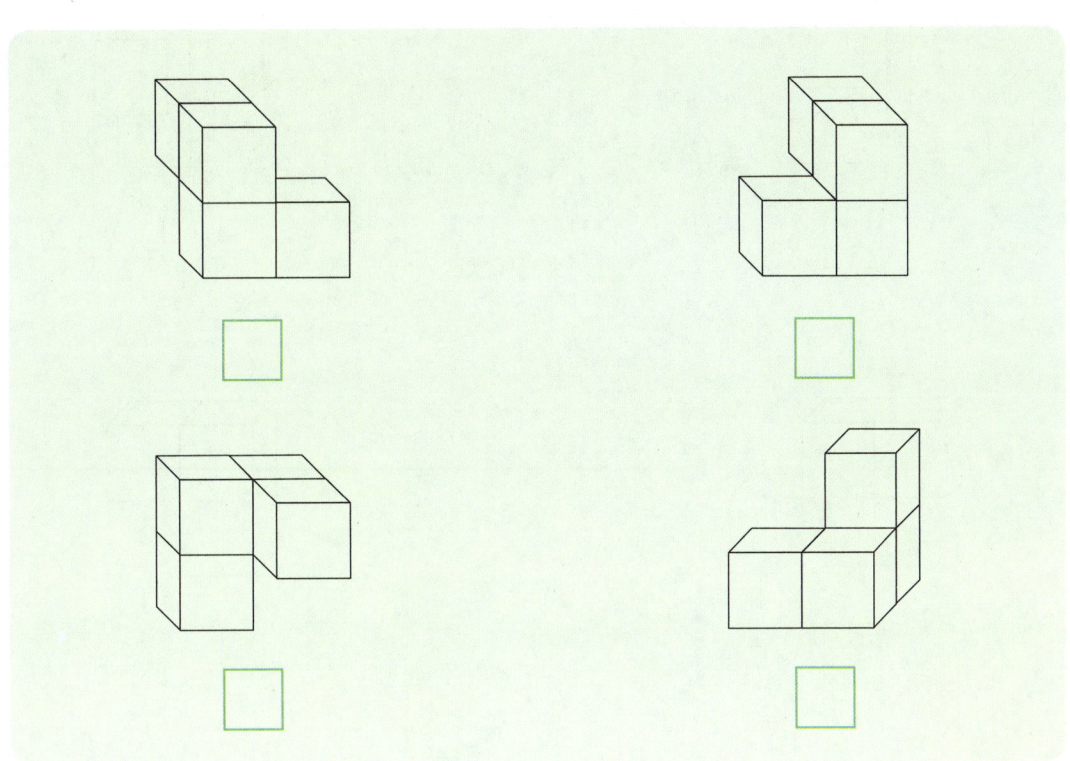

2. 把这个立方块组合转一转，下面哪些和它是一样的呢？在方框内画"√"。

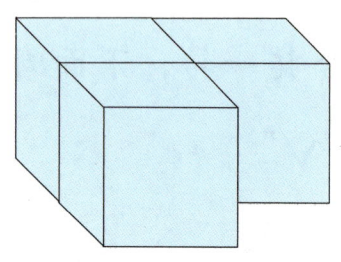

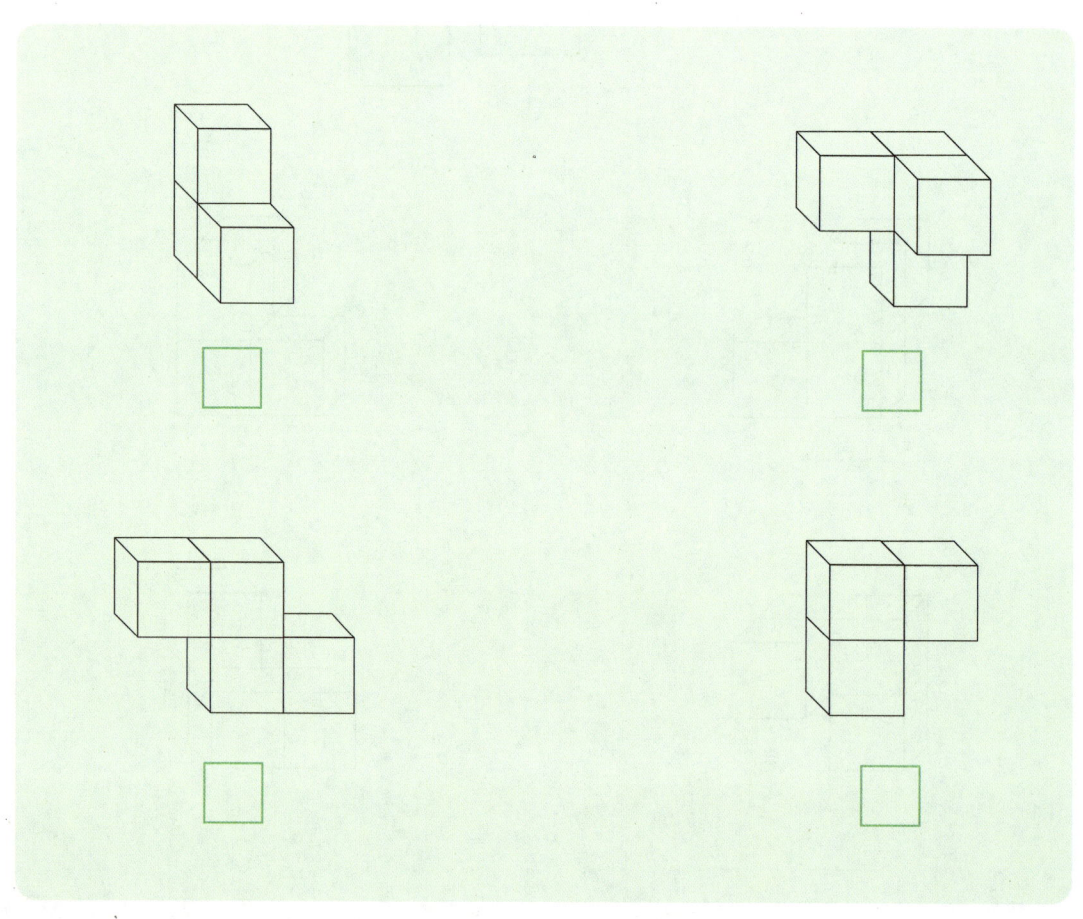

3. 把这个立方块组合转一转，下面哪些和它是一样的呢？在方框内画"√"。

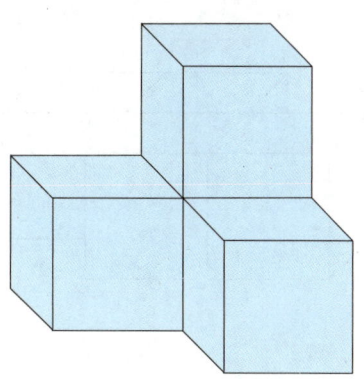

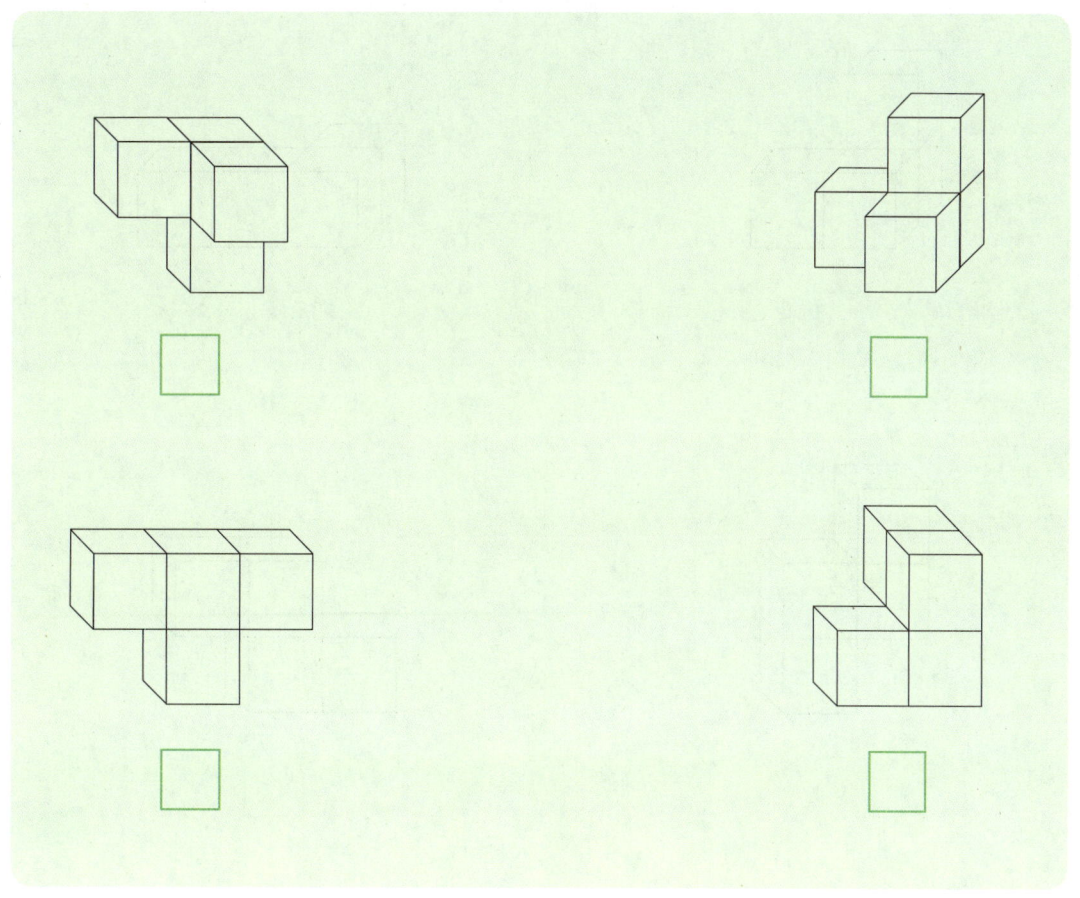

4. 把这个立方块组合转一转,下面哪些和它是一样的呢?在方框内画"√"。

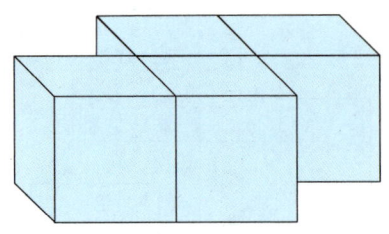

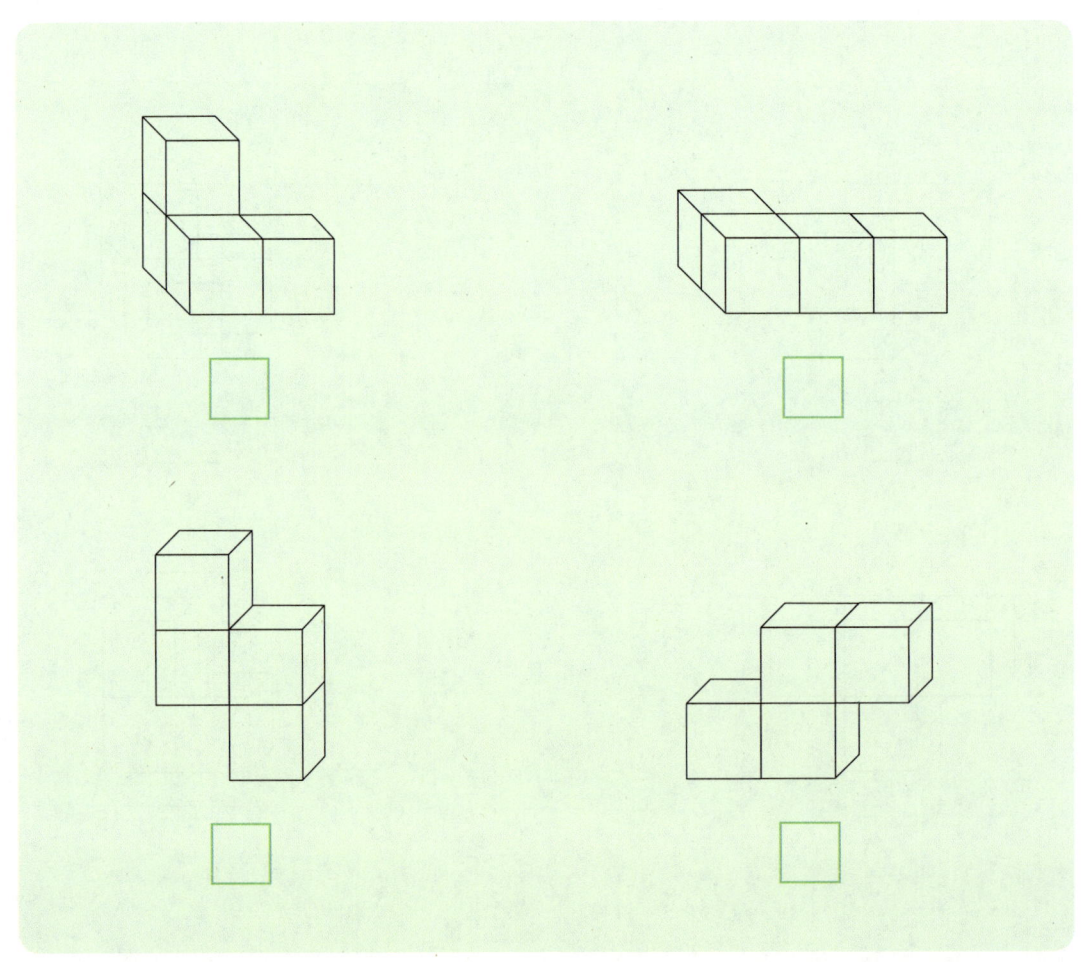

5. 把这个立方块组合转一转,下面哪些和它是一样的呢?在方框内画"√"。

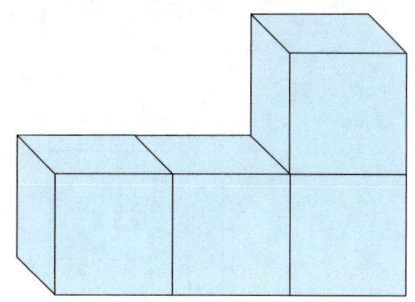

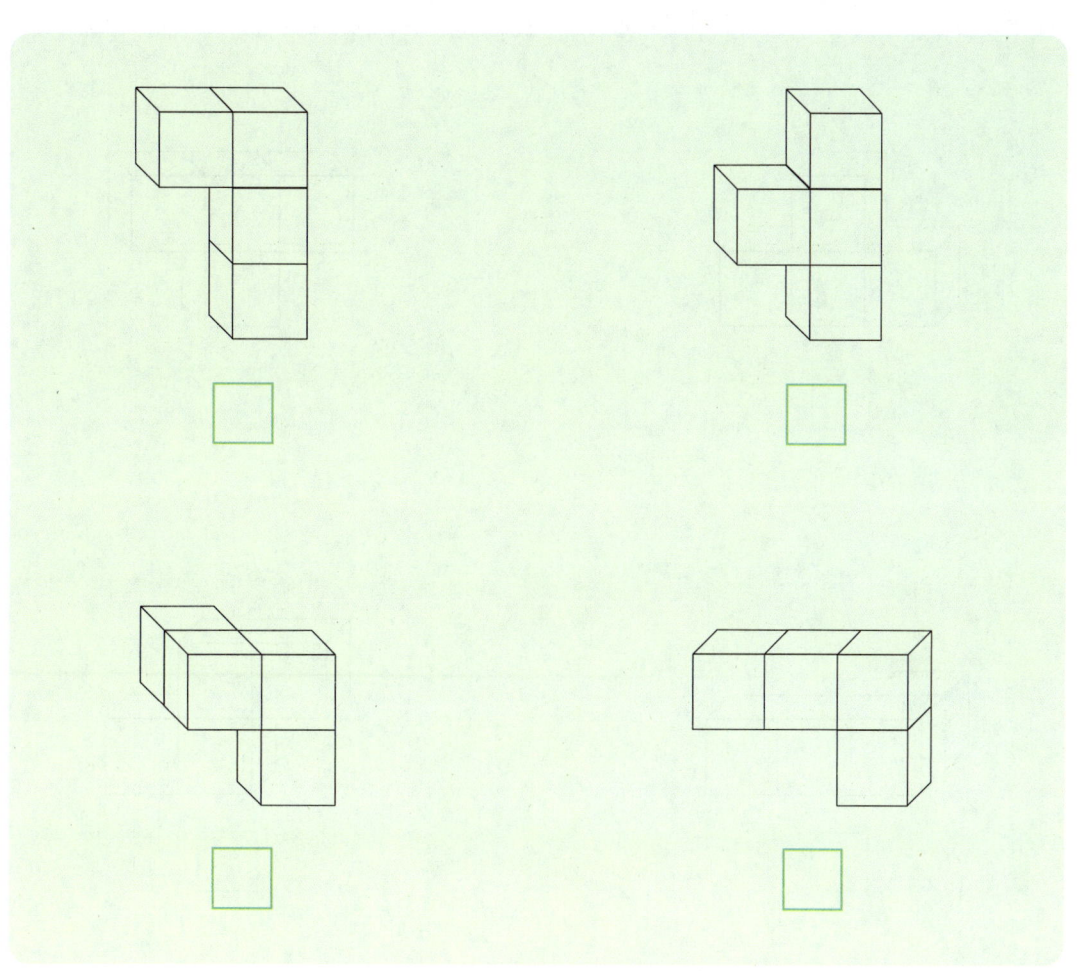

6. 把这个立方块组合转一转，下面哪些和它是一样的呢？在方框内画"√"。

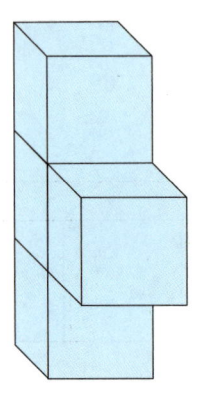

7. 把这个立方块组合转一转，下面哪些和它是一样的呢？在方框内画"√"。

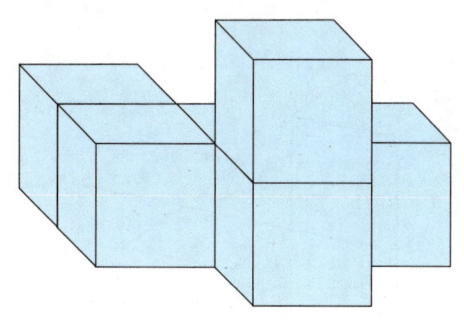

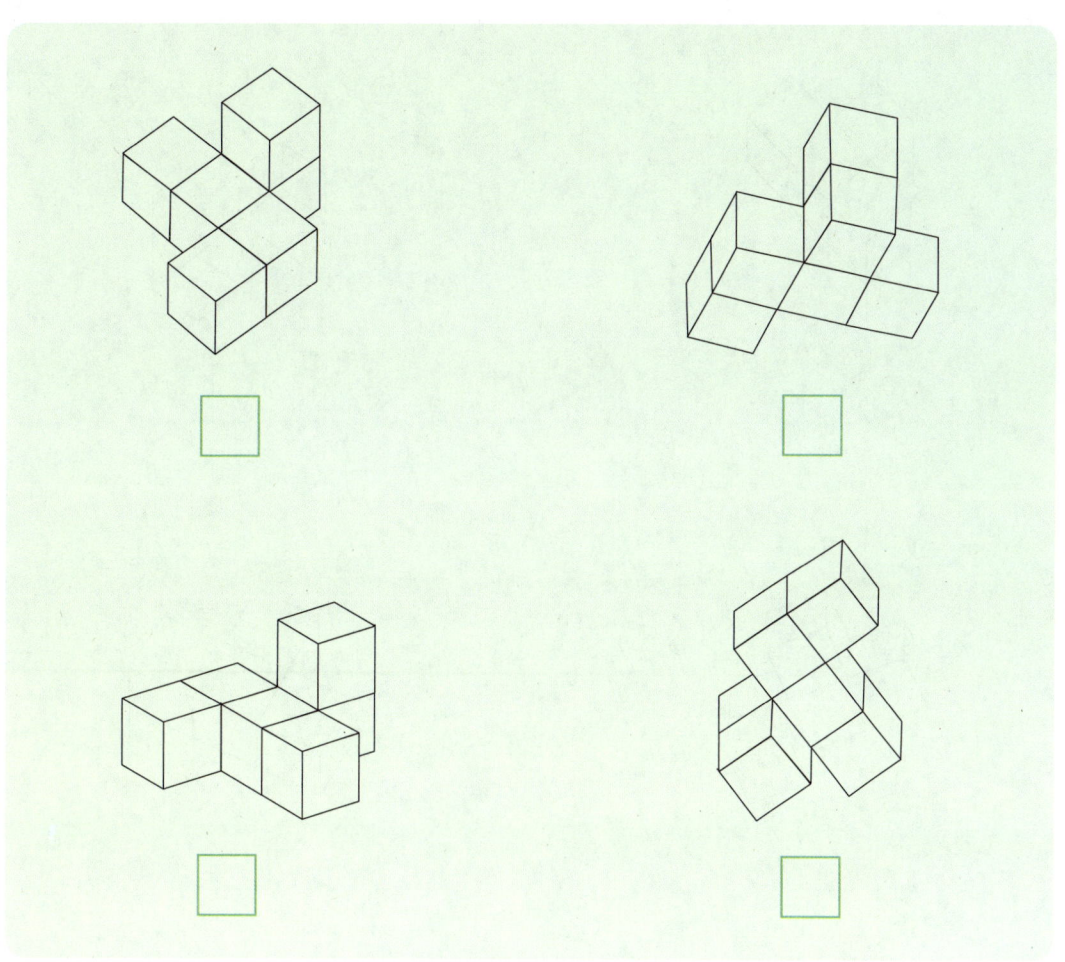

8. 把这个立方块组合转一转，下面哪些和它是一样的呢？在方框内画"√"。

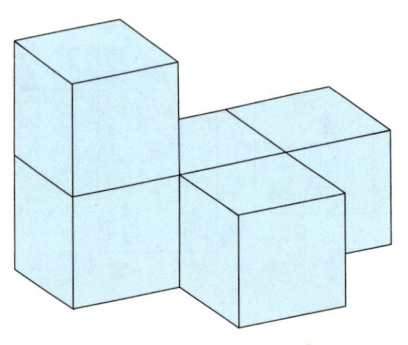

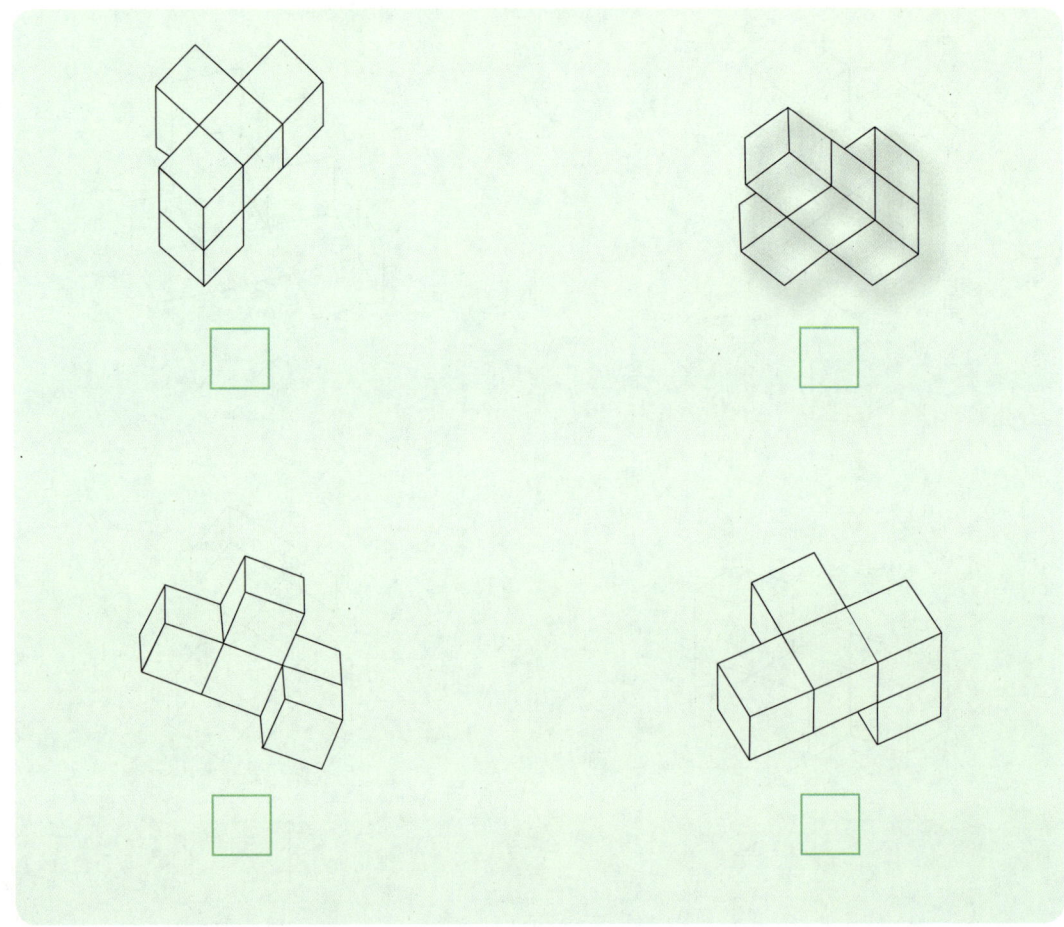

9. 把这个立方块组合转一转，下面哪些和它是一样的呢？在方框内画"√"。

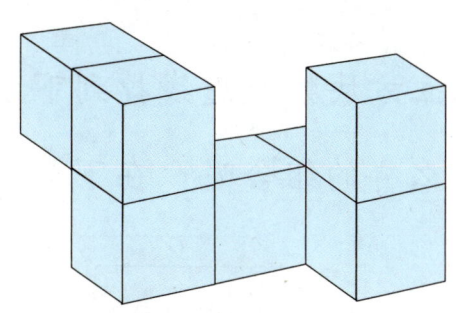

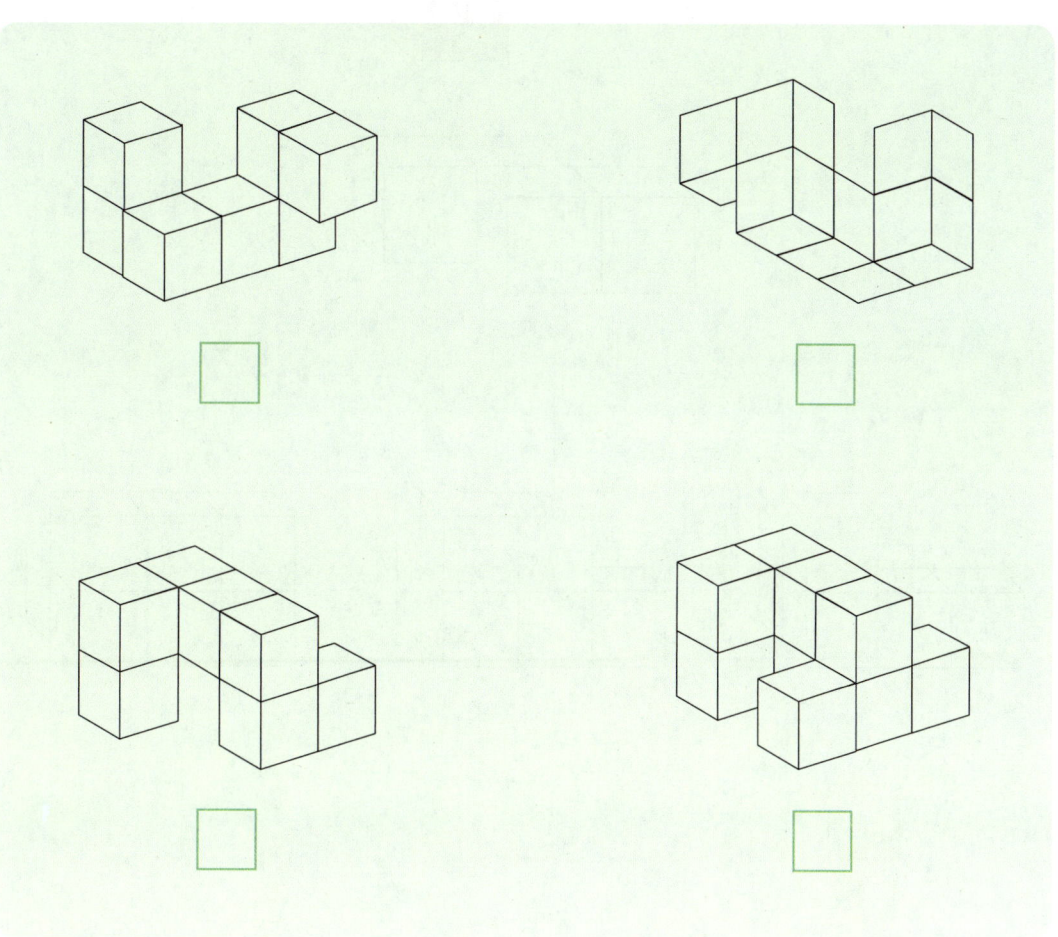

 **4** 看，立方块掉下来了

努力拼一拼

扫码获取学习资源

1. 如果上面的立方块按照虚线掉到下方的立方块上，会得到一个什么样的组合呢？在下面的方框内画"√"。

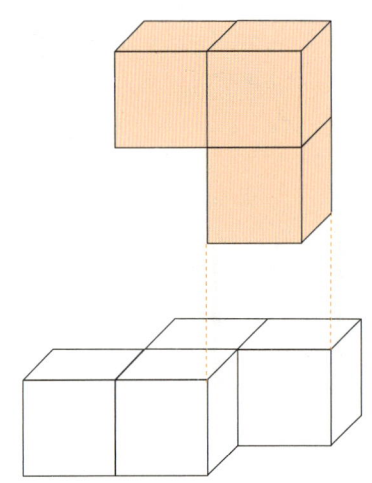

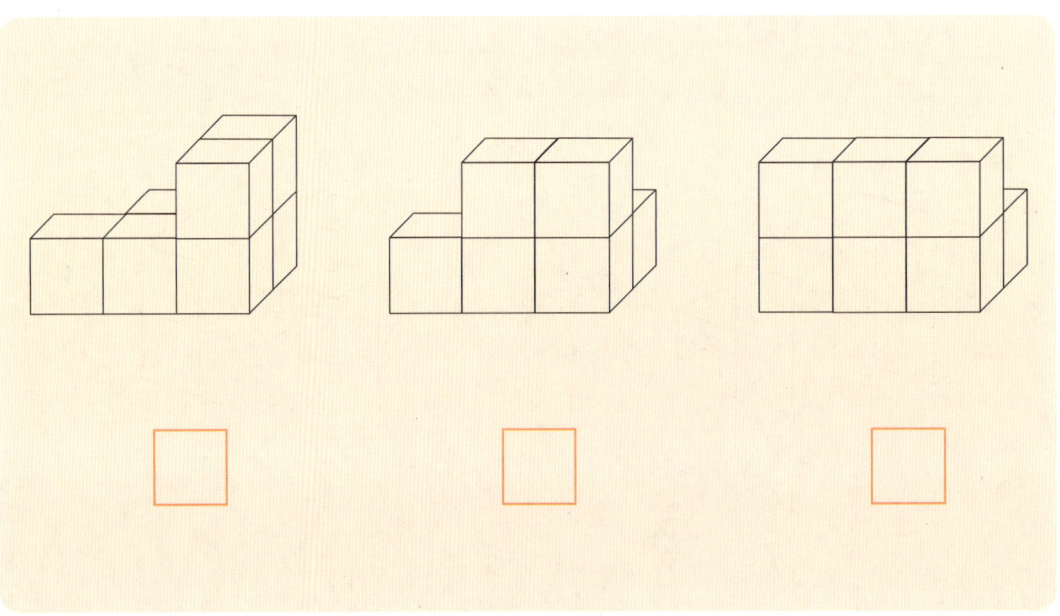

2. 如果上面的立方块沿着虚线掉到下方的立方块上，会得到一个什么样的组合呢？在下面的方框内画"√"。

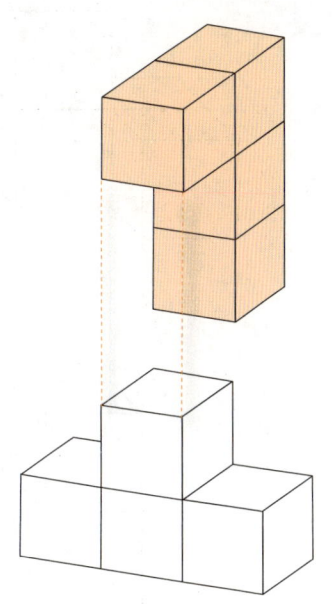

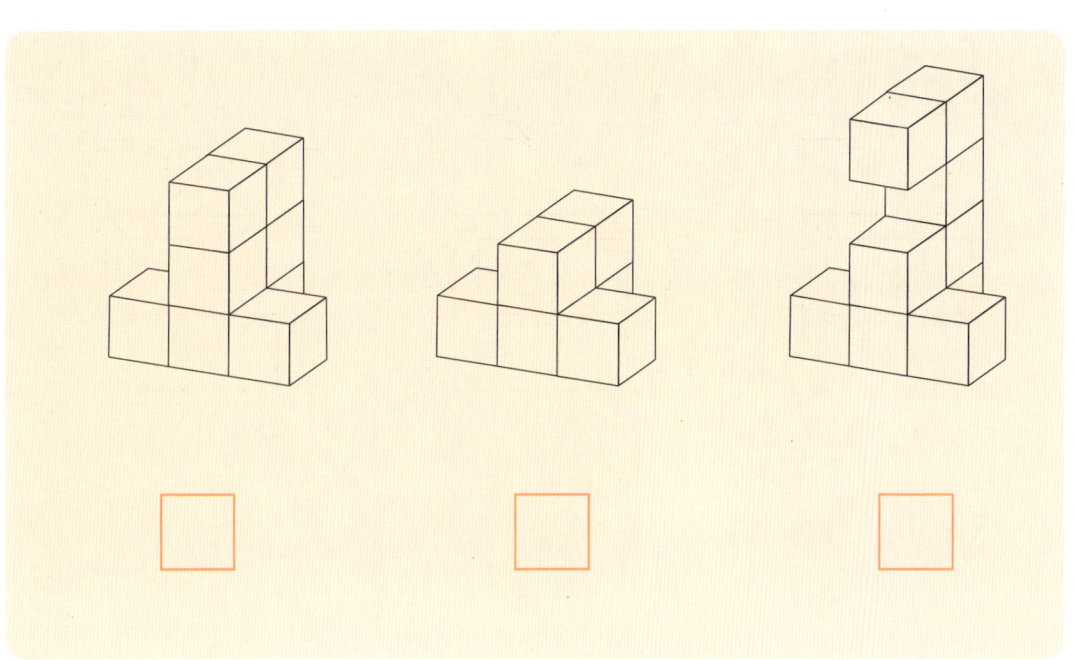

3. 如果上面的立方块沿着虚线掉到下方的立方块上，会得到一个什么样的组合呢？在下面的方框内画"√"。

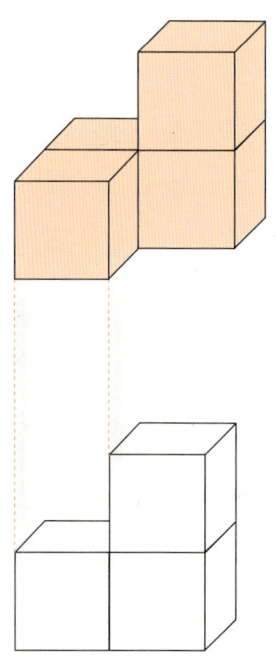

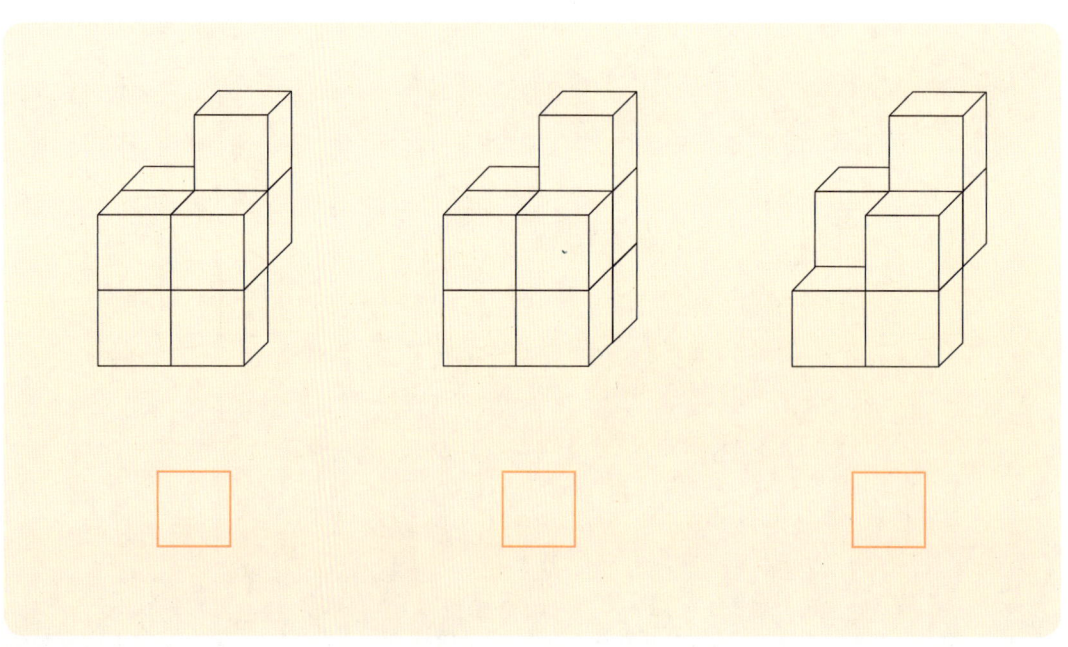

4. 如果上面的立方块沿着虚线掉到下方的立方块上，会得到一个什么样的组合呢？在下面的方框内画"√"。

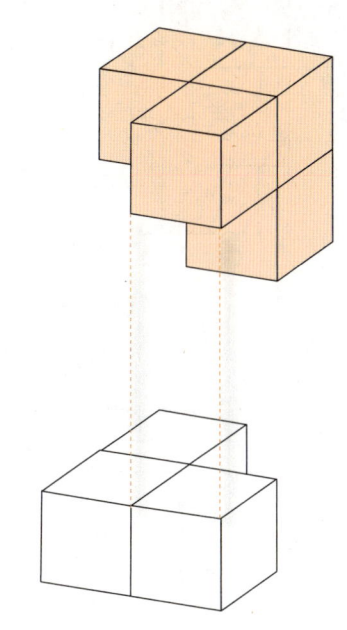

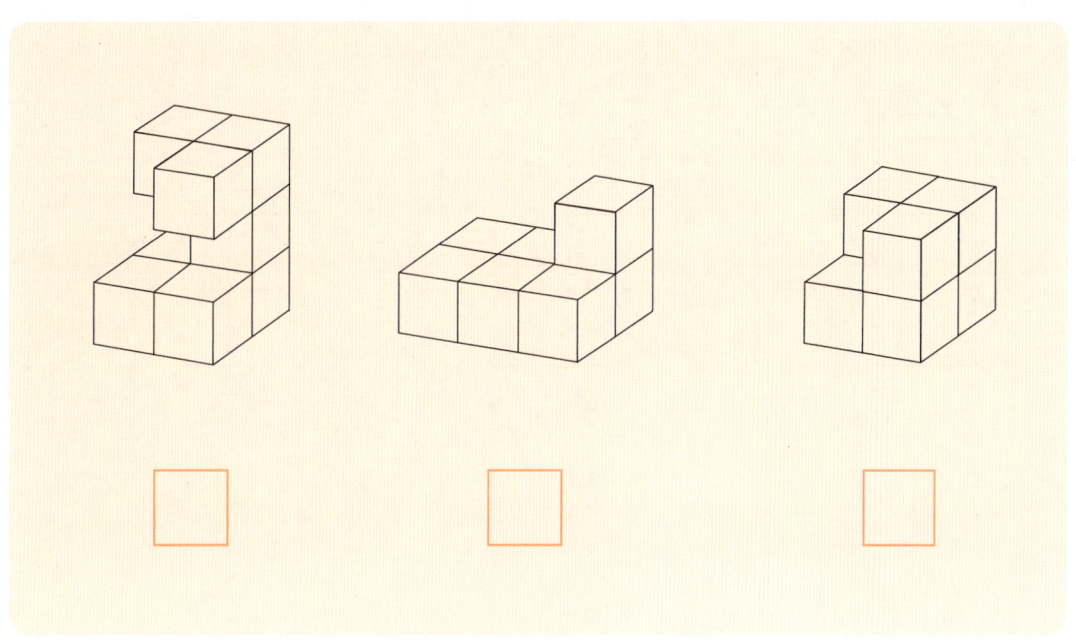

5. 如果上面的立方块沿着虚线掉到下方的立方块上，会得到一个什么样的组合呢？在下面的方框内画"√"。

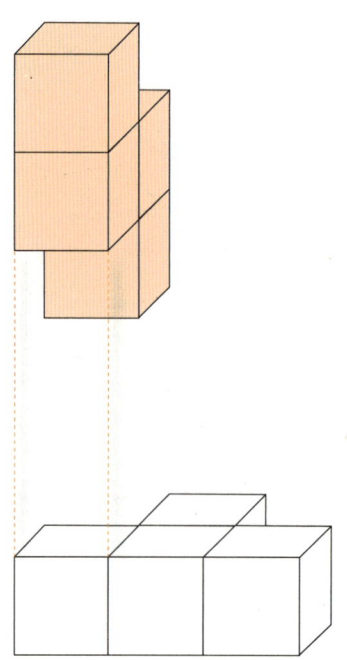

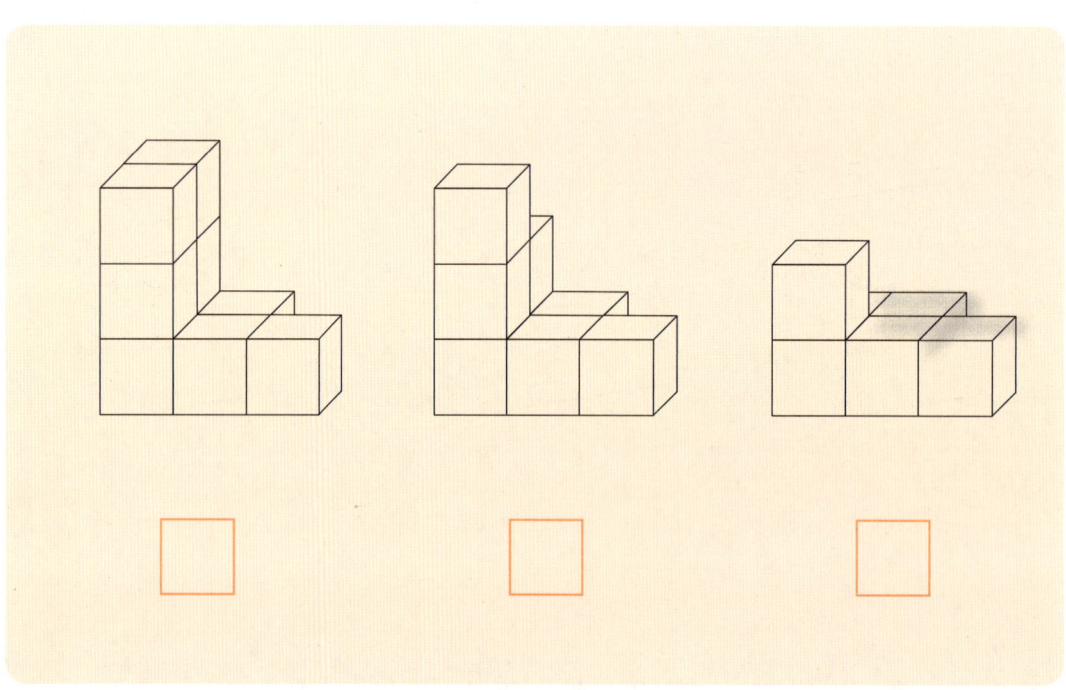

6. 如果上面的立方块沿着虚线掉到下方的立方块上，会得到一个什么样的组合呢？在下面的方框内画"√"。

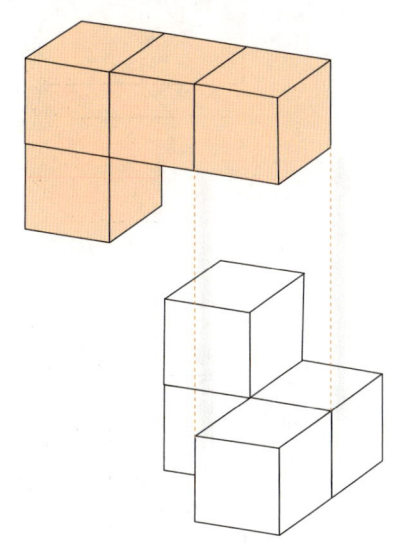

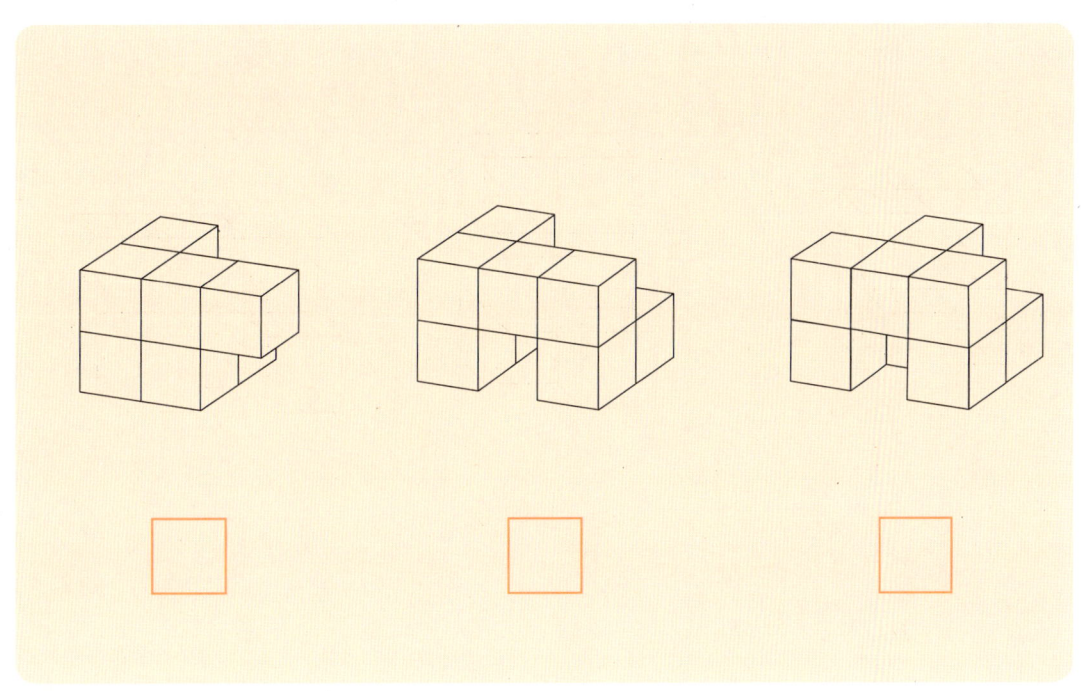

7. 如果上面的立方块沿着虚线掉到下方的立方块上,会得到一个什么样的组合呢?在下面的方框内画"√"。

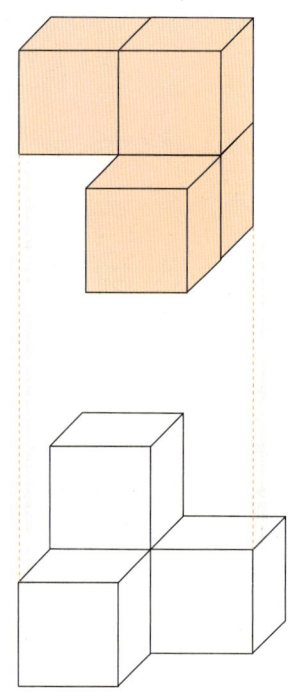

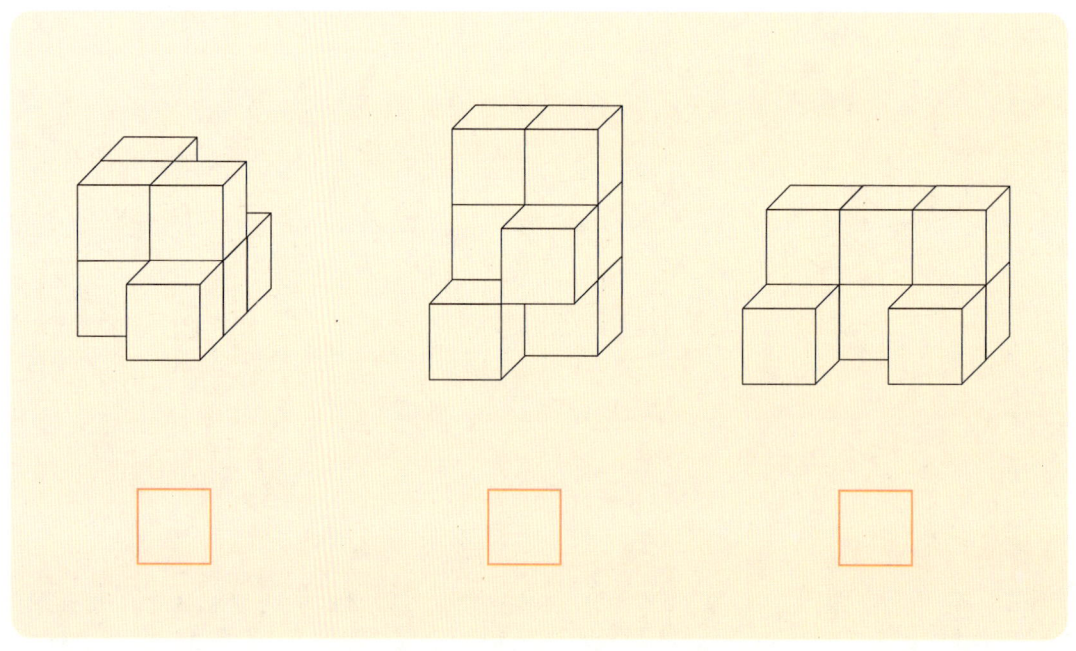

8. 如果上面的立方块沿着虚线掉到下方的立方块上，会得到一个什么样的组合呢？在下面的方框内画"√"。

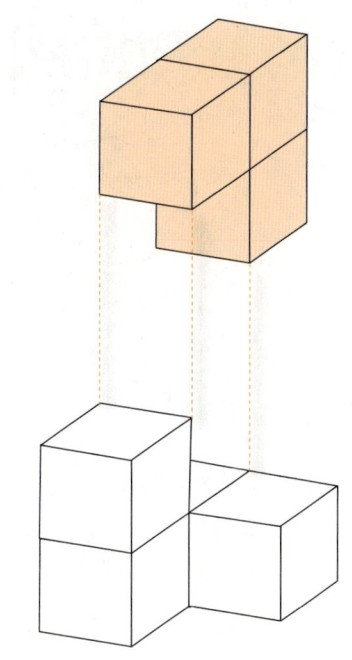

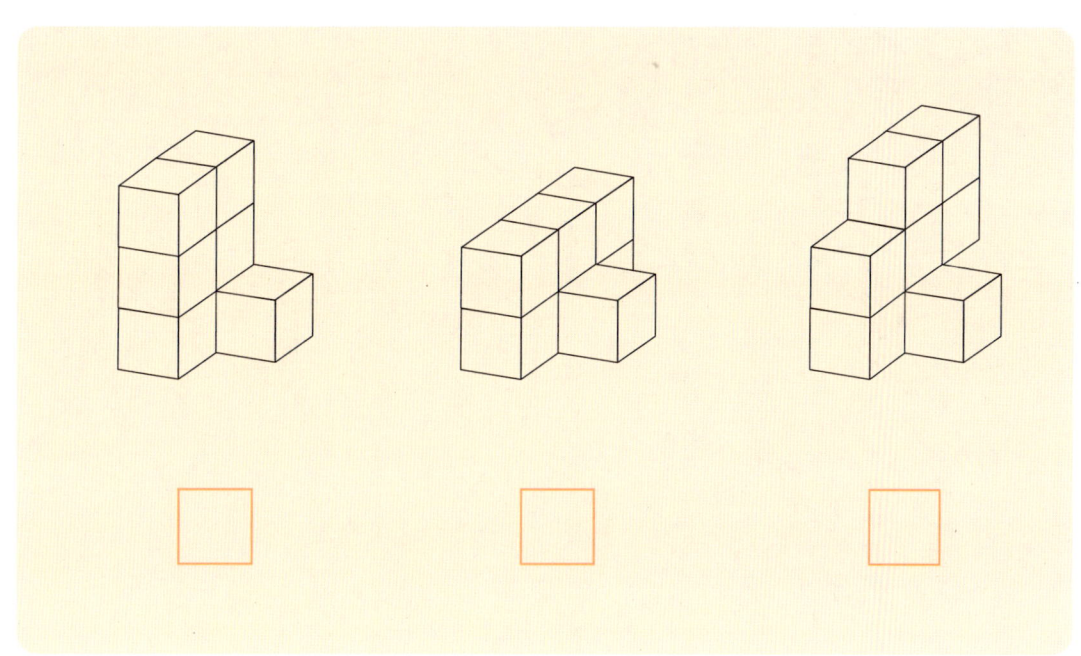

9. 如果上面的立方块沿着虚线掉到下方的立方块上，会得到一个什么样的组合呢？在下面的方框内画"√"。

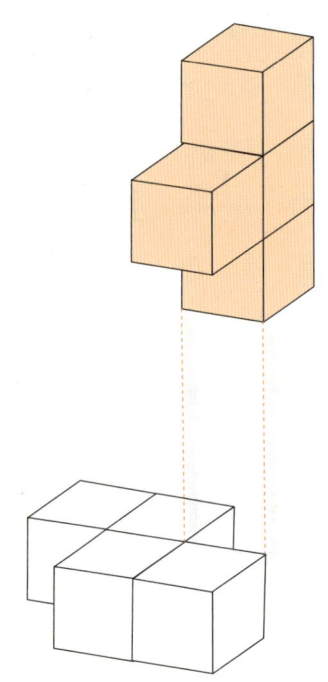

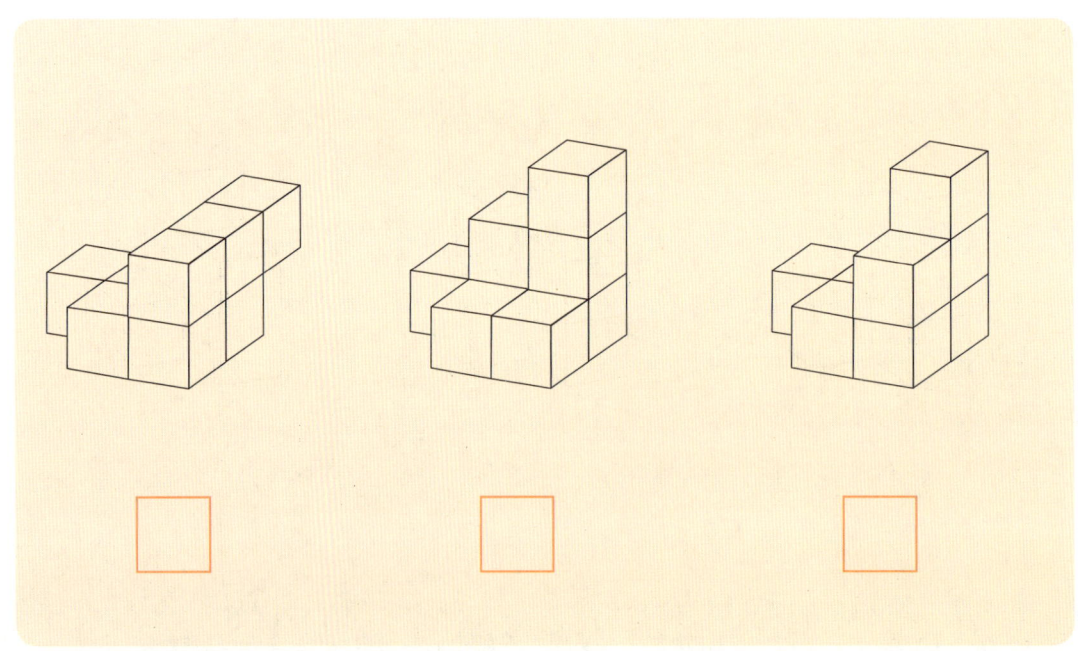

10. 如果上面的立方块沿着虚线掉到下方的立方块上，会得到一个什么样的组合呢？在下面的方框内画"√"。

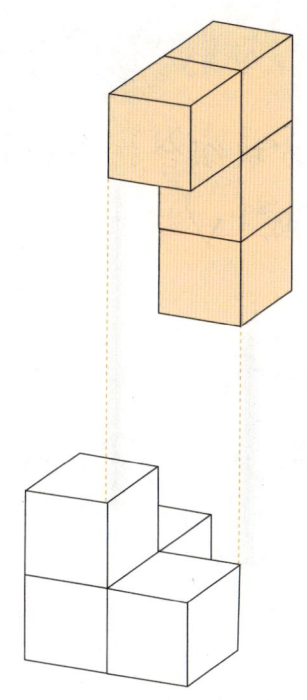

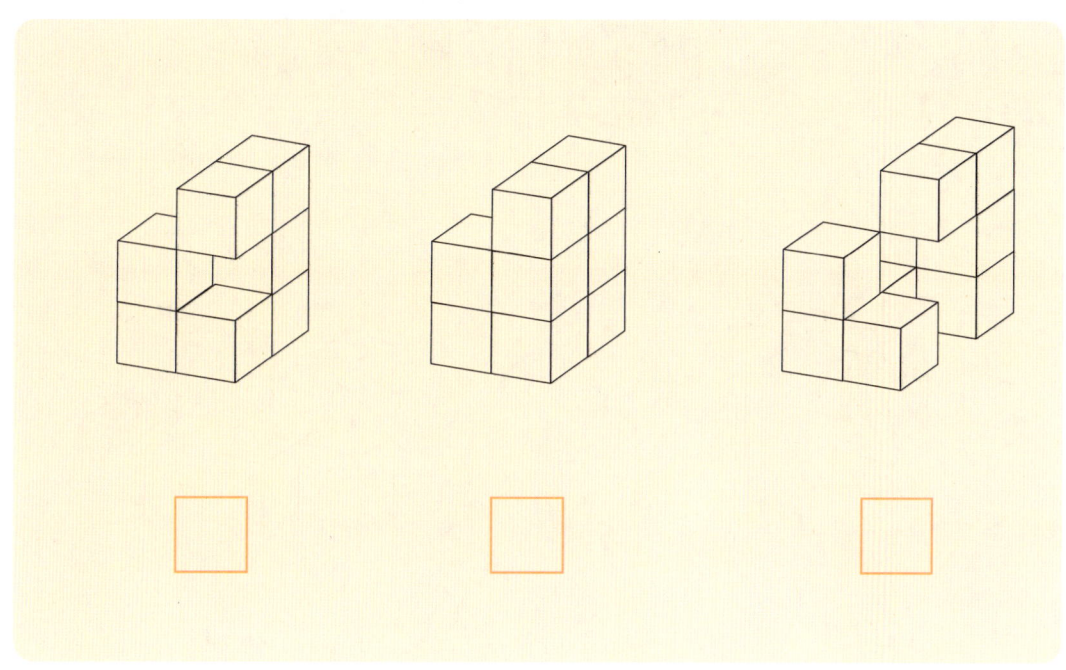

把两个立方块组合拼在一起

扫码获取学习资源

努力拼一拼

1. 把下面两个立方块组合拼在一起会得到哪个立体图形呢？在方框内画"√"。

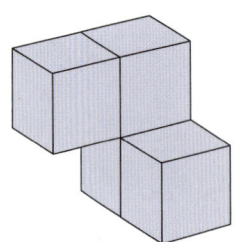
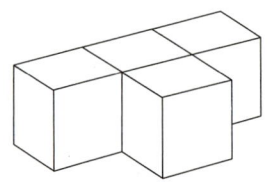

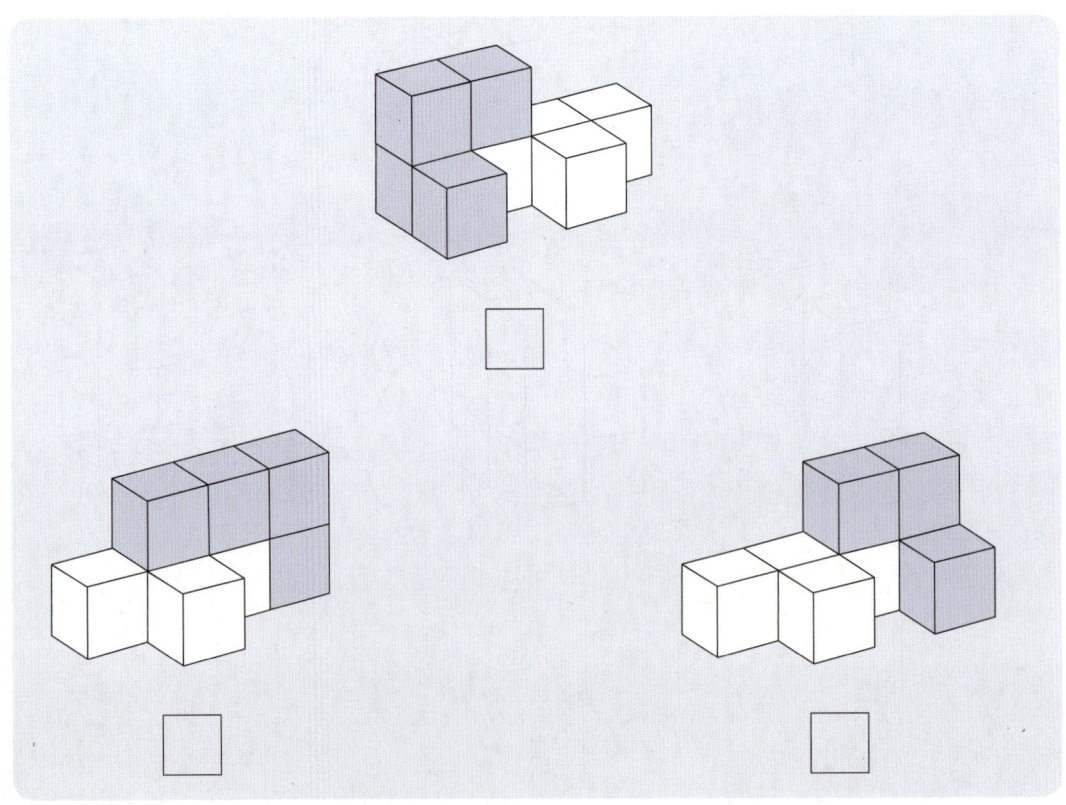

2. 把下面两个立方块组合拼在一起会得到哪个立体图形呢？在方框内画"√"。

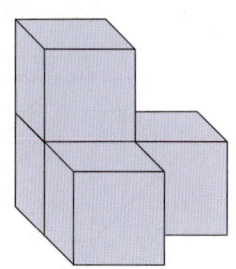 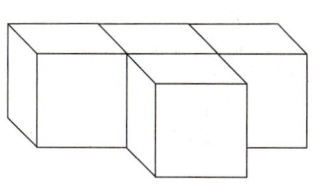

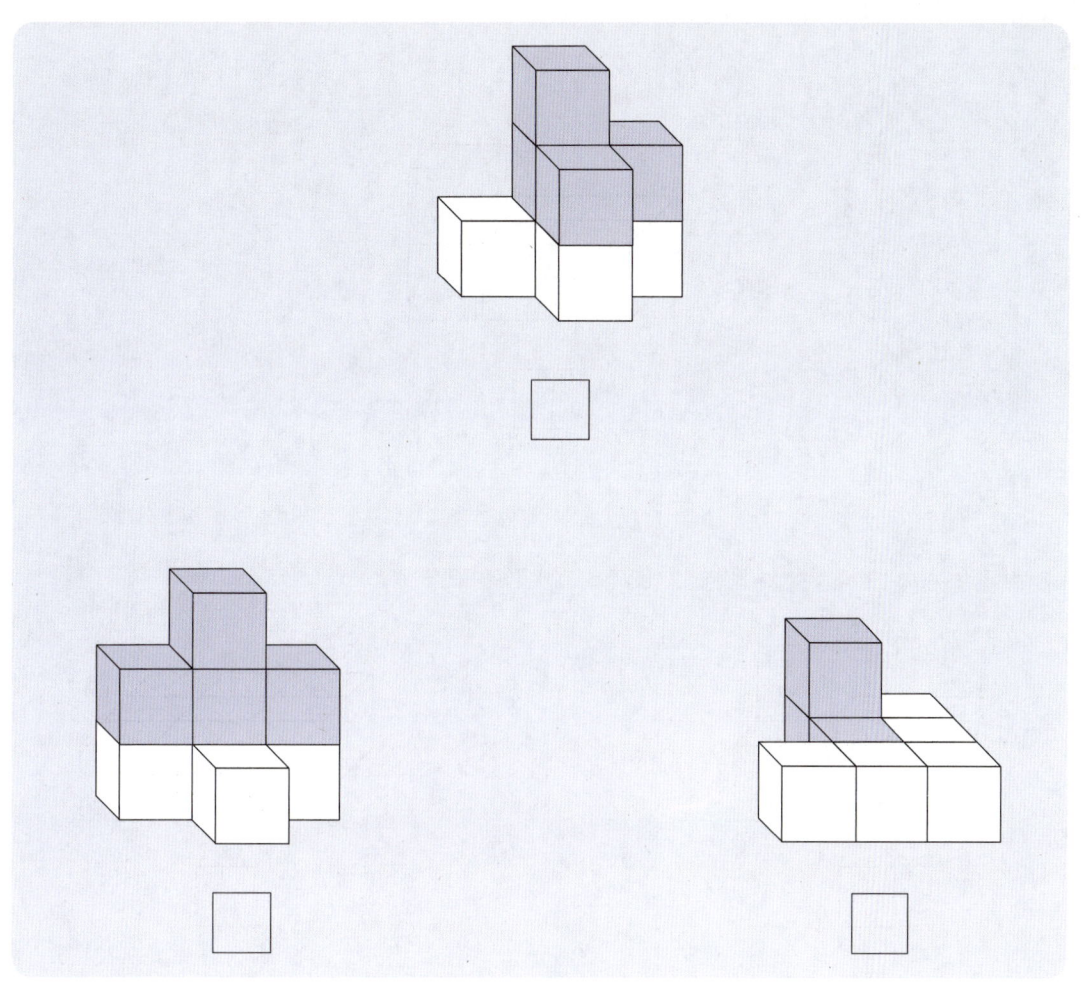

3. 把下面两个立方块组合拼在一起会得到哪个立体图形呢？在方框内画"√"。

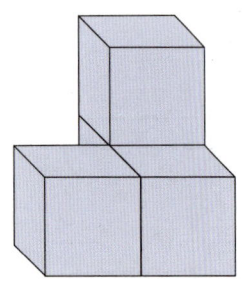 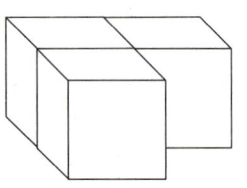

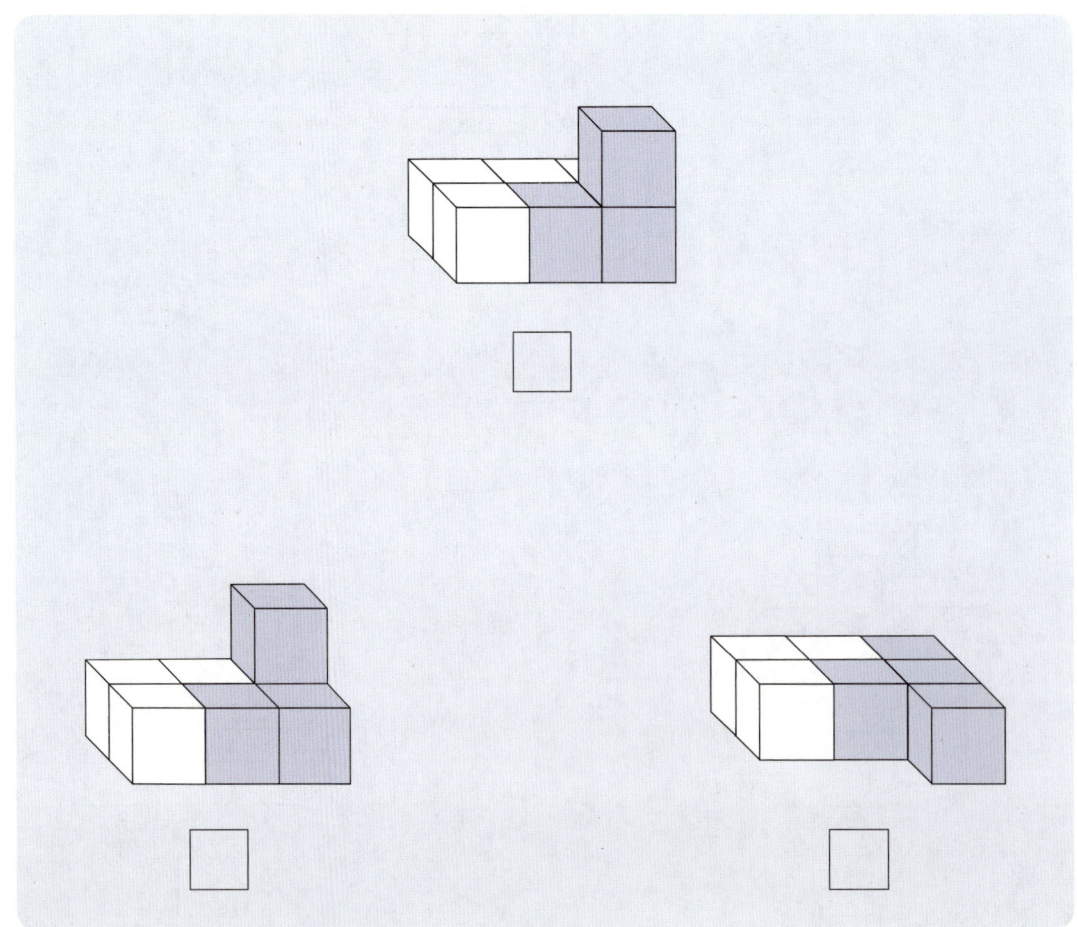

4. 把下面两个立方块组合拼在一起会得到哪个立体图形呢？在方框内画"√"。

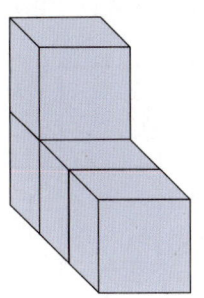 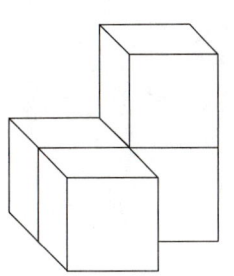

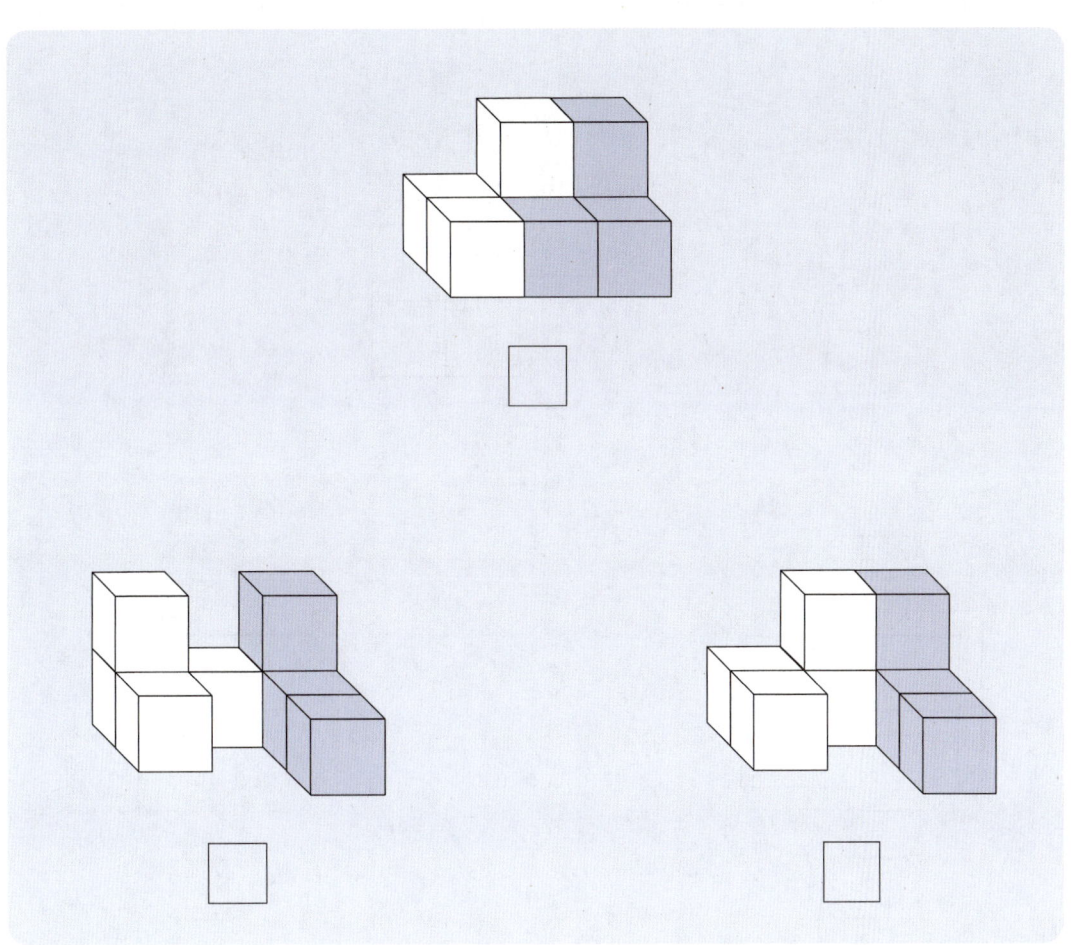

5. 把下面两个立方块组合拼在一起会得到哪个立体图形呢？在方框内画"√"。

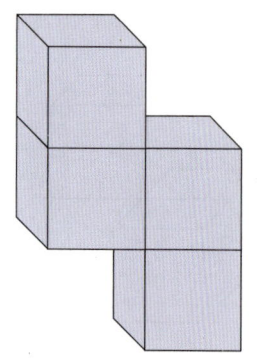 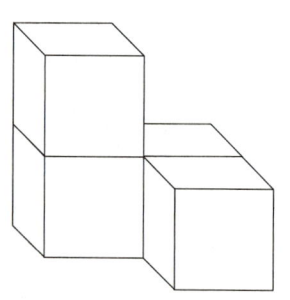

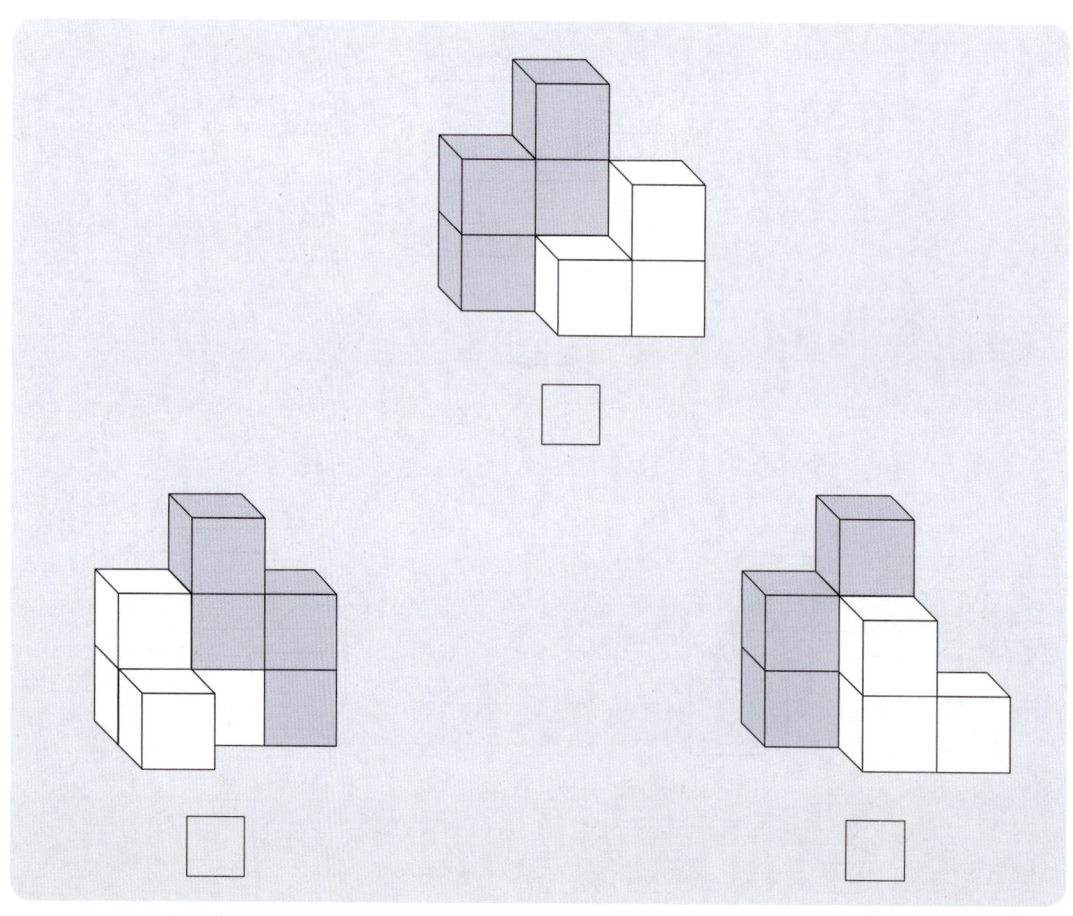

6. 把下面两个立方块组合拼在一起会得到哪个立体图形呢？在方框内画"√"。

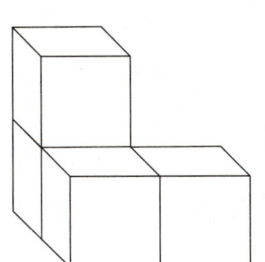 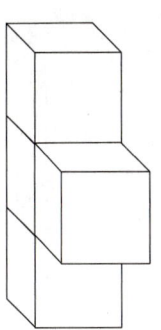

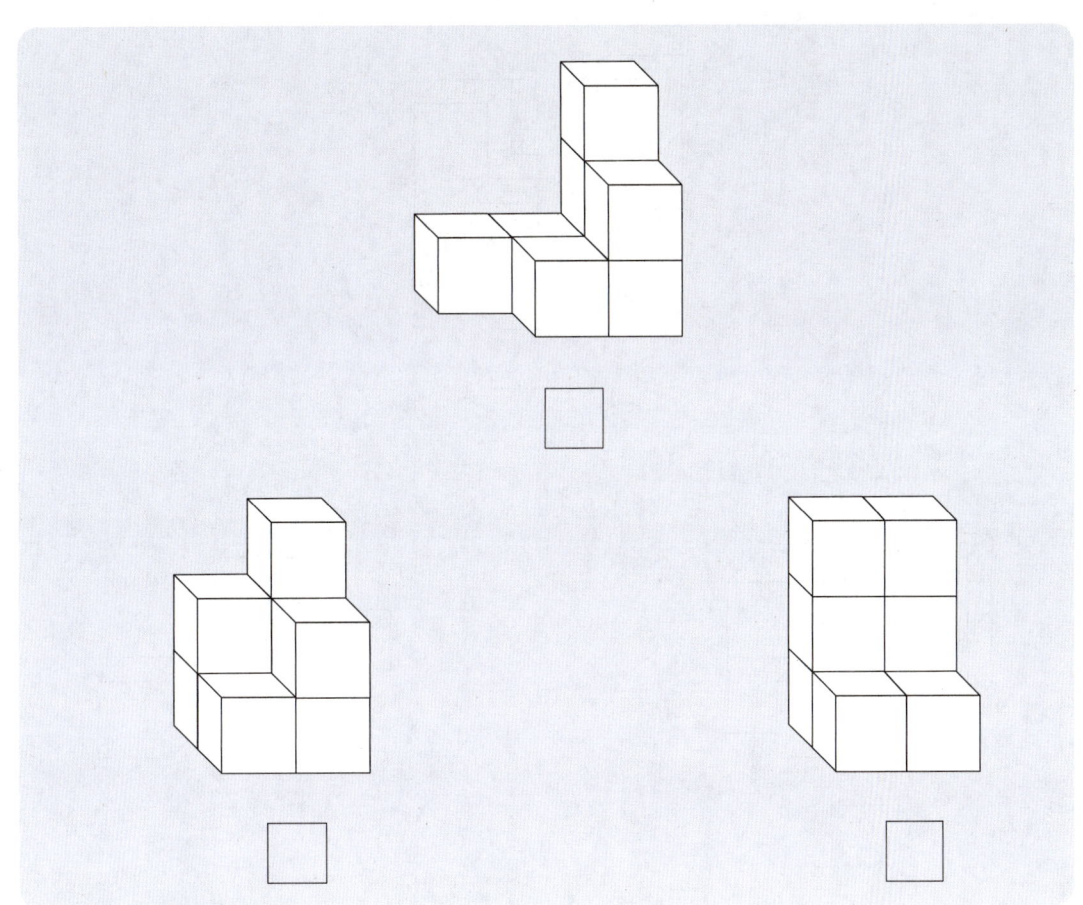

7. 把下面两个立方块组合拼在一起会得到哪个立体图形呢？在方框内画"√"。

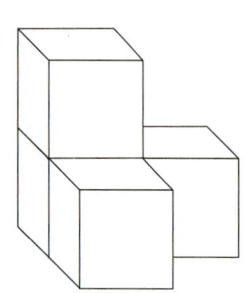 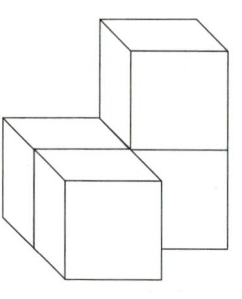

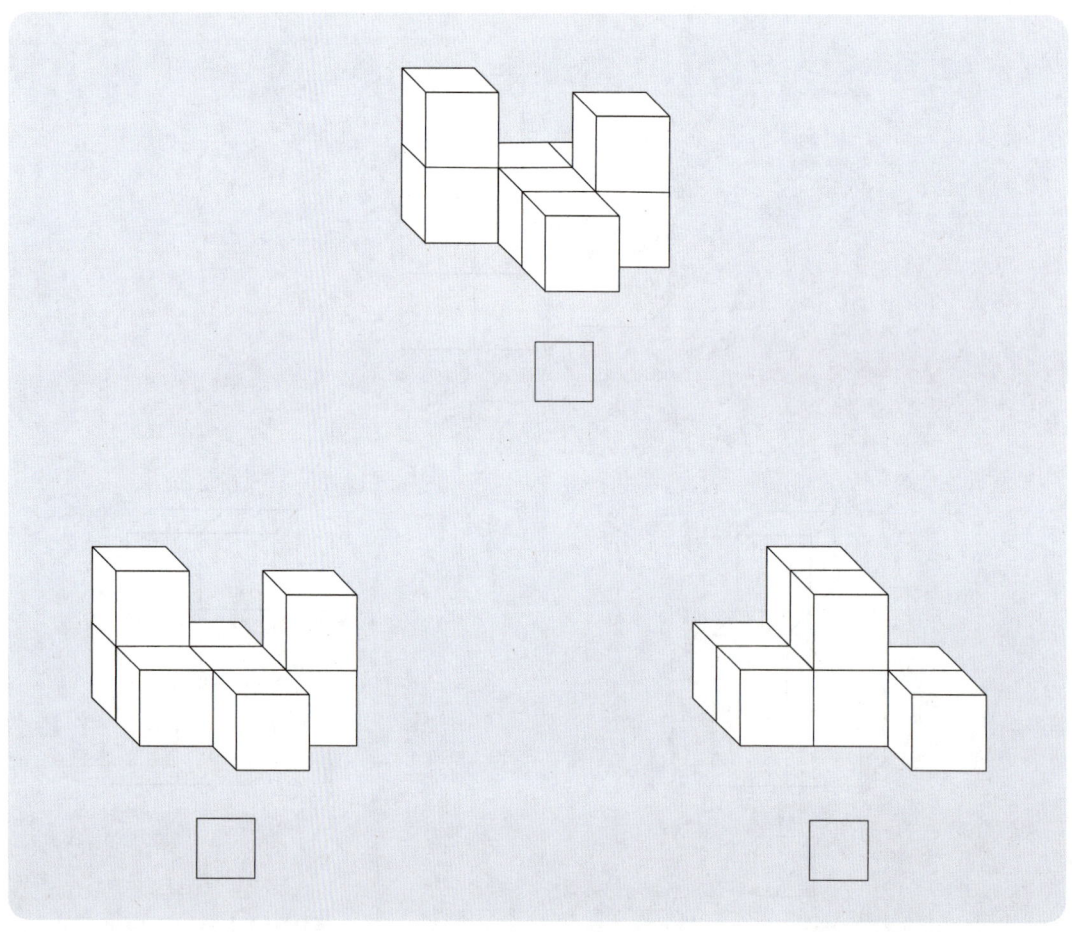

8. 把下面两个立方块组合拼在一起会得到哪个立体图形呢？在方框内画"√"。

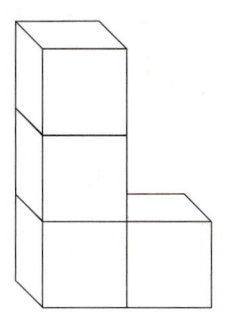
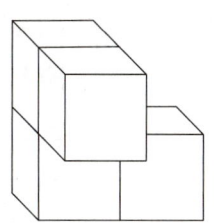
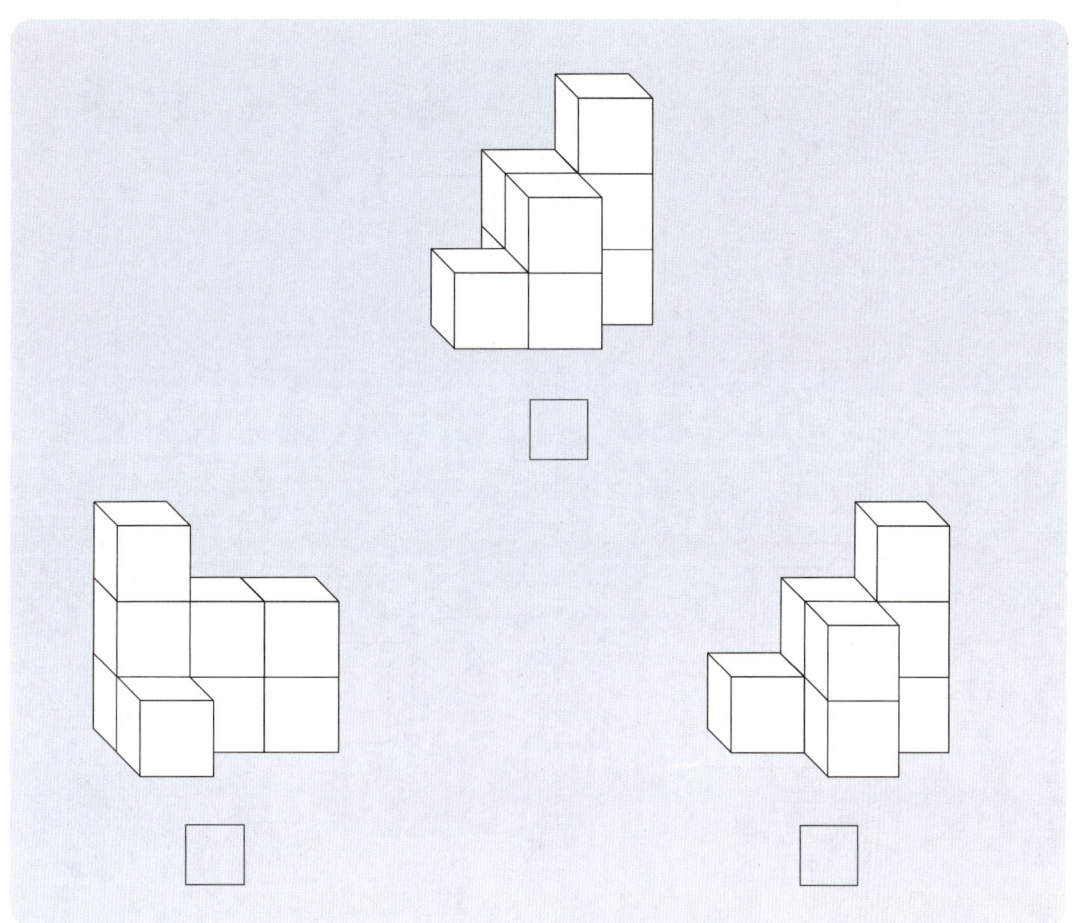

9. 把下面两个立方块组合拼在一起会得到哪个立体图形呢？在方框内画"√"。

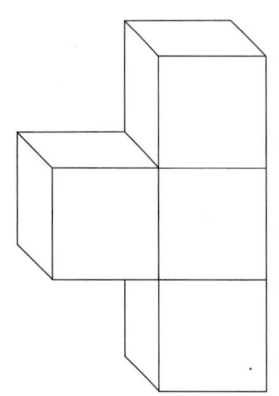
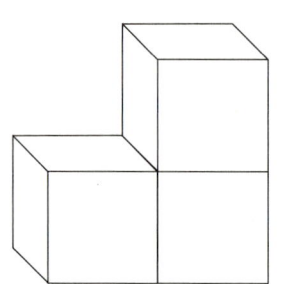

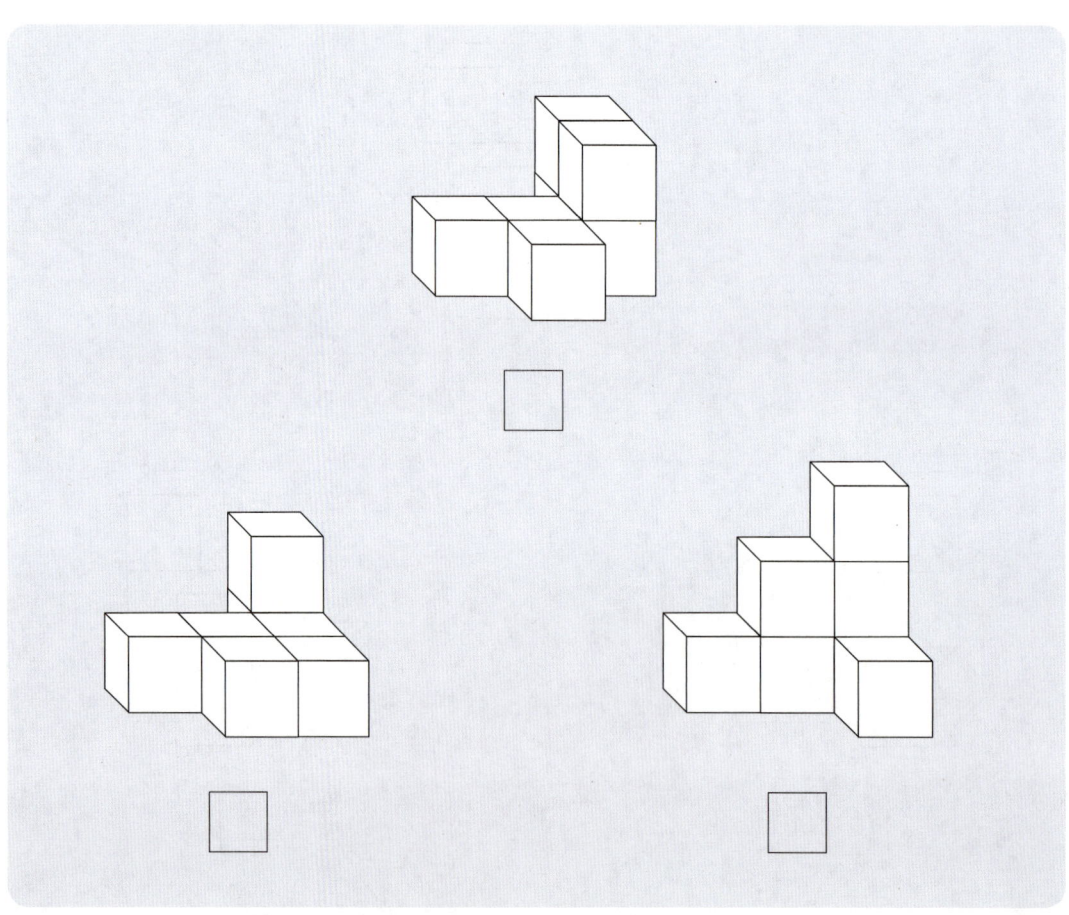

10. 把下面两个立方块组合拼在一起会得到哪个立体图形呢？在方框内画"√"。

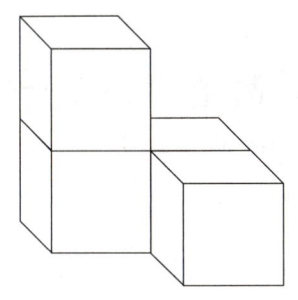 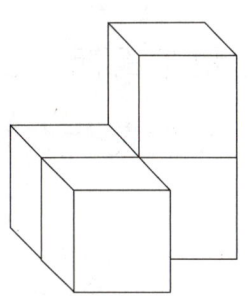

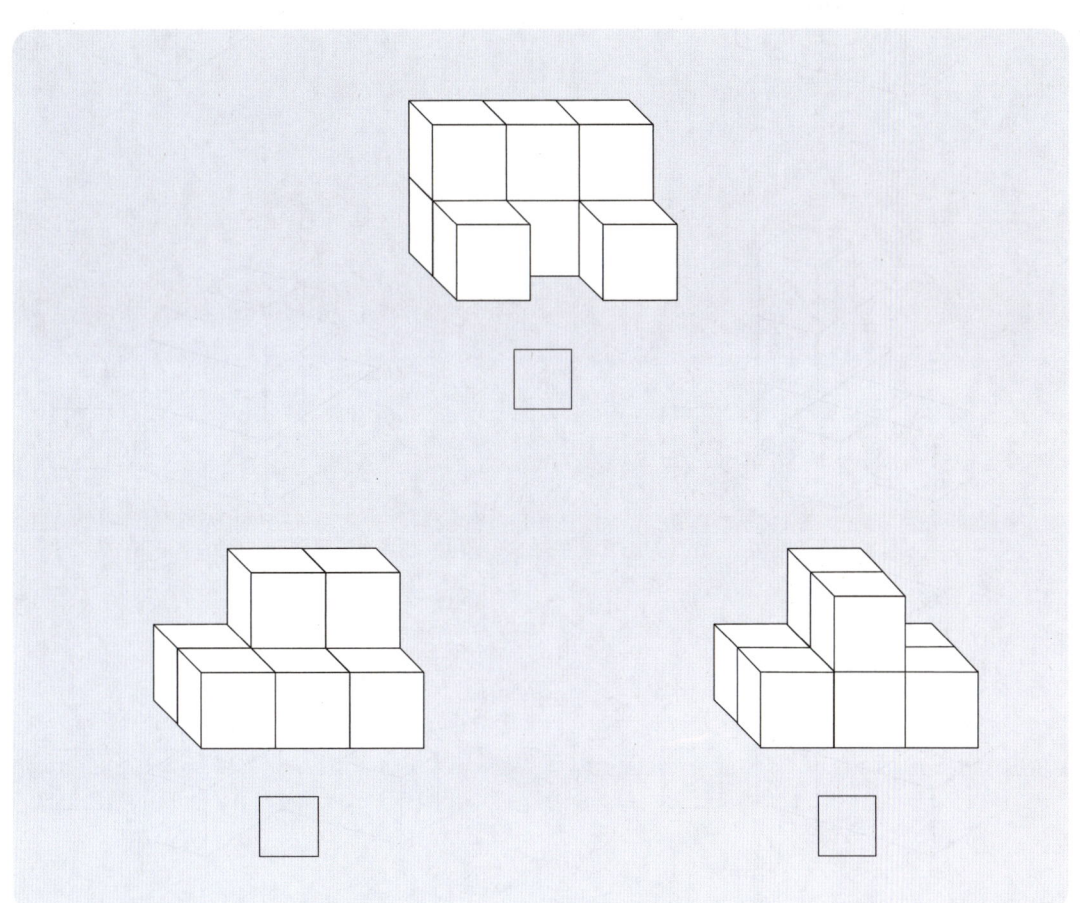

把两个立方块组合粘在一起

扫码获取学习资源

细心粘一粘

1. 把下面两个立方块组合中有颜色的两个面粘在一起，可能是什么样呢？在方框内画"✓"。

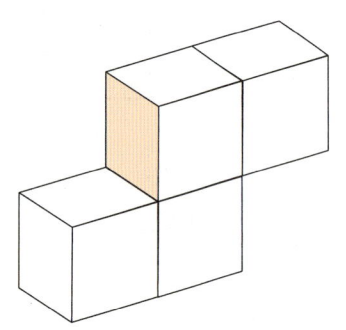
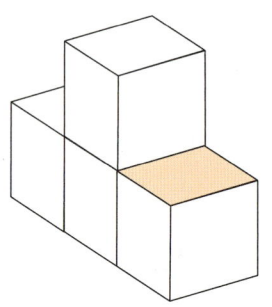

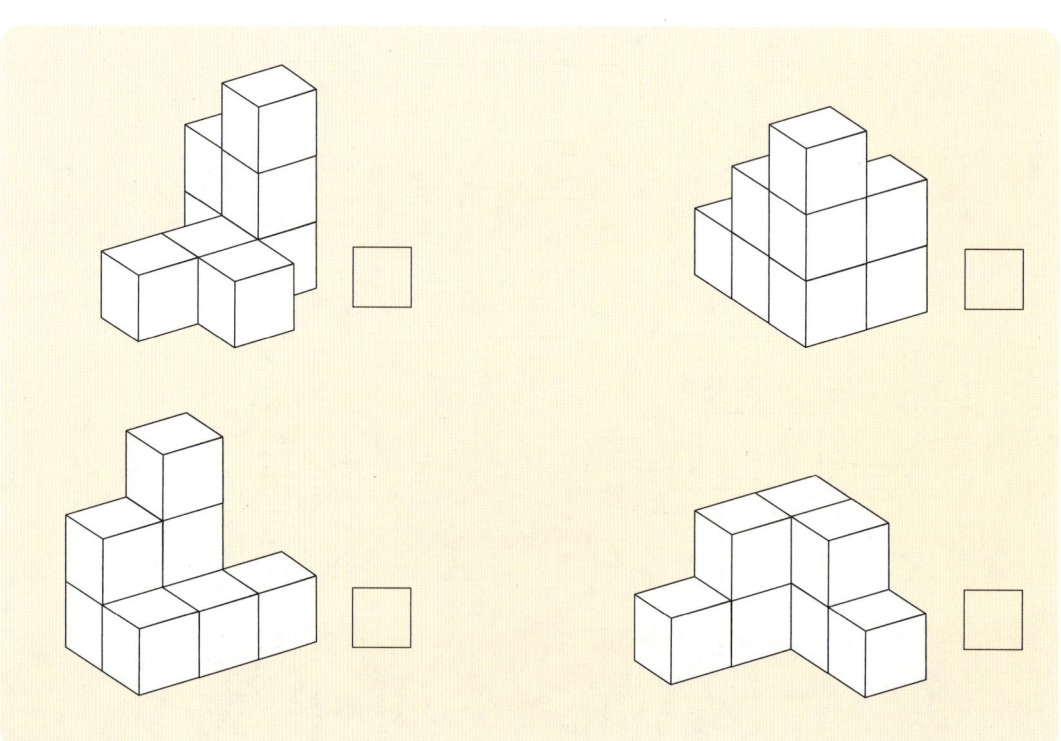

48

2. 把下面两个立方块组合中有颜色的两个面粘在一起，会是什么样呢？在方框内画"√"。

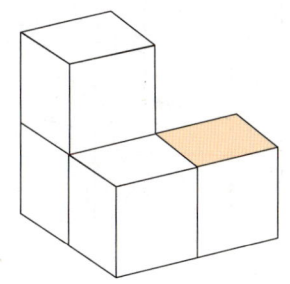 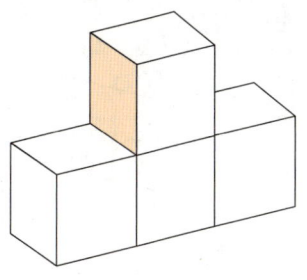

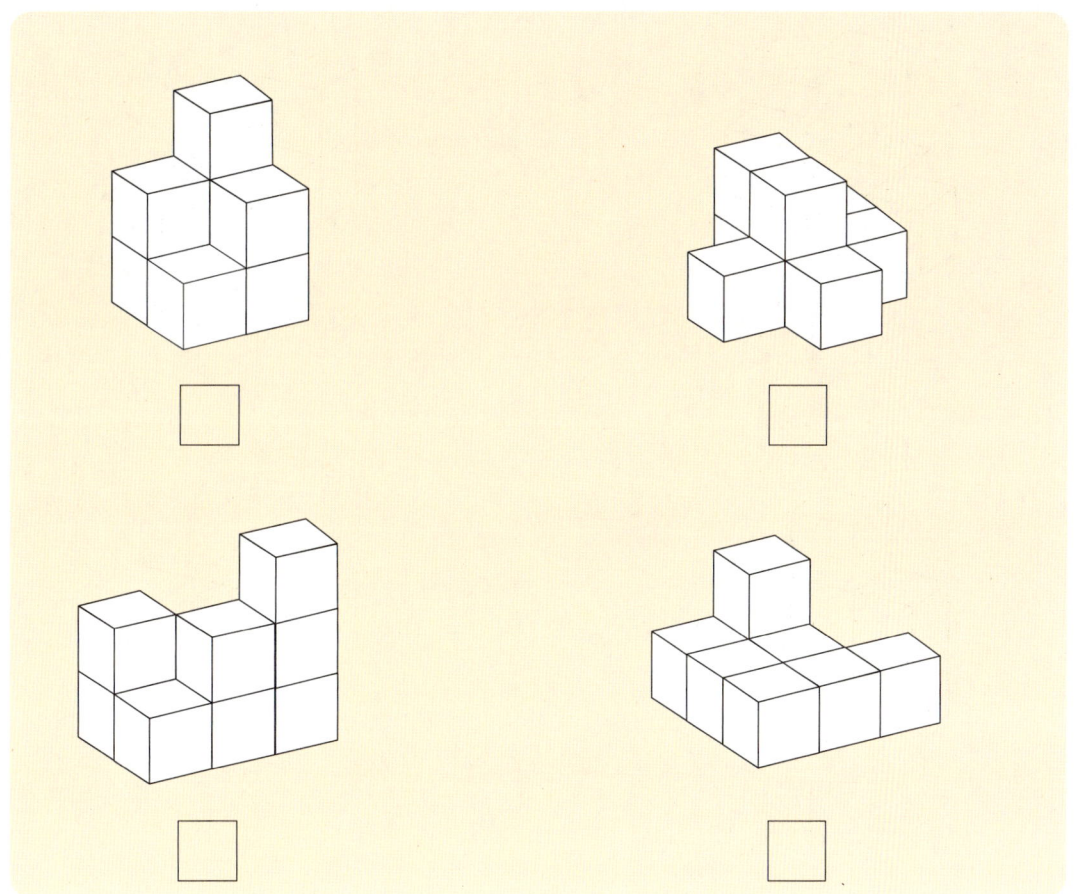

3. 把下面两个立方块组合中有颜色的两个面粘在一起，会是什么样呢？在方框内画"√"。

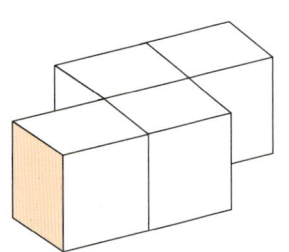
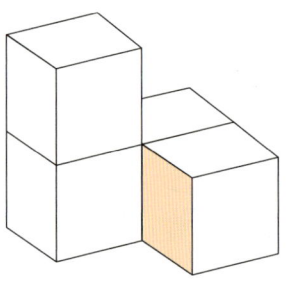
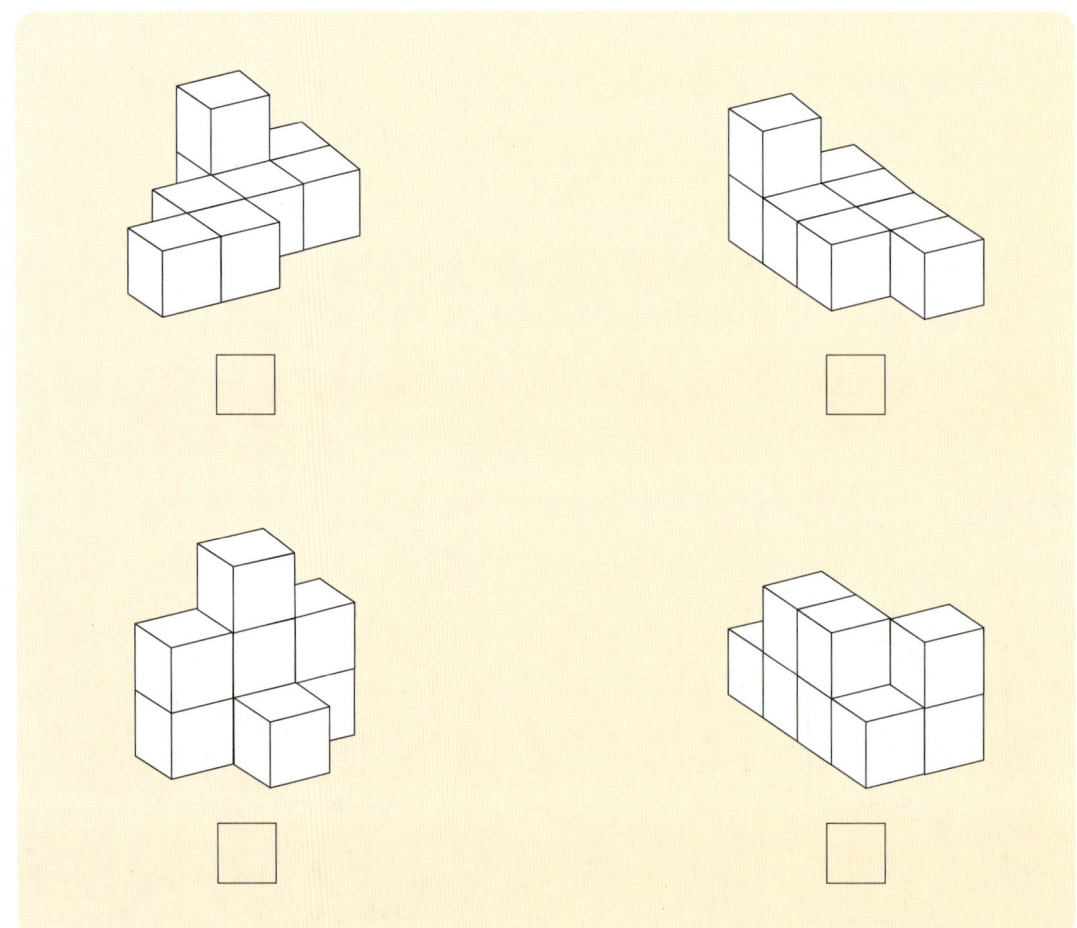

4. 把下面两个立方块组合中有颜色的两个面粘在一起，会是什么样呢？在方框内画"√"。

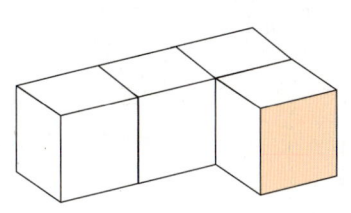 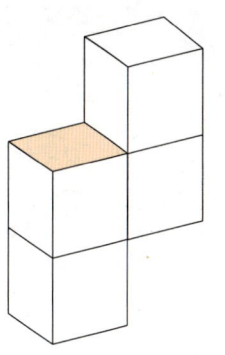

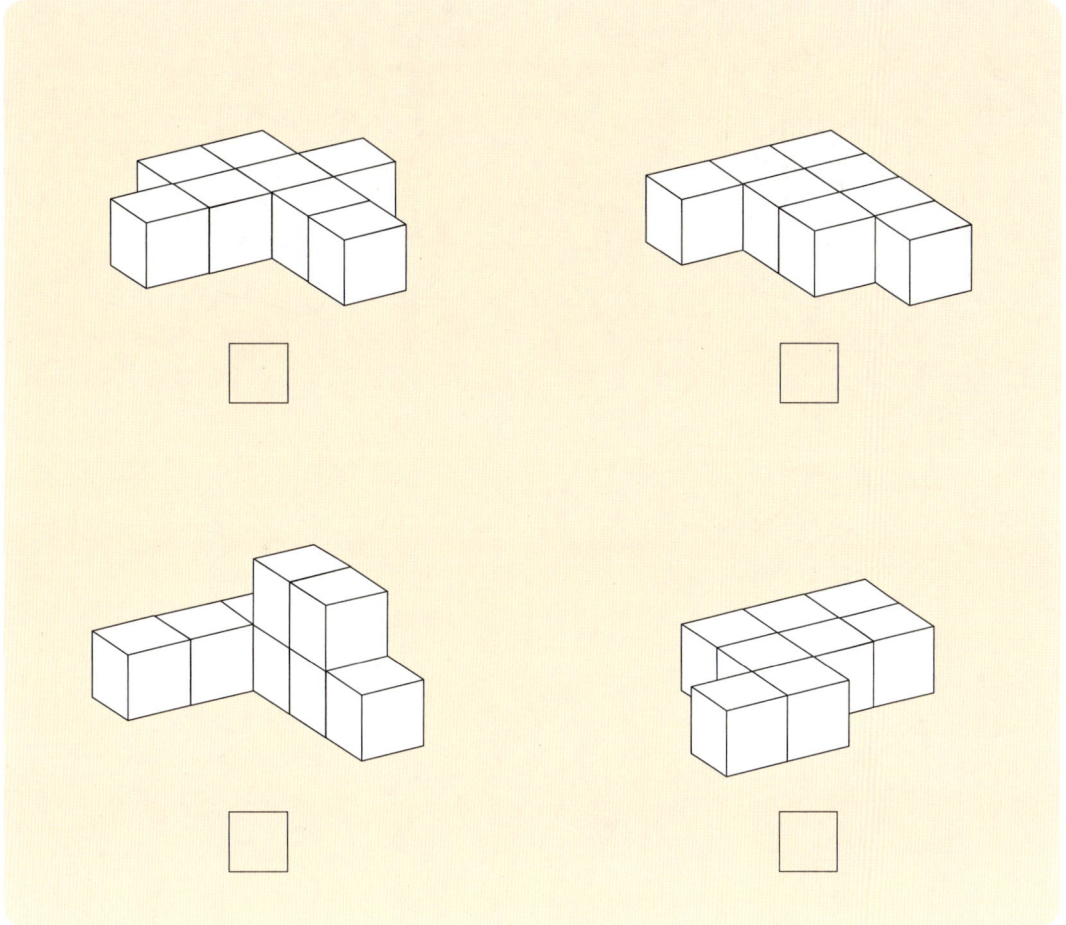

5. 把下面两个立方块组合中有颜色的两个面粘在一起，会是什么样呢？在方框内画"√"。

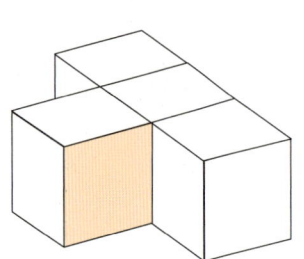
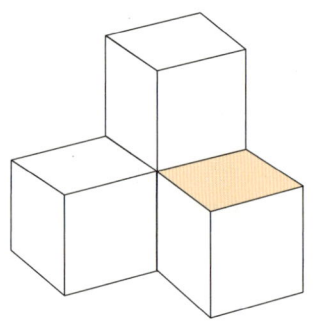
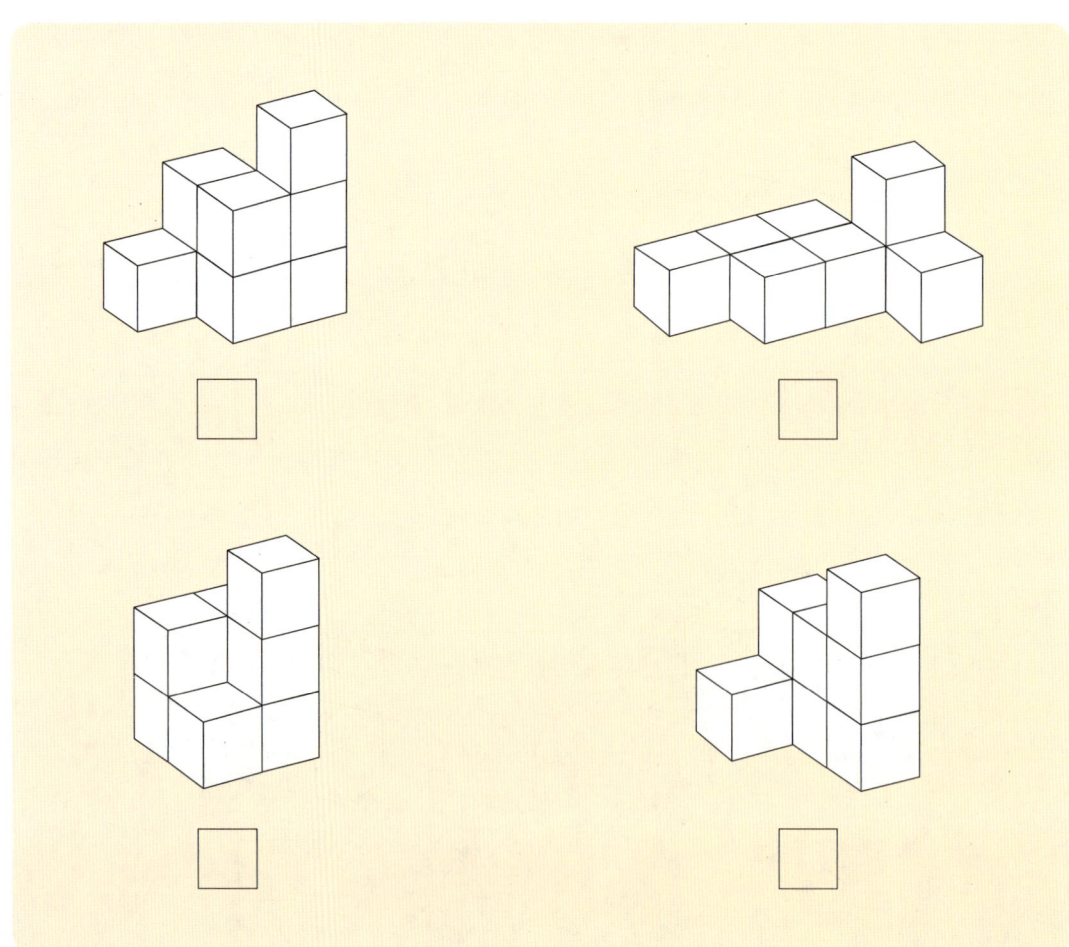

6. 把下面两个立方块组合中有颜色的两个面粘在一起，会是什么样呢？在方框内画"√"。

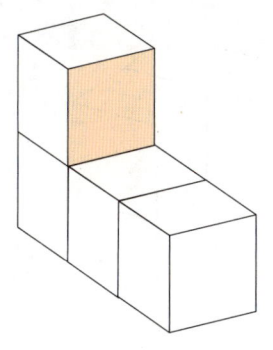
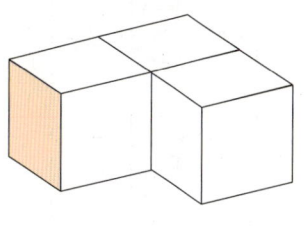

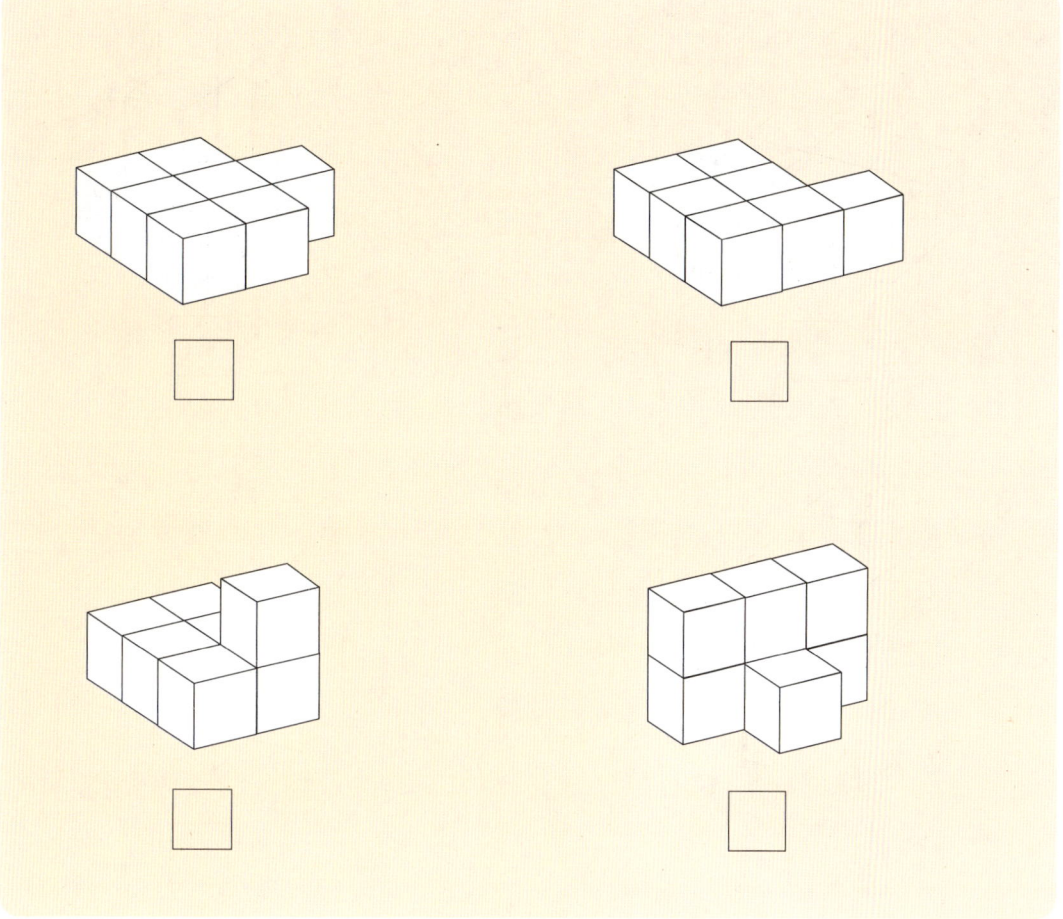

7. 把下面两个立方块组合中有颜色的两个面粘在一起，会是什么样呢？在方框内画"√"。

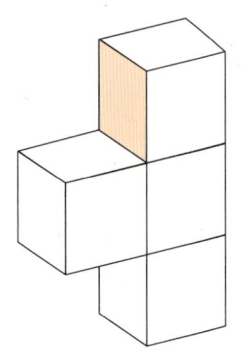 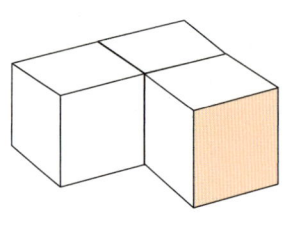

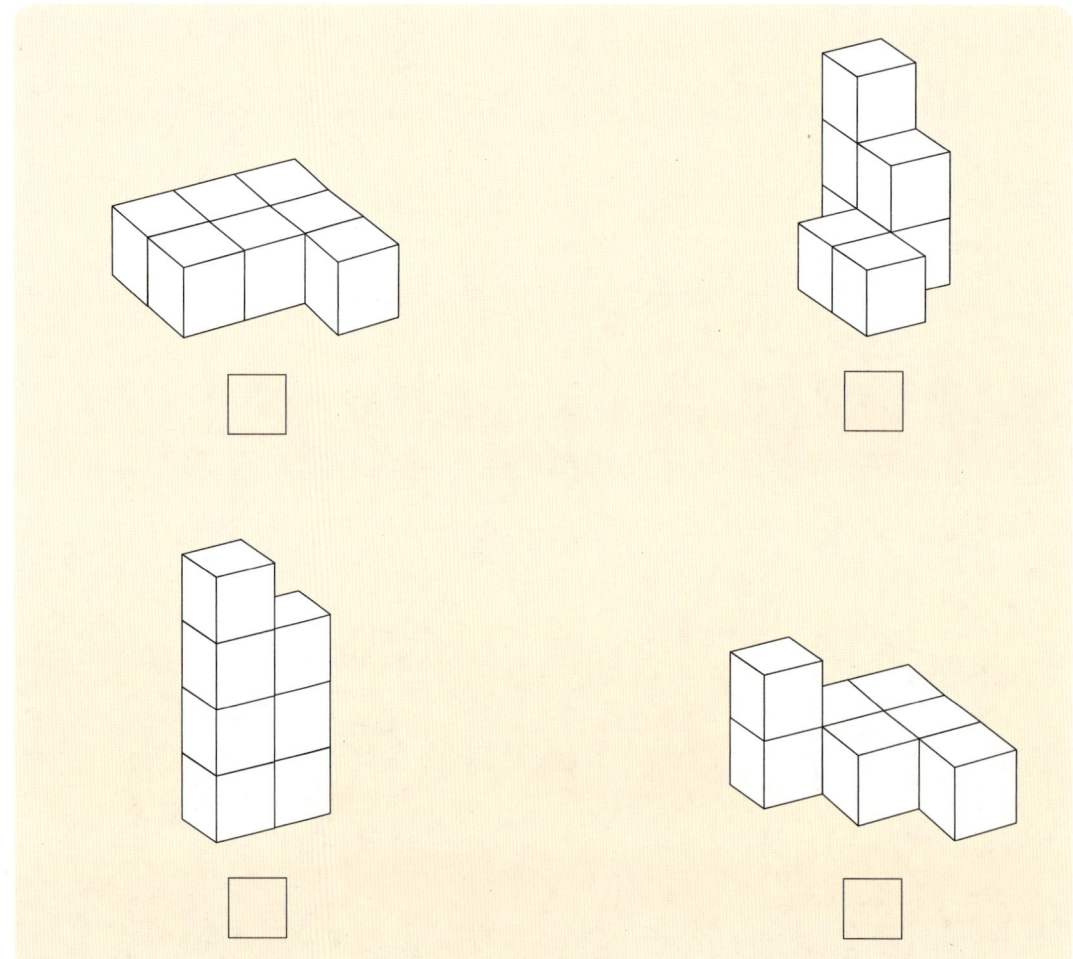

8. 把下面两个立方块组合中有颜色的两个面粘在一起，会是什么样呢？在方框内画"√"。

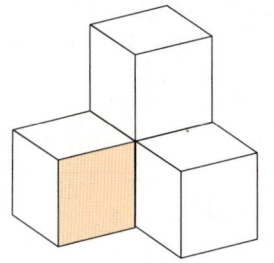 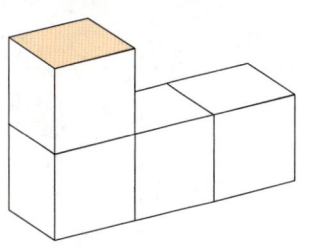

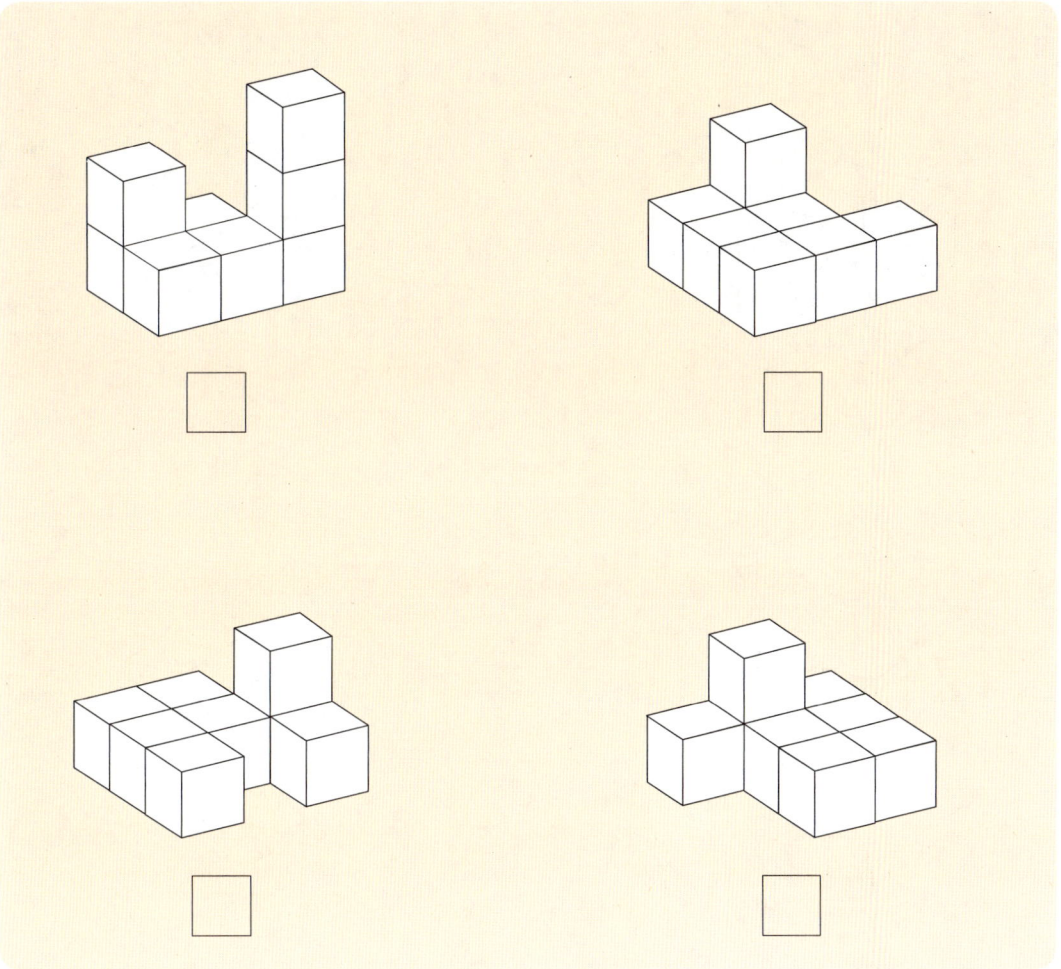

9. 把下面两个立方块组合中有颜色的两个面粘在一起，会是什么样呢？在方框内画"√"。

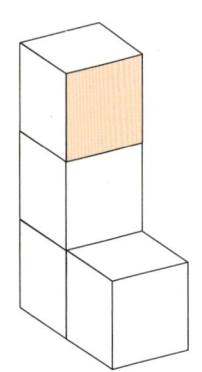
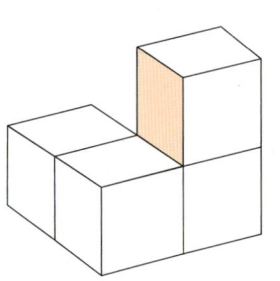

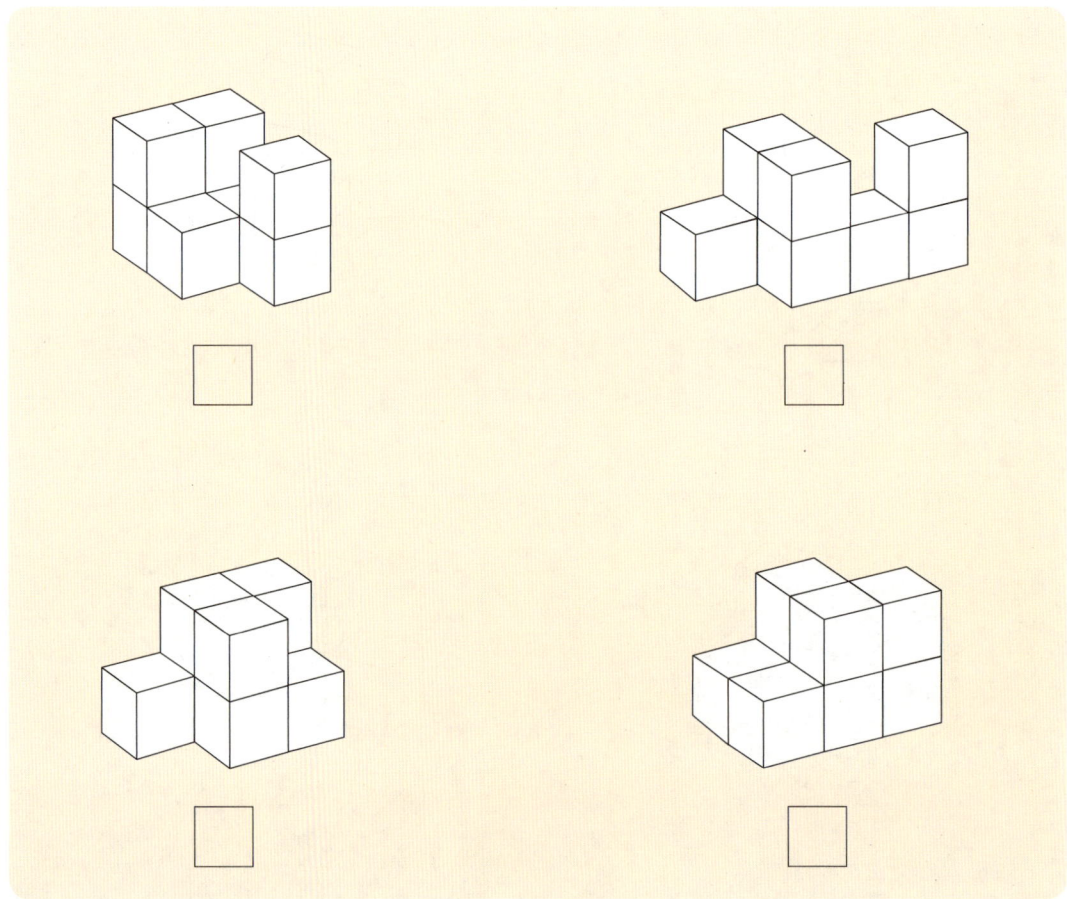

参考答案

1 数立方块

1.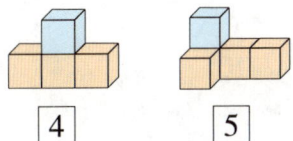
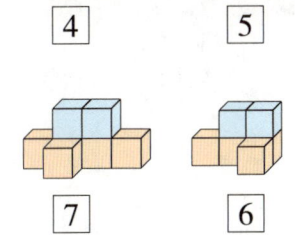

2.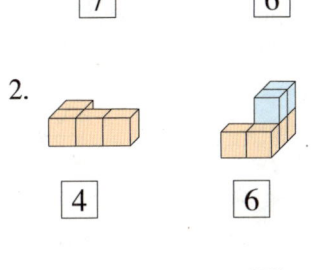

3.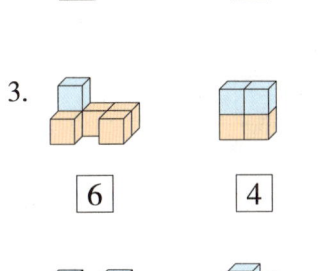

4.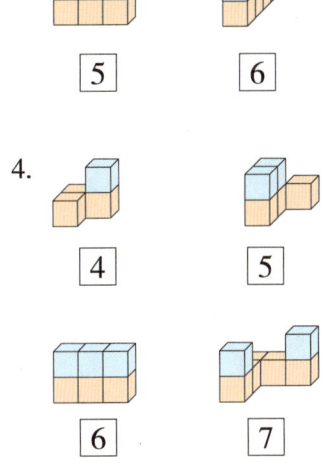

5. – 10.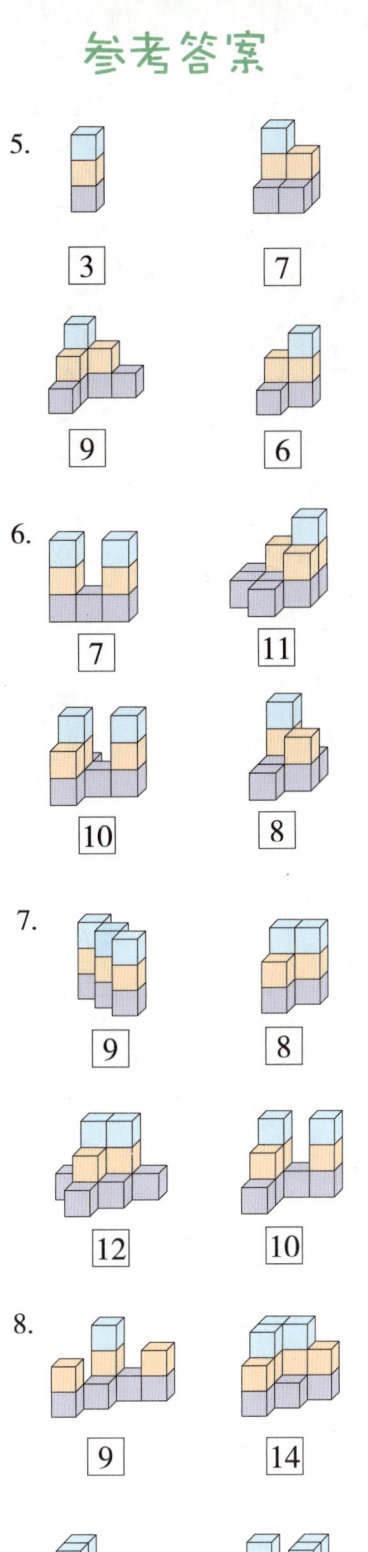

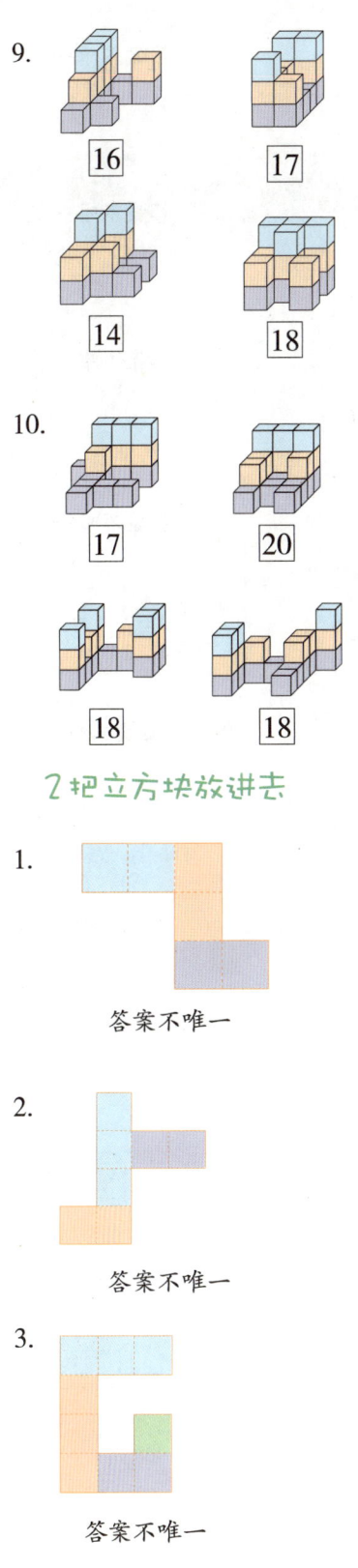

2 把立方块放进去

1. 答案不唯一

2. 答案不唯一

3. 答案不唯一

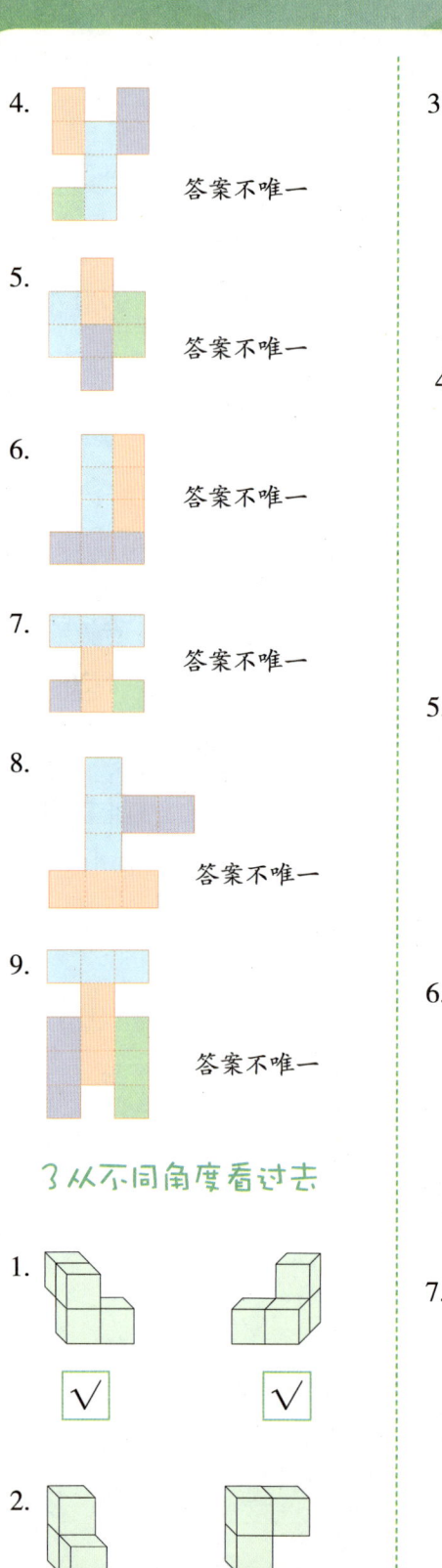
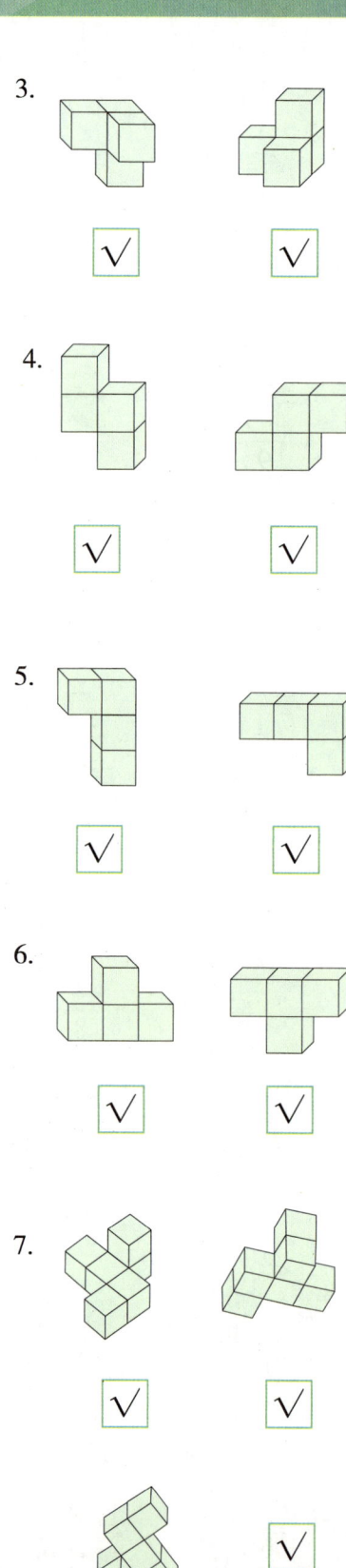
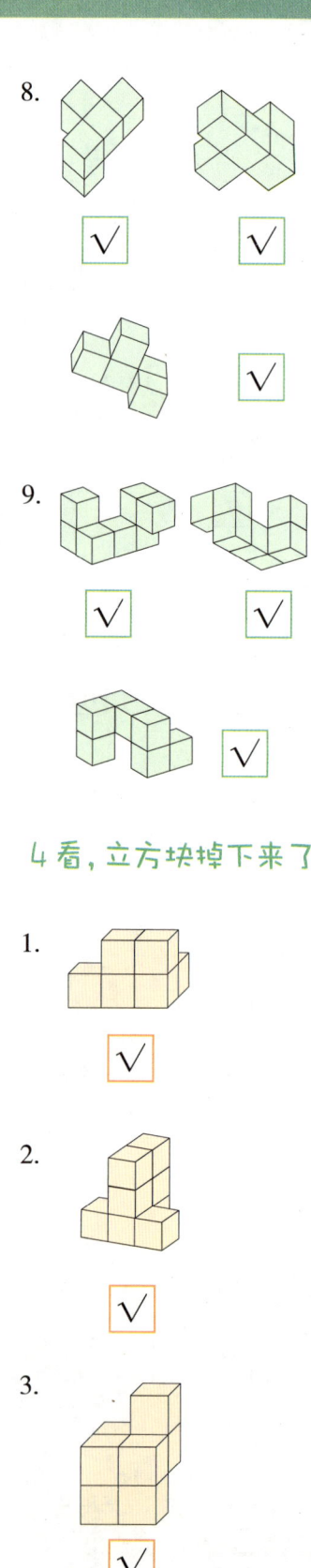

58

4. 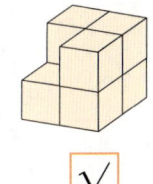 ☑

5. 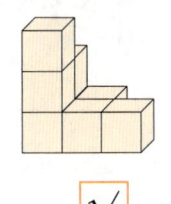 ☑

6.  ☑

7. 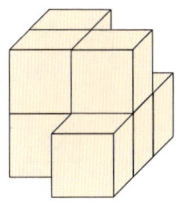 ☑

8.  ☑

9. 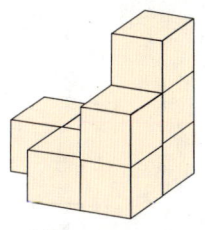 ☑

10. 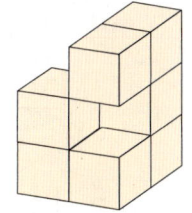 ☑

5 把两个立方块组合拼在一起

1. 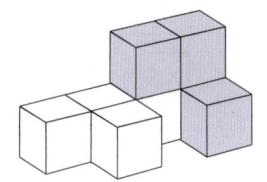 ☑

2. 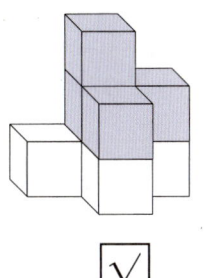 ☑

3. 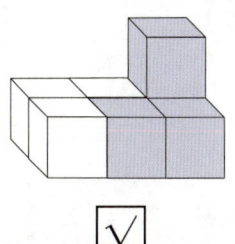 ☑

4. 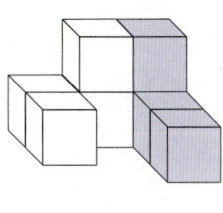 ☑

5. 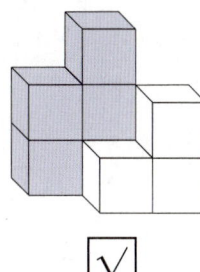 ☑

6. 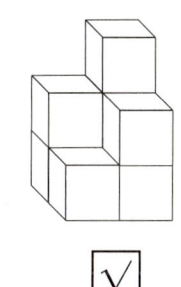 ☑

7. 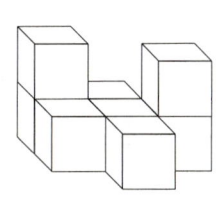 ☑

8. ✓

9. ✓

10. ✓

6 把两个立方块组
　合粘在一起

1. ✓

2. ✓ ✓

3. ✓

4. ✓

　✓

5. ✓ ✓

　✓

6. ✓

　✓

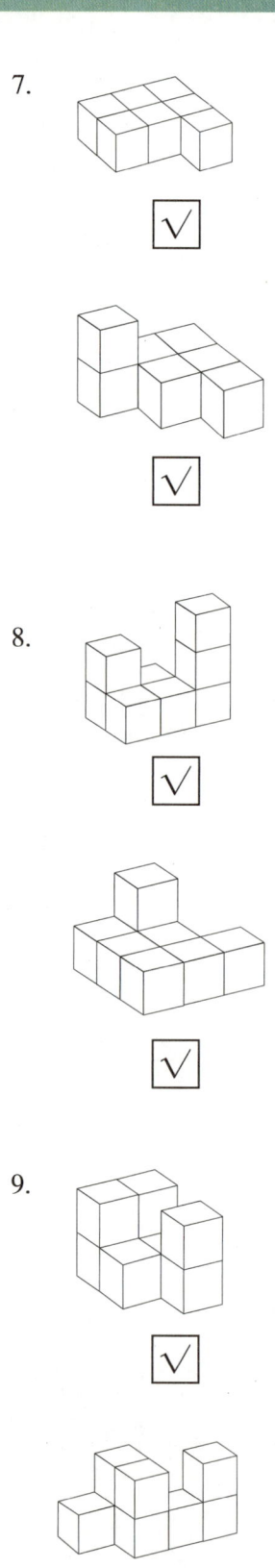

60

趣味空间思维

平面到立体

STEAM 核心能力

主编　王婧雯

"码"上了解本书

学校：＿＿＿＿＿＿＿＿＿＿

班级：＿＿＿＿＿＿＿＿＿＿

姓名：＿＿＿＿＿＿＿＿＿＿

河南大学出版社
HENAN UNIVERSITY PRESS
·郑州·

前 言

空间思维能力是STEAM［科学（Science）、技术（Technology）、工程（Engineering）、艺术（Arts）、数学（Mathematics）］教育中各学科的共同基础和核心能力。

荣恒"趣味空间思维"训练丛书是一套培养孩子创造力、专注力、逻辑推理能力、观察能力、语言表达能力、绘图能力、空间想象能力等的益智读物。

《平面到立体》是其中一本，本书主要分正方体展开图，常见柱体、锥体的展开图，由展开图还原立体图形，从不同位置观察立体图形。

正方体展开图让孩子了解正方体的平面展开图形以及展开图形折叠成正方体的过程。

通过常见柱体、锥体的展开图，让孩子进一步认识立体图形与平面图形之间的联系。

从不同位置观察立体图形是指从不同位置观察立体图形和方块积木拼成的组合体，让孩子真实体会"横看成岭侧成峰"的感觉。

本书例题新颖、丰富，通过动手操作，培养孩子的空间思维能力。

目 录

① 正方体展开图 …………………… 1

② 常见柱体、锥体的展开图 ……… 7

③ 由展开图还原立体图形 ………… 21

④ 从不同位置观察立体图形 ……… 35

○ 参考答案 ………………………… 57

 正方体展开图

扫码获取学习资源

哇！好漂亮的盒子呀。

这些盒子是怎么做成的呢？如果给你一些纸片，你能做成正方体盒子吗？

用剪刀把它拆开，来看看是怎么样的。

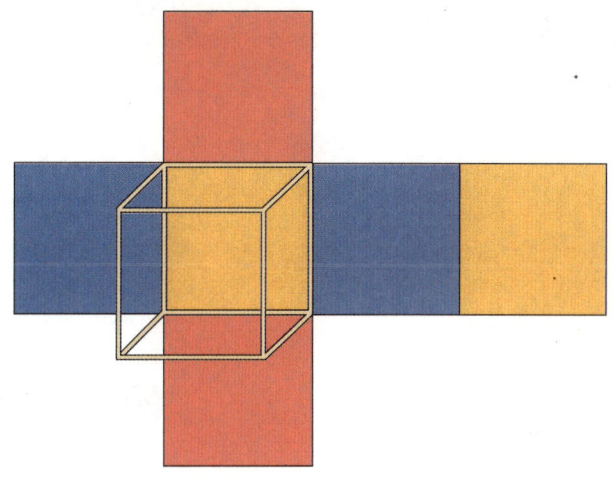

正方体小盒子的展开图可不止一种哟。小朋友们可以尝试自己动手做一做，看看总共有多少种。

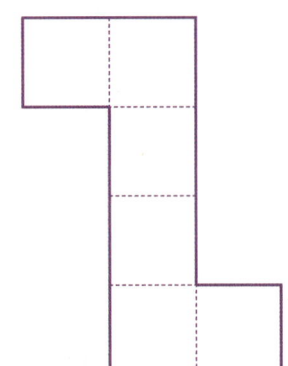 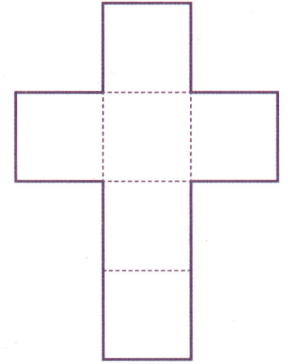

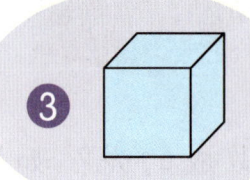

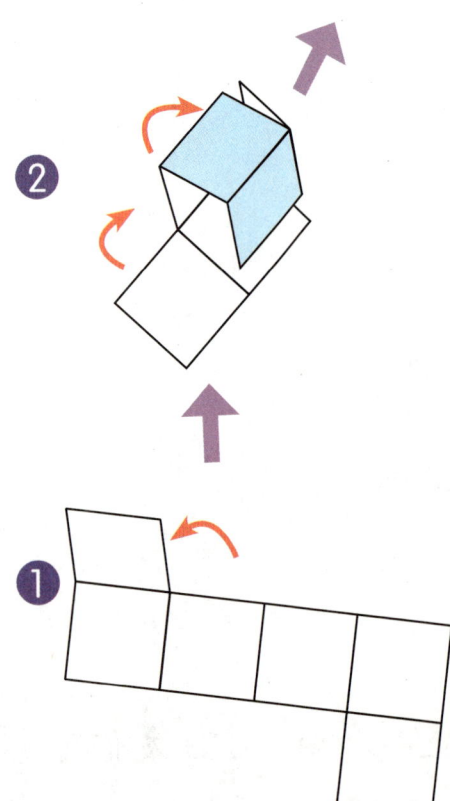 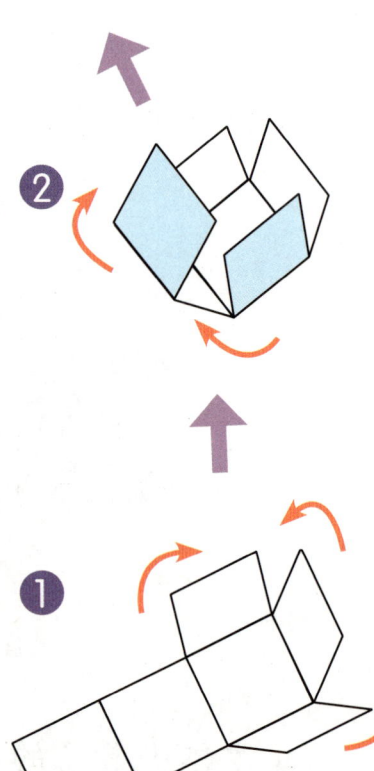

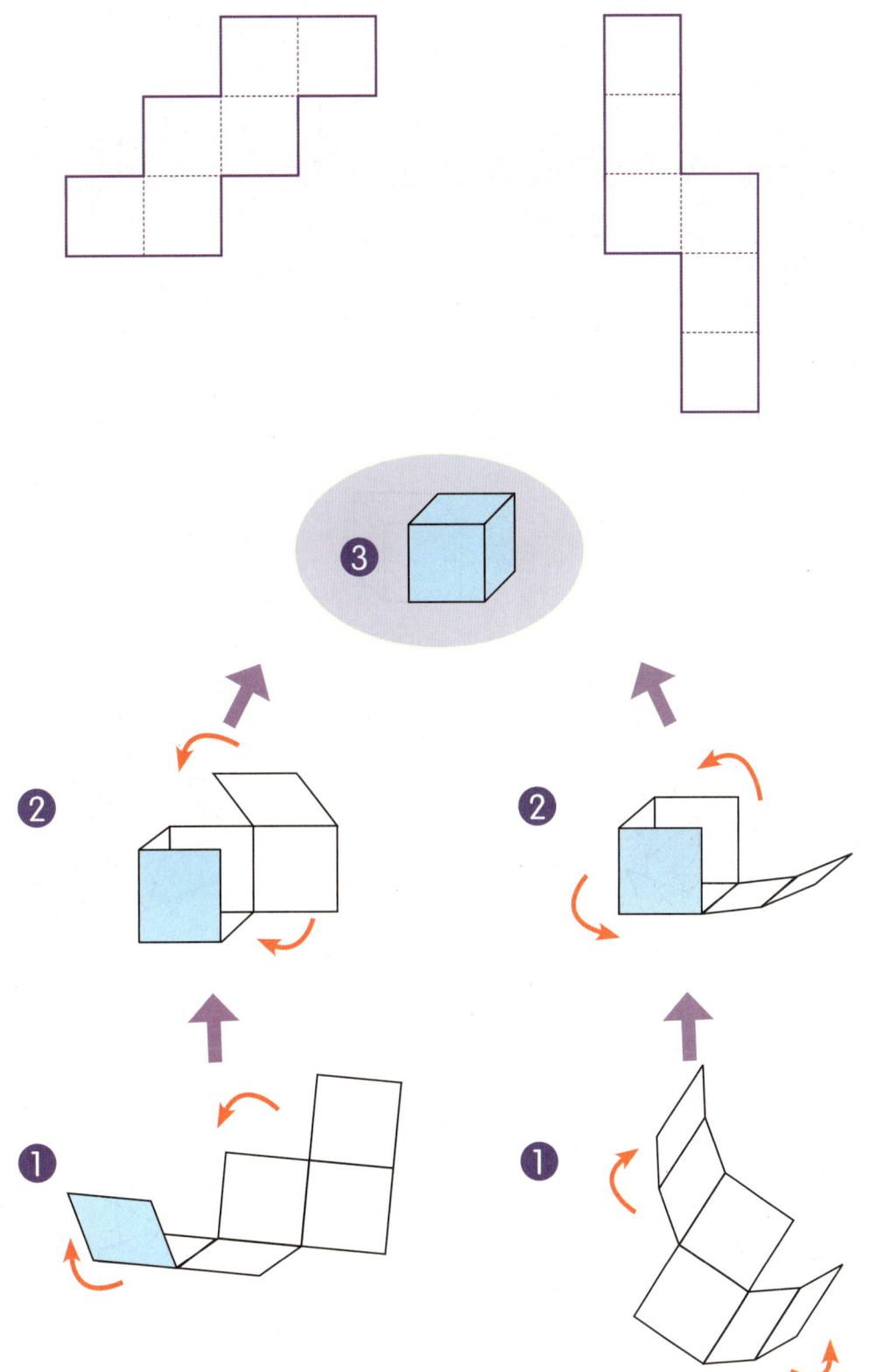

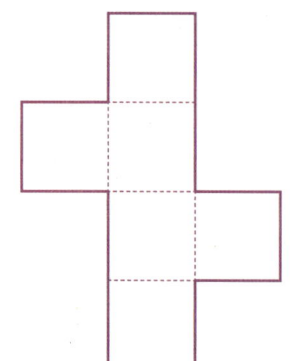 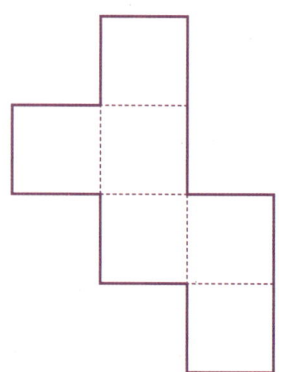

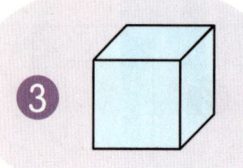

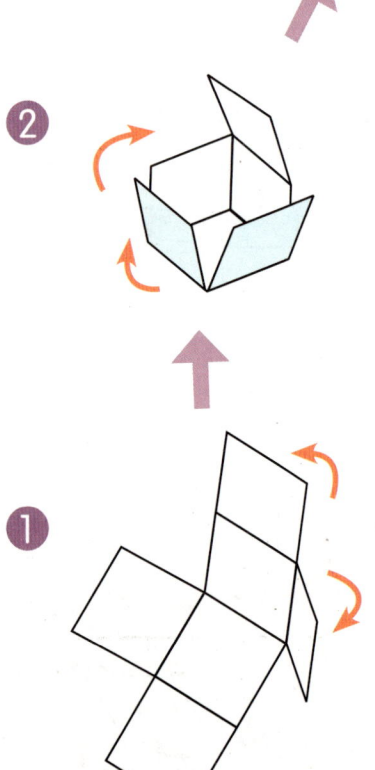 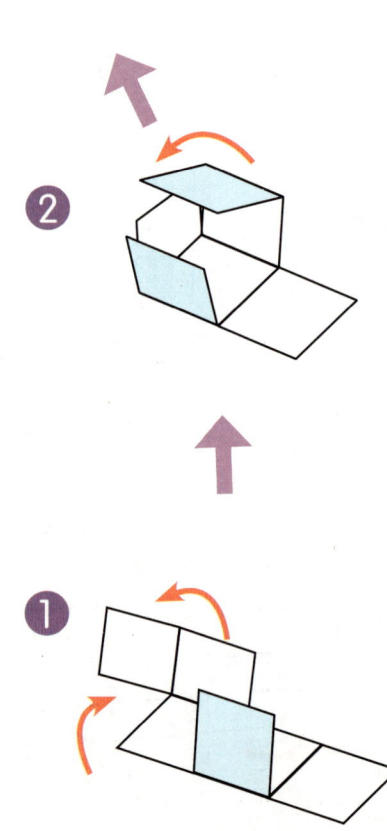

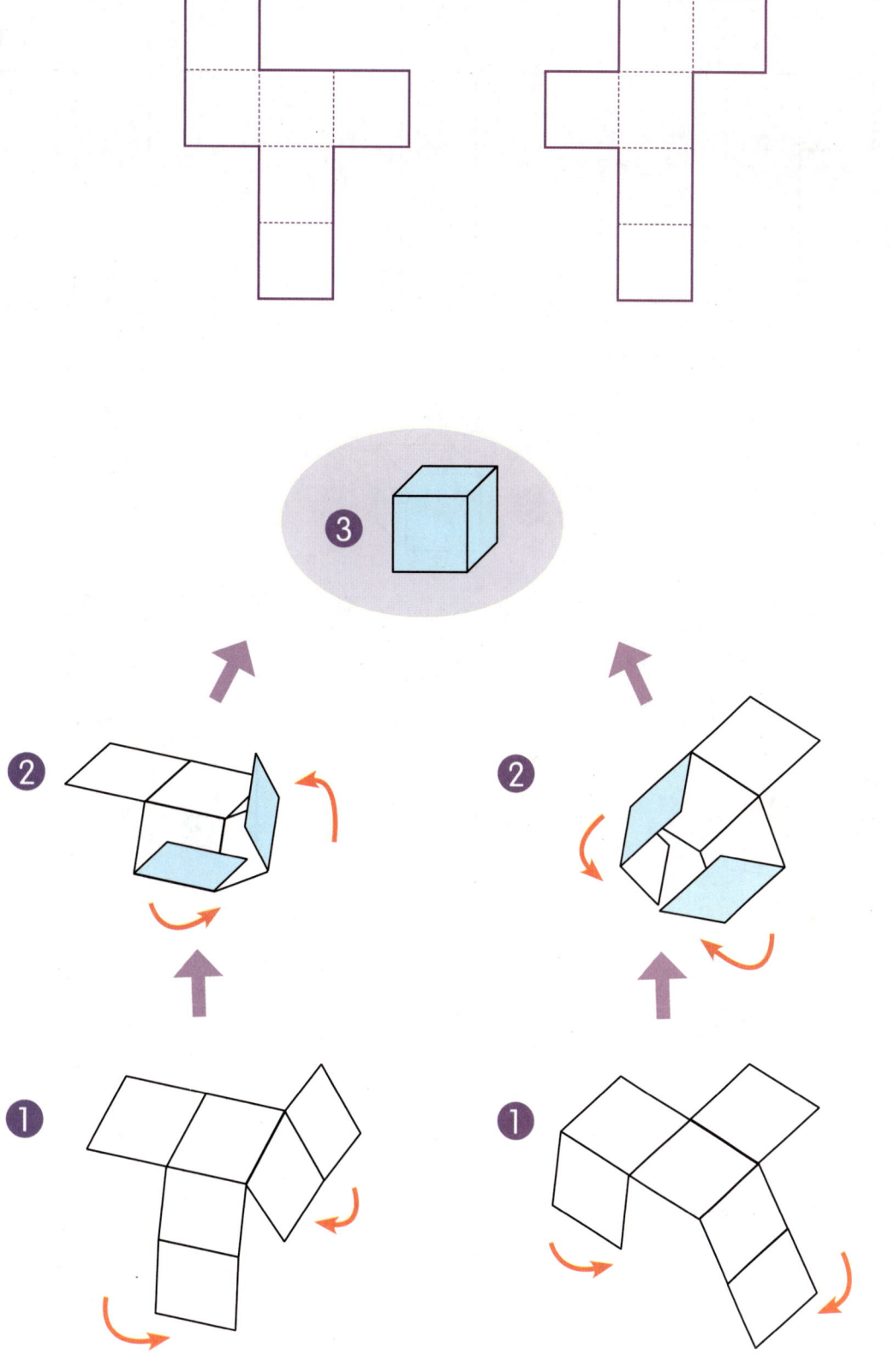

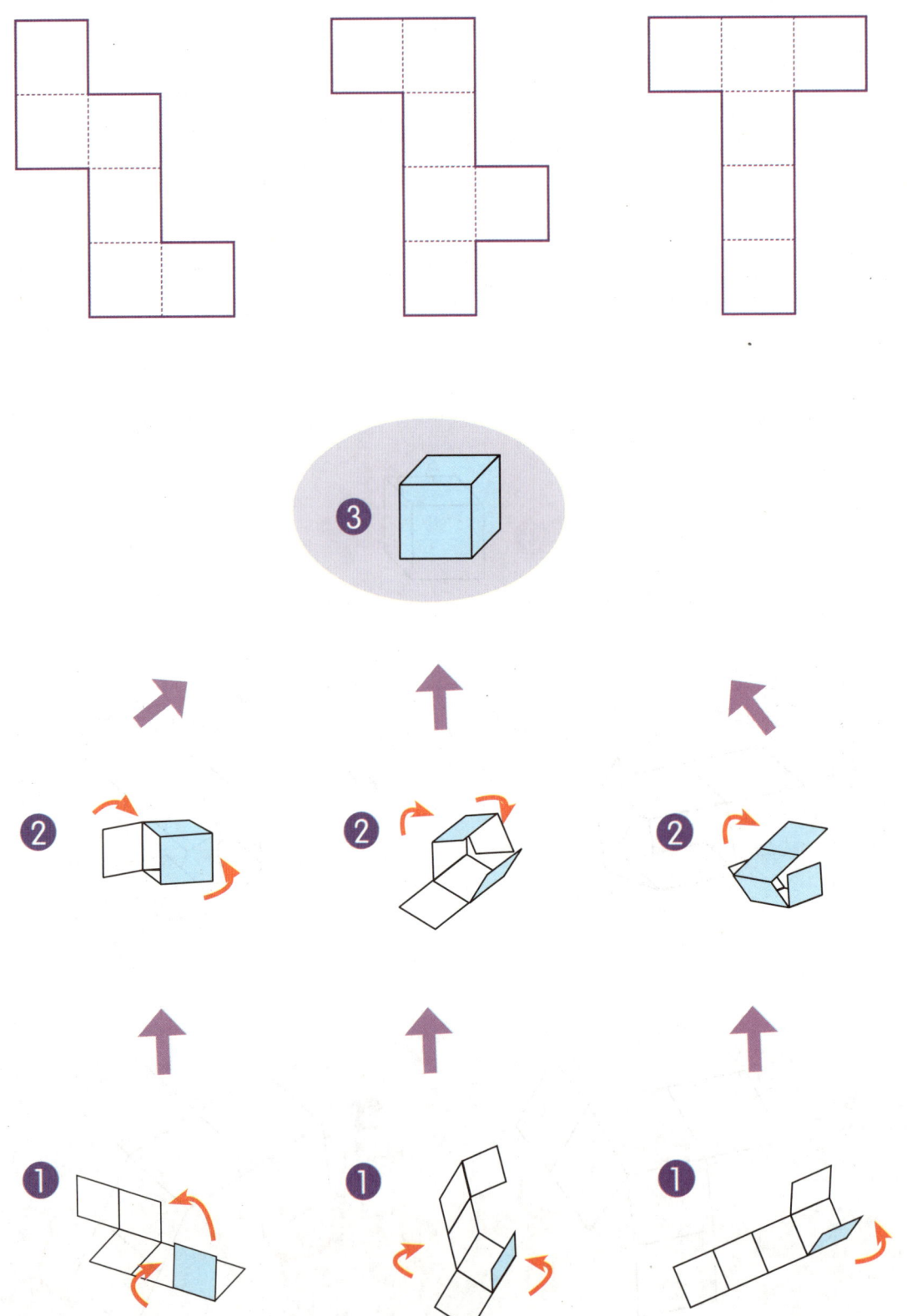

常见柱体、锥体的展开图

扫码获取学习资源

长方体展开图

⭐ 剪下来，动手折一折吧！

💭 要安全使用剪刀✂哦！

圆柱展开图

🌟 剪下来，动手折一折吧！

要安全使用剪刀✂哦！

圆锥展开图

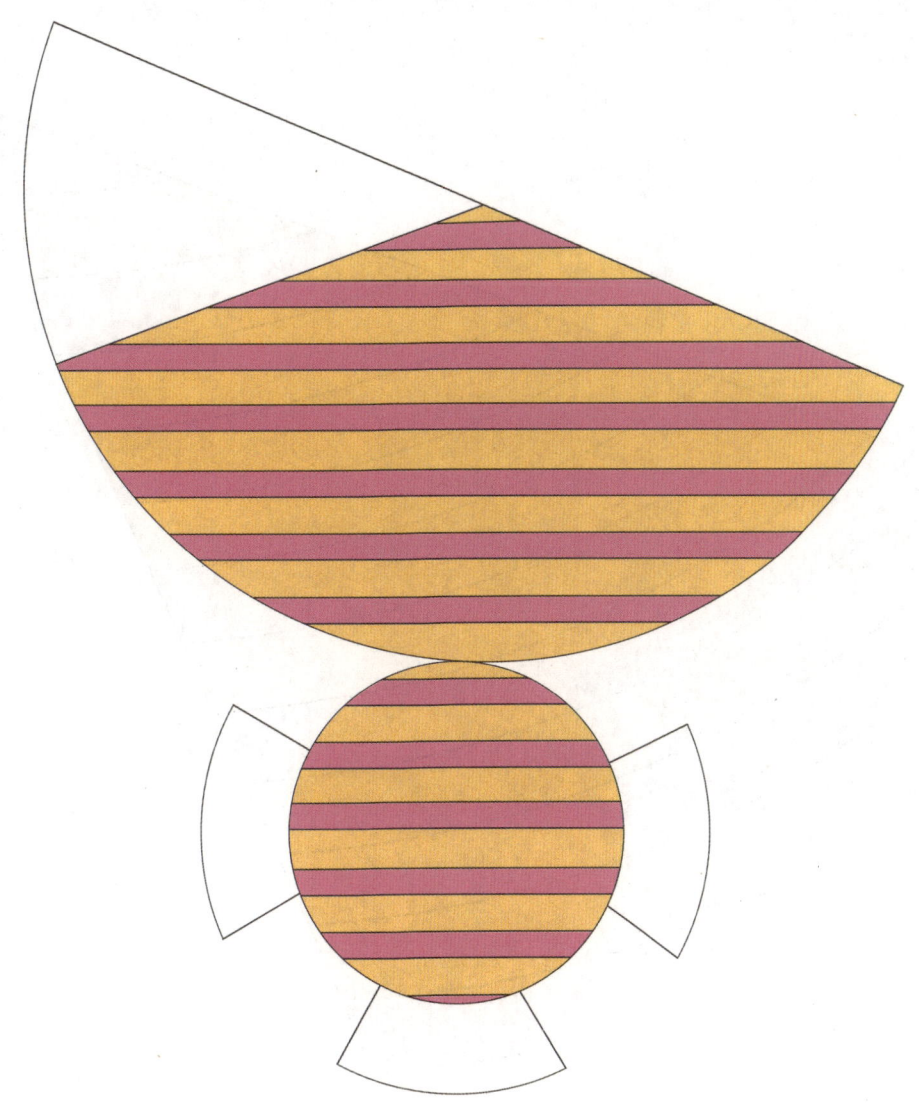

⭐ 剪下来，动手折一折吧！

要安全使用剪刀✂哦！

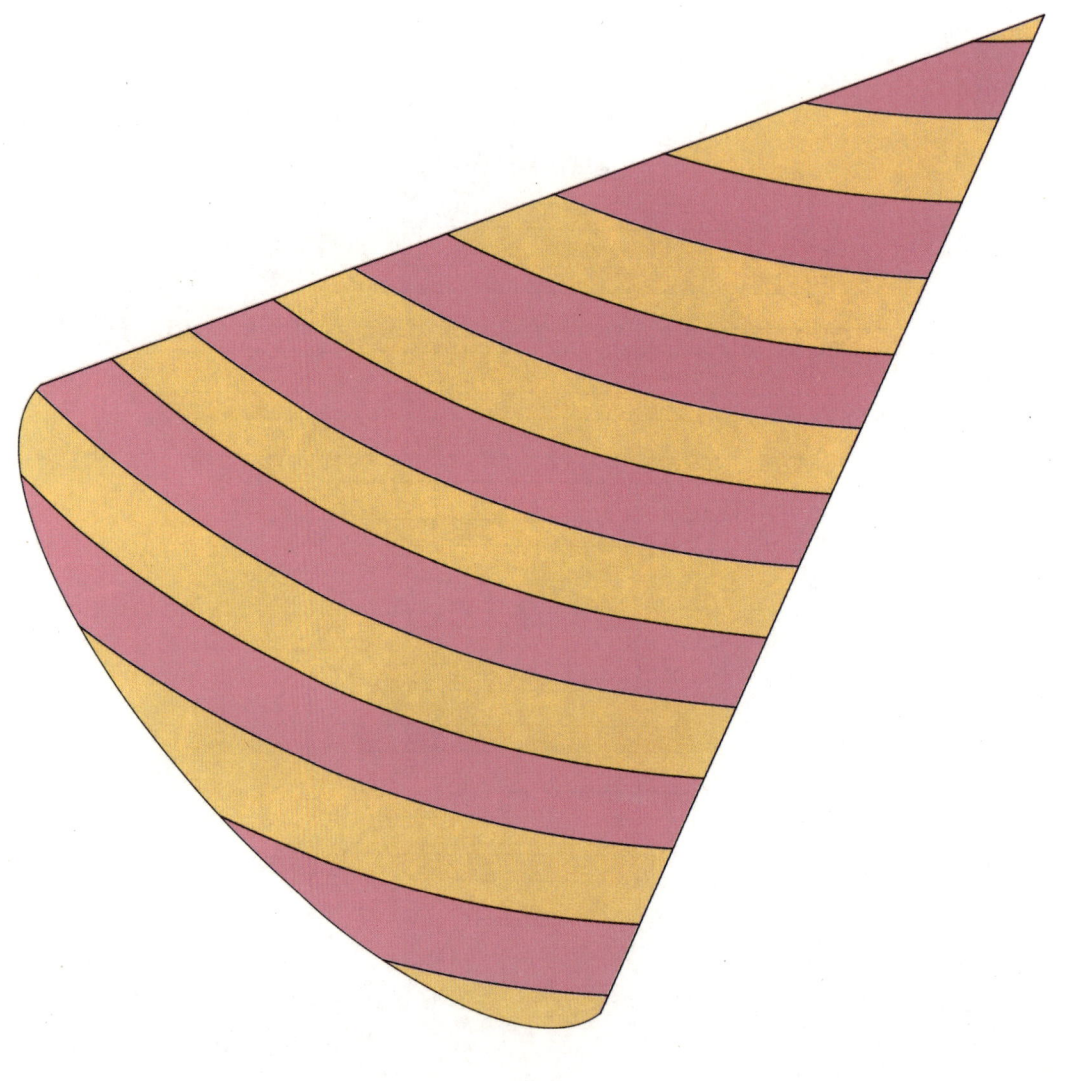

三棱柱展开图

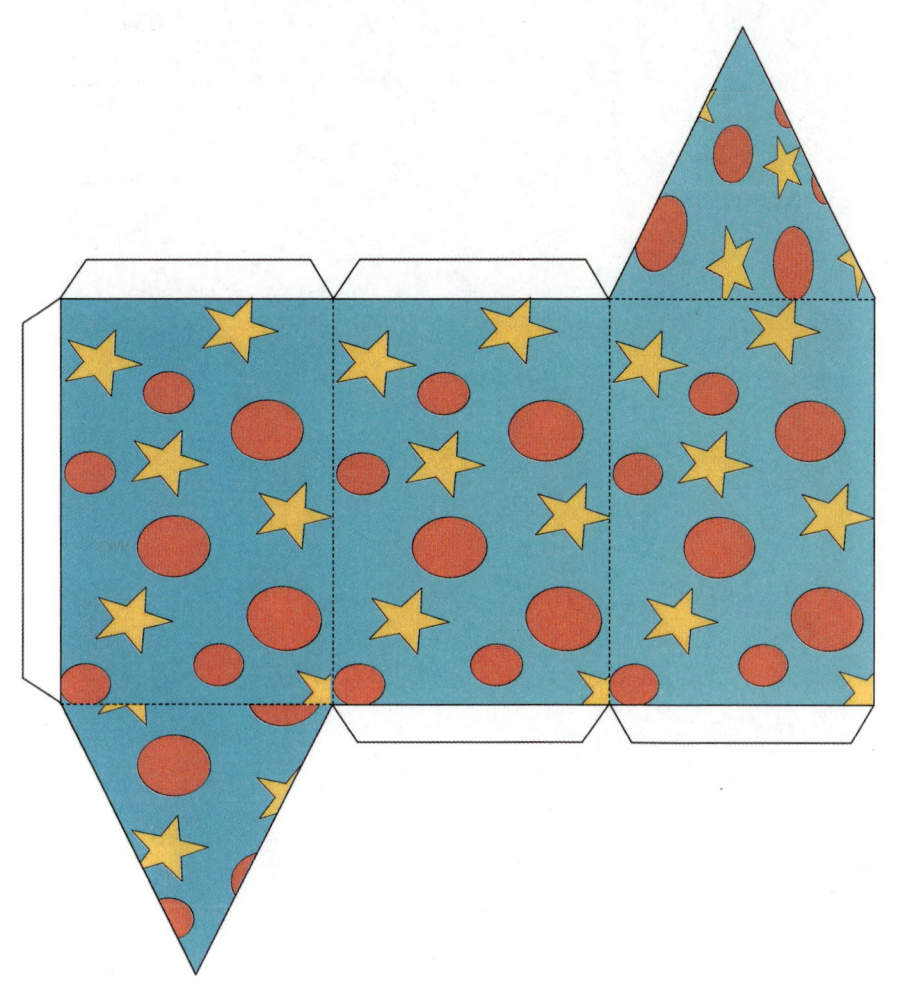

⭐ 剪下来，动手折一折吧！

要安全使用剪刀✂哦！

三棱锥展开图

⭐ 剪下来,动手折一折吧!

要安全使用剪刀✂哦!

五棱柱展开图

 剪下来,动手折一折吧!

要安全使用剪刀哦!

五棱锥展开图

剪下来，动手折一折吧！

要安全使用剪刀哦！

3 由展开图还原立体图形

扫码获取学习资源

1. 下面的展开图折叠后能得到什么立体图形呢？圈一圈。

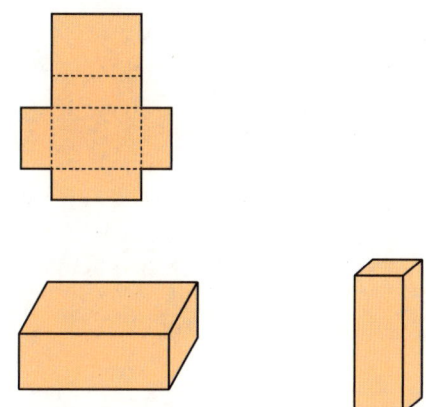

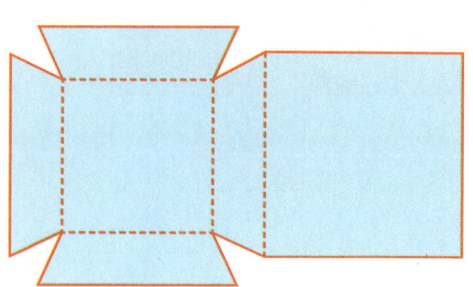

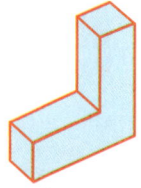　　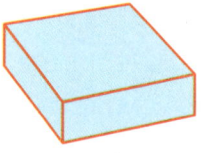　　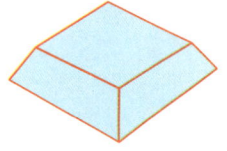

2.下面的展开图折叠后能得到什么立体图形呢?圈一圈。

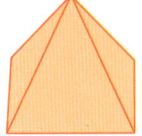 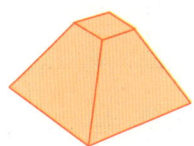 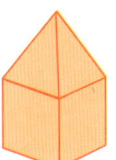

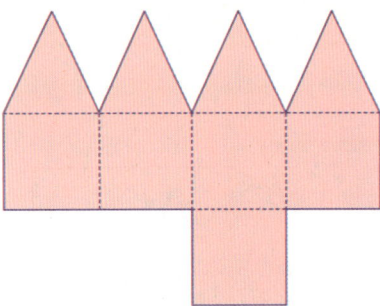

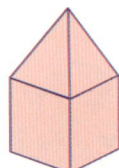 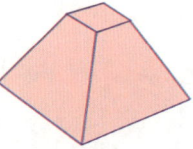 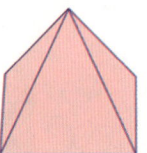

3. 下面的展开图折叠后能得到什么立体图形呢？圈一圈。

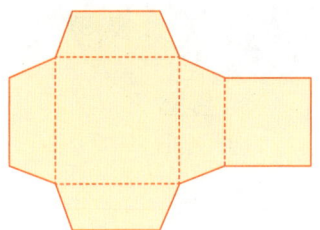

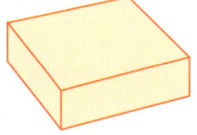   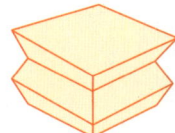   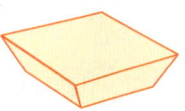

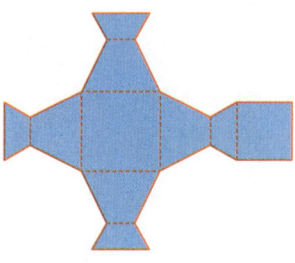

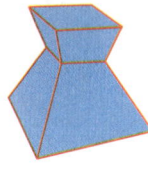      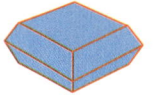

4. 下面的展开图折叠后能得到什么立体图形呢？圈一圈。

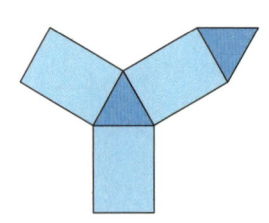

　　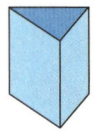　　　　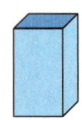

5. 下面的礼物盒折叠好之后是怎样的呢？圈一圈。

6. 下面的礼物盒折叠好之后是怎样的呢？圈一圈。

7. 下面的礼物盒折叠好之后是怎样的呢？圈一圈。

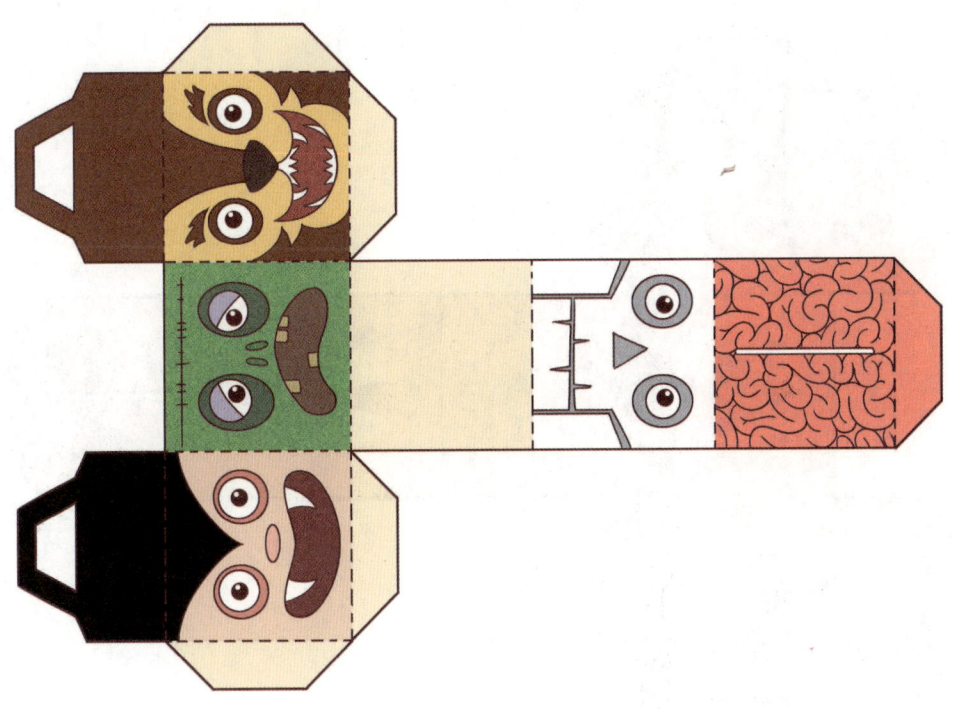

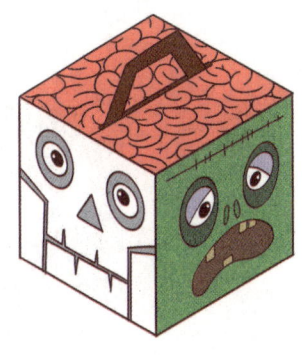 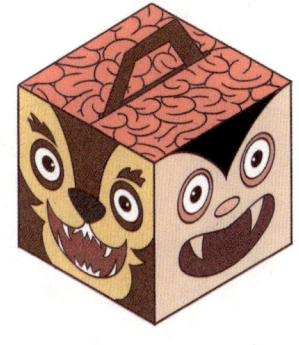 

8. 下面的礼物盒折叠好之后是怎样的呢？圈一圈。

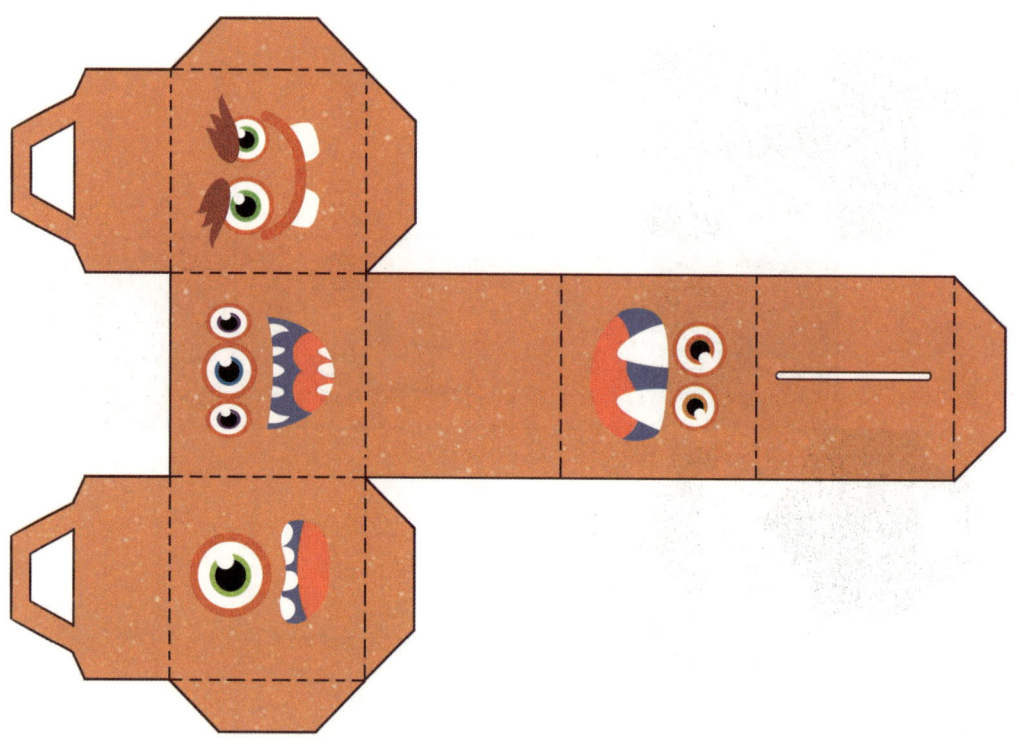

9. 下面的几个展开图哪个折叠后能得到如图所示的立体图形呢？圈一圈。

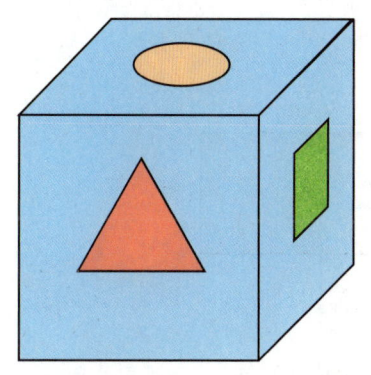

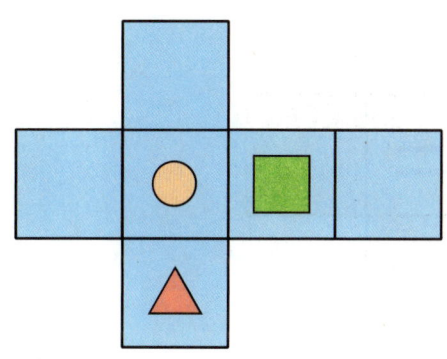

10. 下面的展开图折叠后能得到什么样的立体图形呢？请连线。

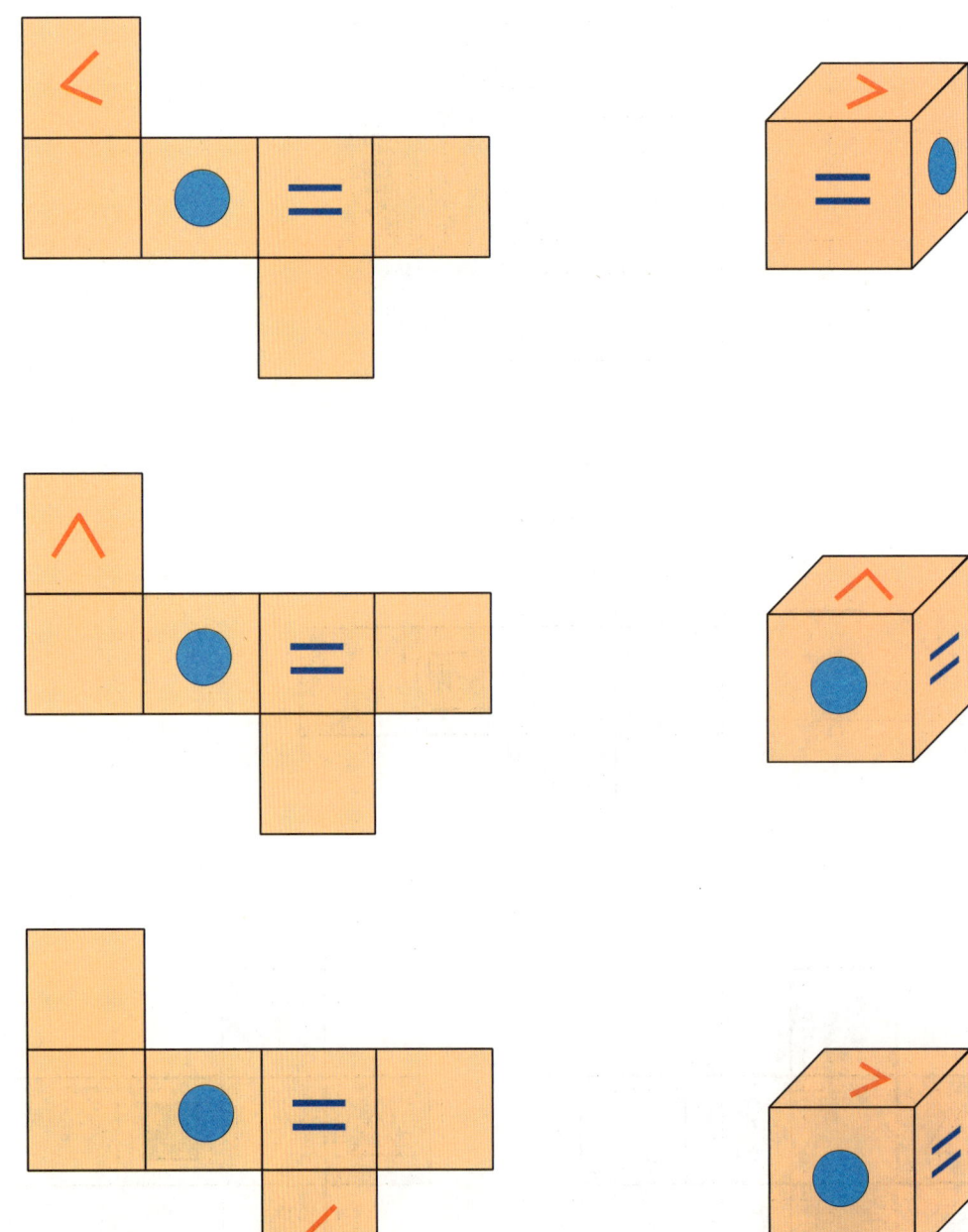

11. 下面的展开图折叠后能得到什么样的立体图形呢？请连线。

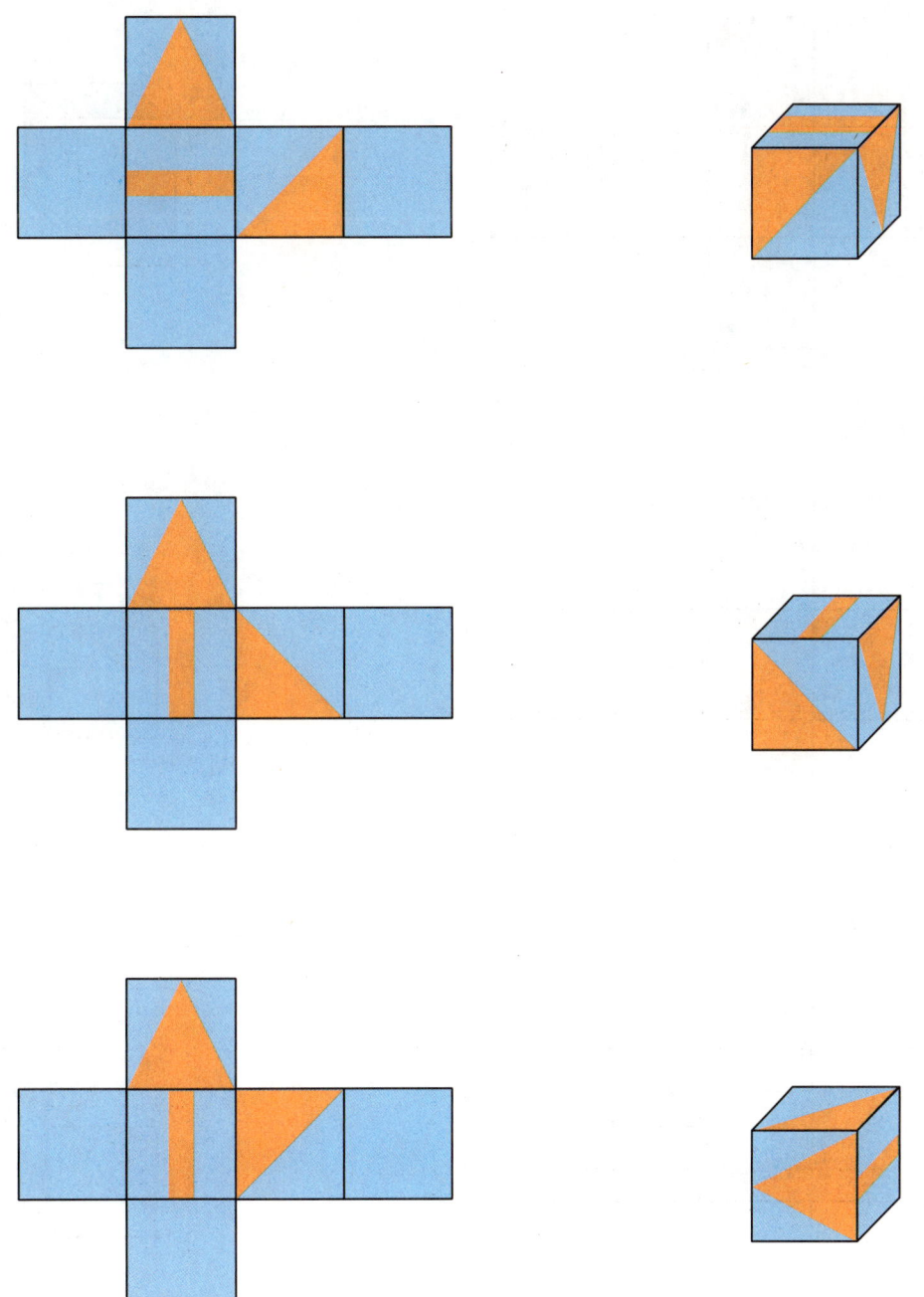

12. 下面的展开图折叠后能得到什么样的立体图形呢？请连线。

   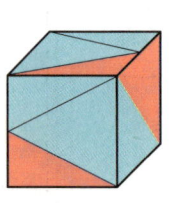

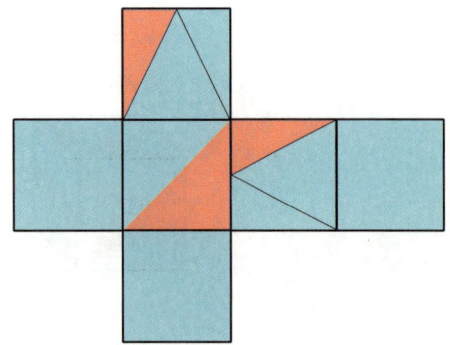   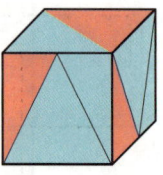

13. 下面的展开图折叠后能得到什么样的立体图形呢？请连线。

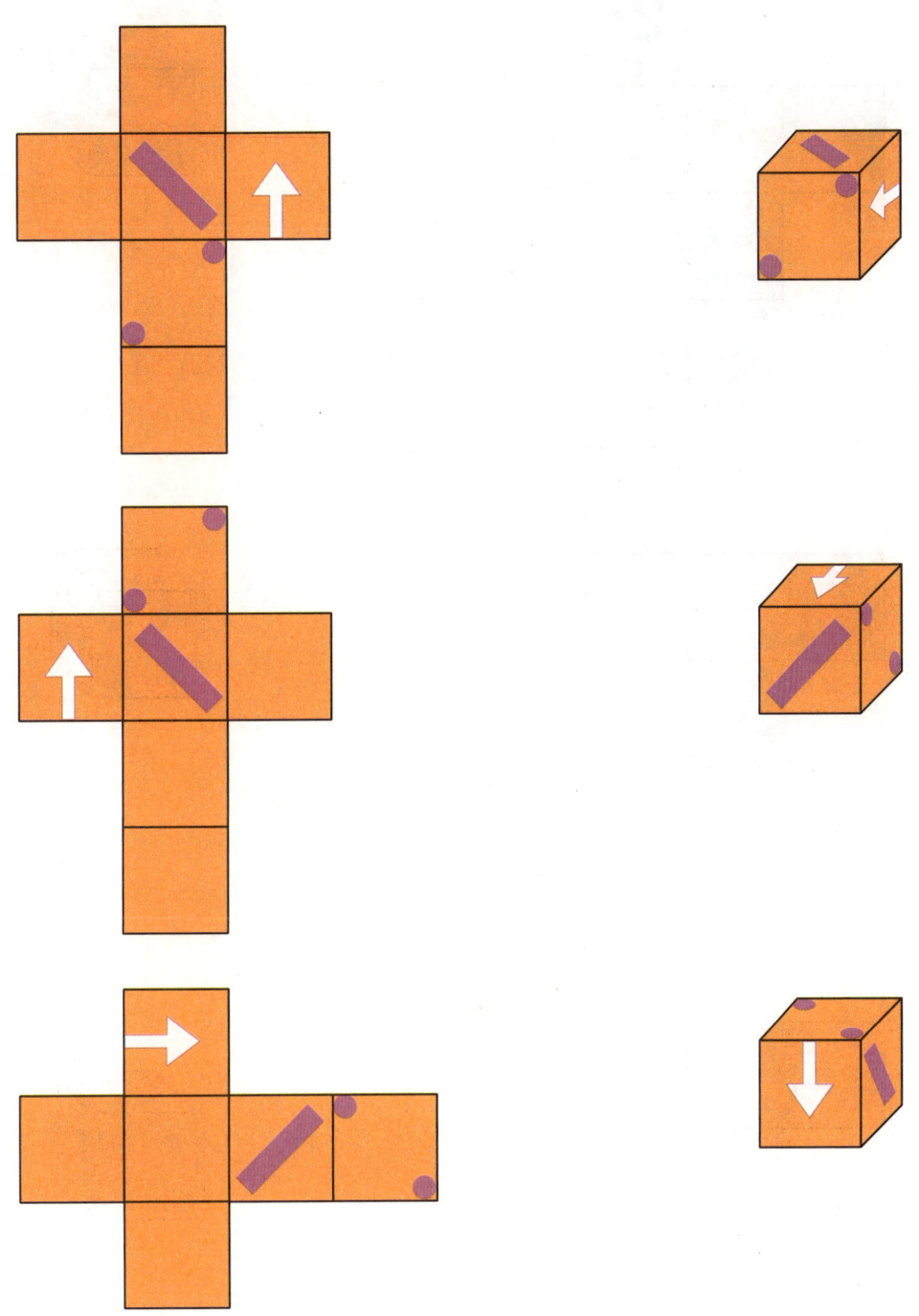

14. 下面的展开图折叠后能得到什么样的立体图形呢？请连线。

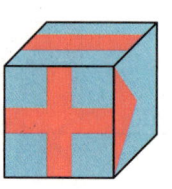
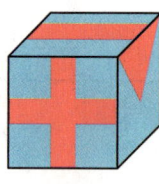

4 从不同位置观察立体图形

扫码获取学习资源

横看成岭侧成峰,远近高低各不同。
不识庐山真面目,只缘身在此山中。

这首诗直接道出了,从不同方位看到的立体图形或物体的形状是不同的。

我们一起来感受从不同方向观察立体图形吧!

这是一个由方块积木拼成的立体图形,从正面、侧面和上面看,会得到下面不同的平面图形。

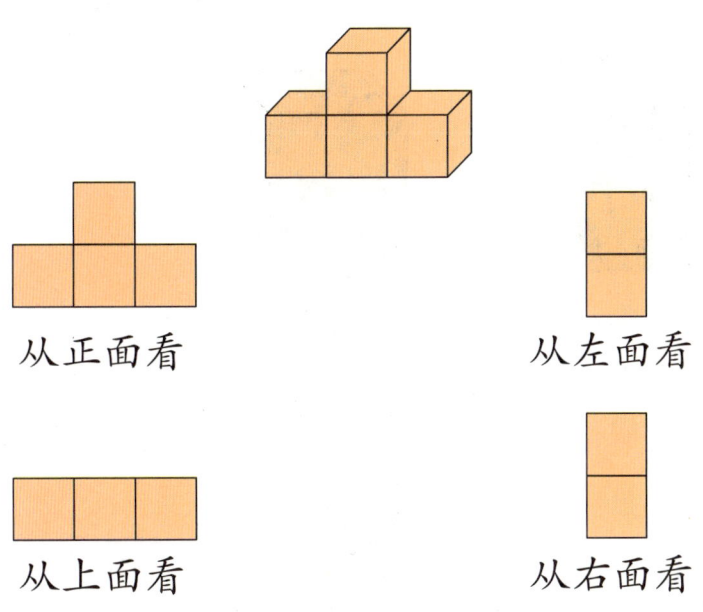

从正面看　　　　　　　从左面看

从上面看　　　　　　　从右面看

常见的立体图形，从不同的方位看到的平面图形是怎样的呢？

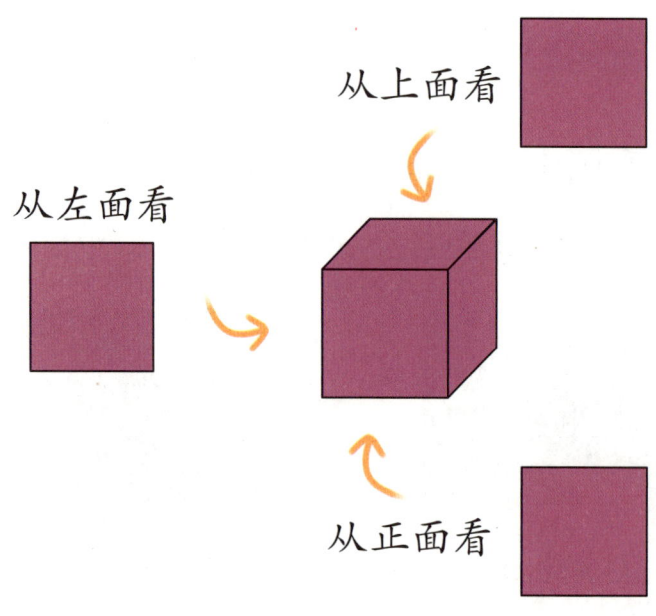

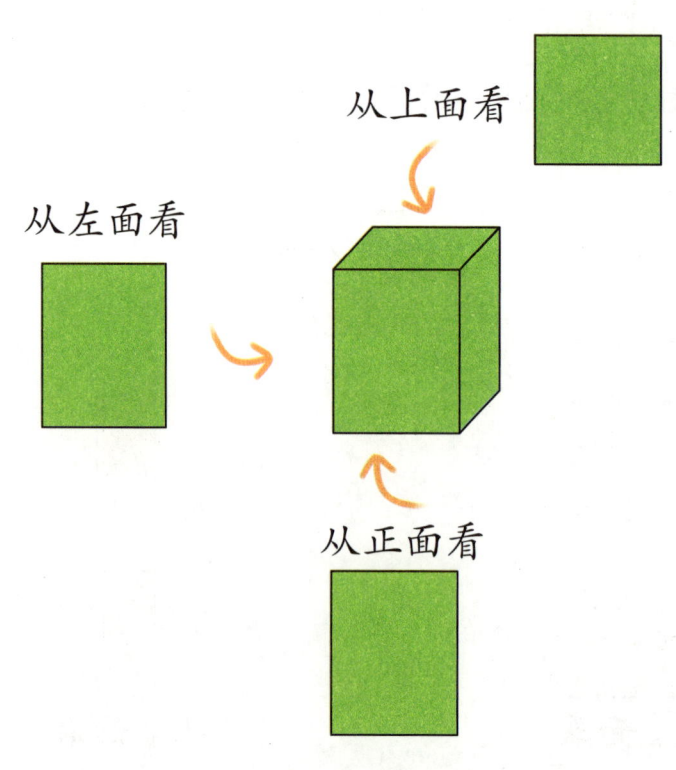

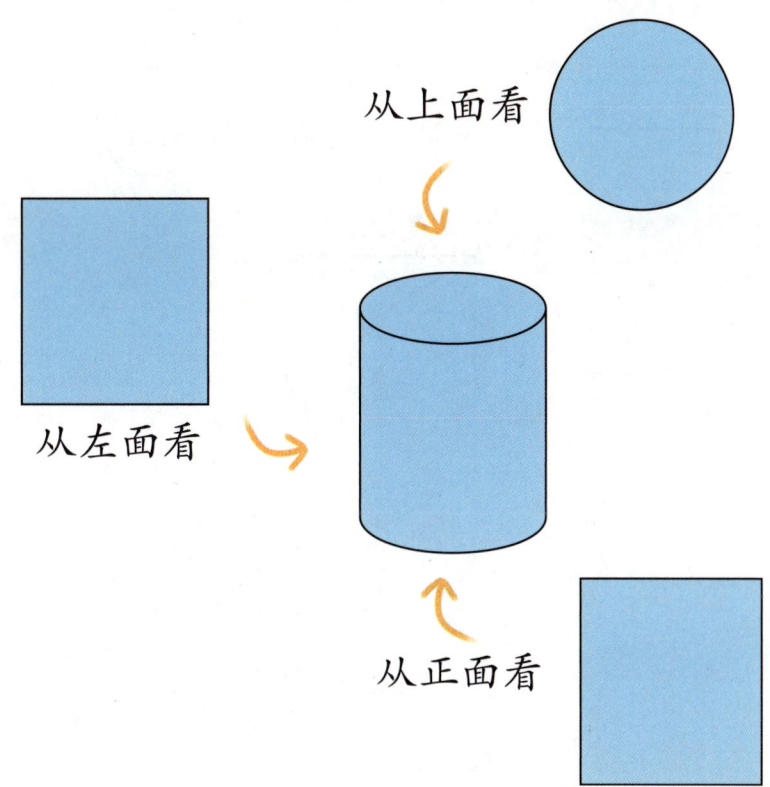

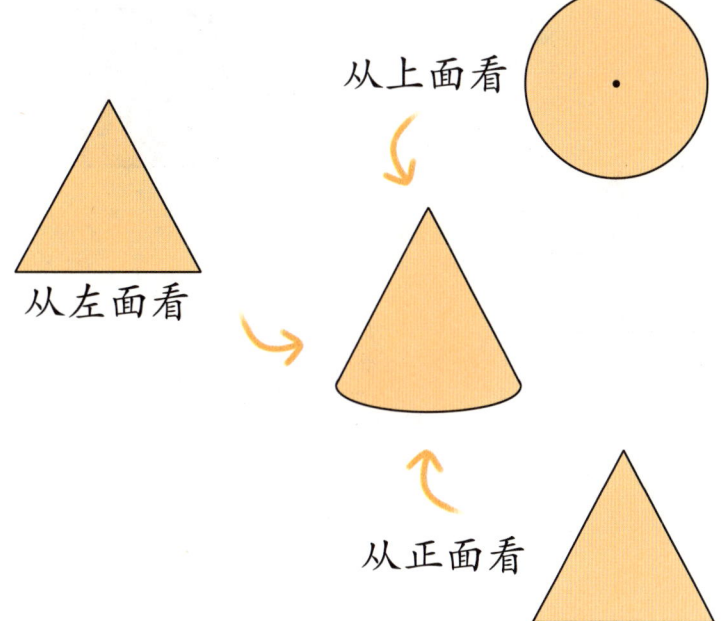

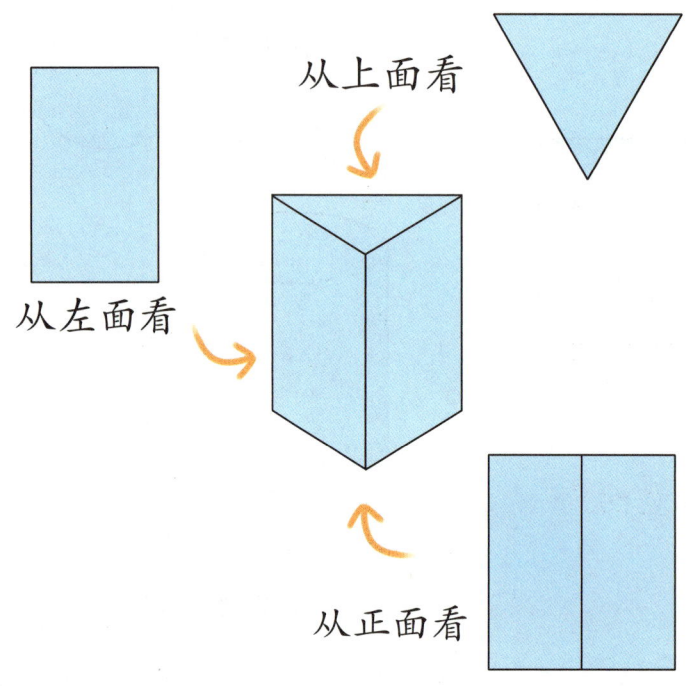

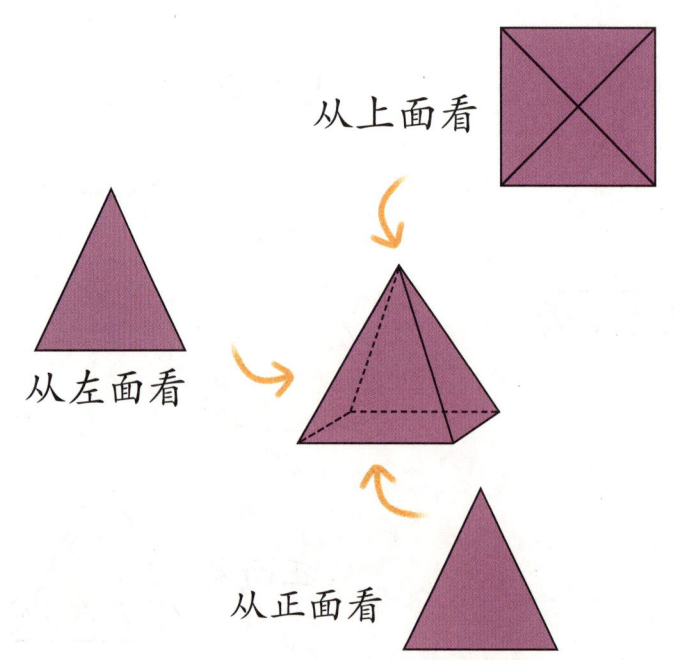

从上面看

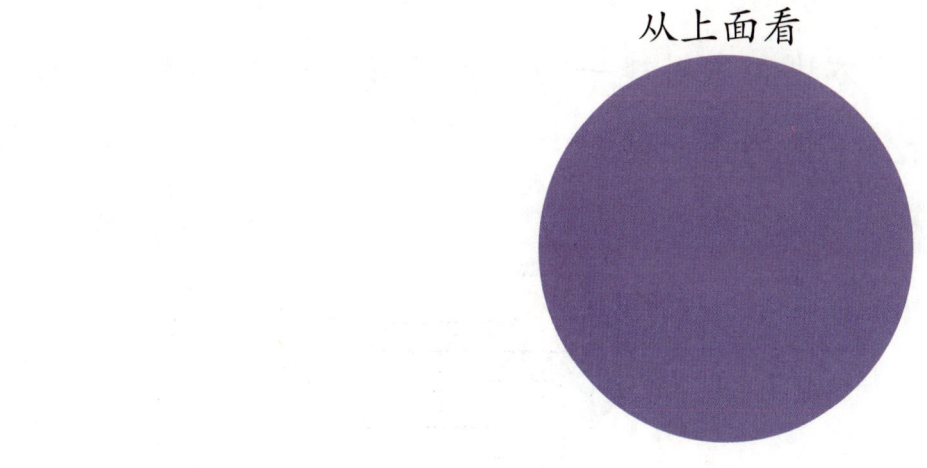

从左面看

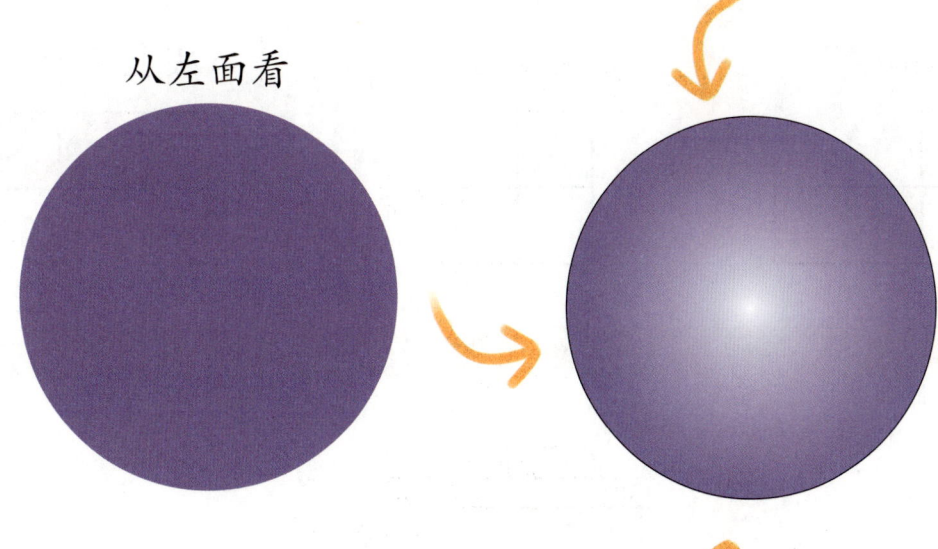

从正面看

用方块积木搭建一些立体图形，从不同位置观察，可以看到下面的平面图形。

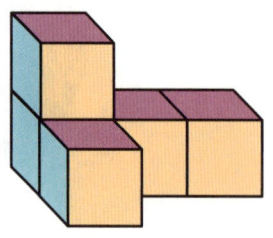

从正面看　　　　　从左面看　　　　　从上面看

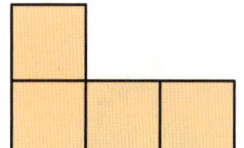　　　　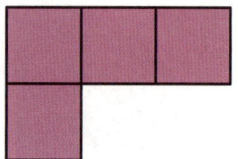

从正面看　　　　　从左面看　　　　　从上面看

1. 从正面看由方块积木拼成的立体图形,看到的平面图形是怎样的?请连线。

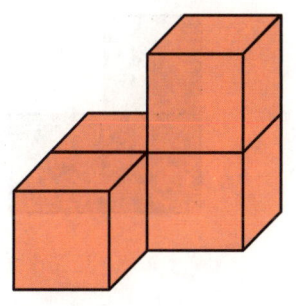
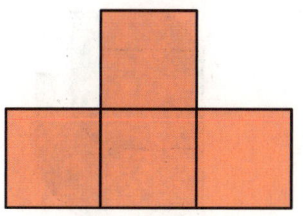

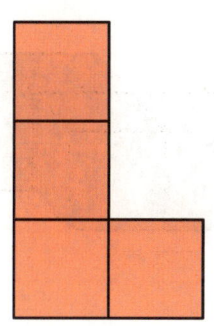

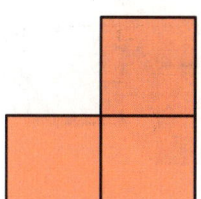

2. 从正面看由方块积木拼成的立体图形,看到的平面图形是怎样的?请连线。

 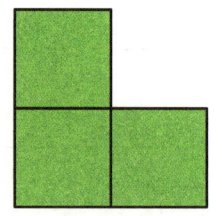

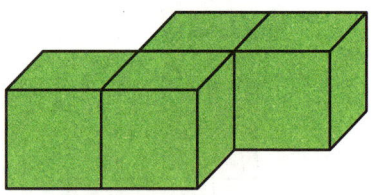 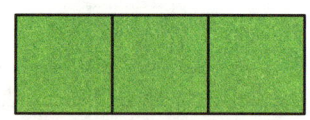

 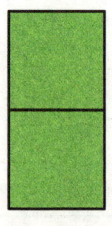

3. 从正面看由方块积木拼成的立体图形,看到的平面图形是怎样的?请连线。

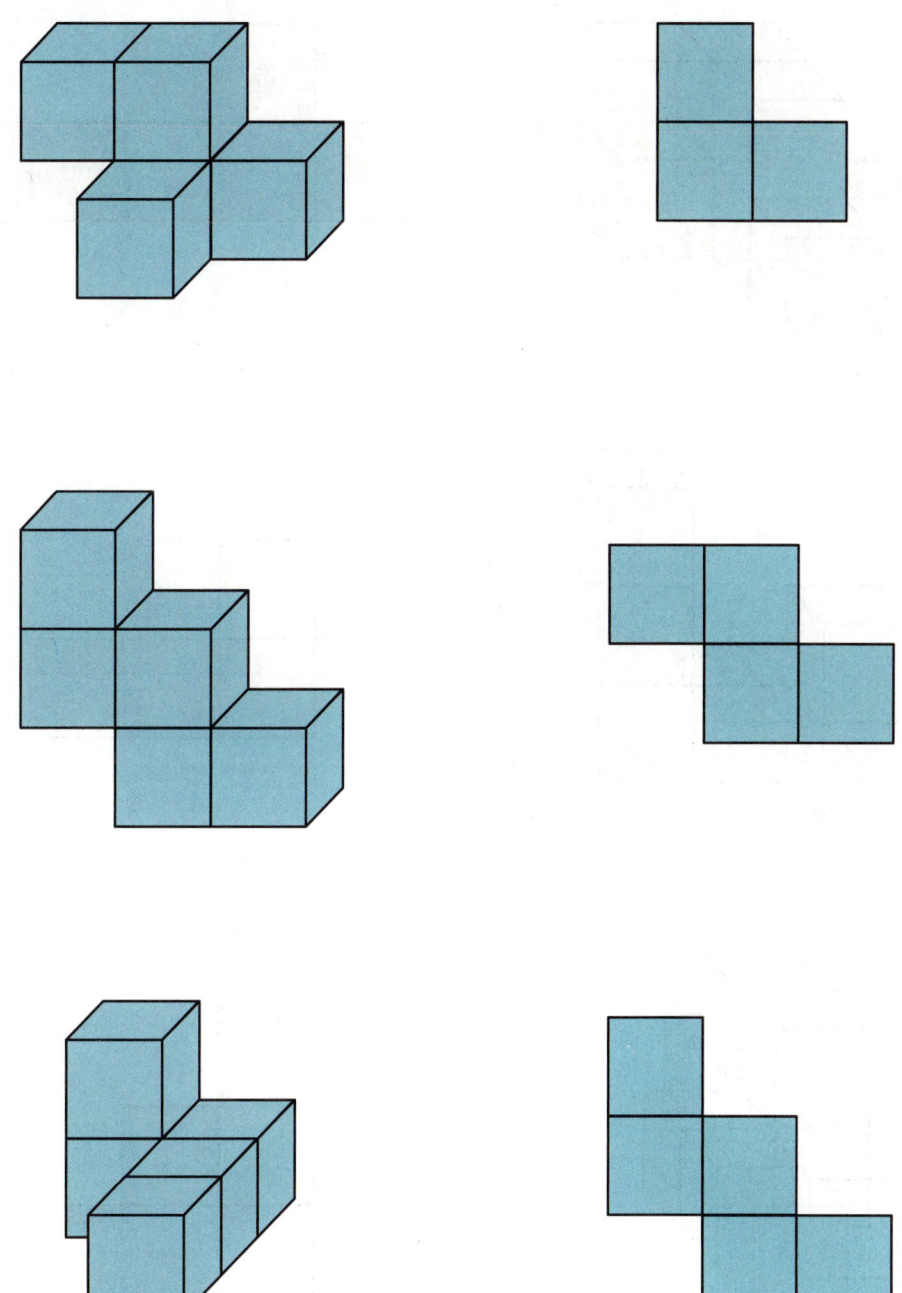

4. 从左面看由方块积木拼成的立体图形，看到的平面图形是怎样的？请连线。

5. 从左面看由方块积木拼成的立体图形,看到的平面图形是怎样的?请连线。

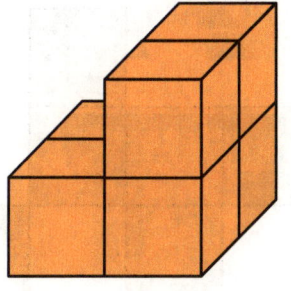

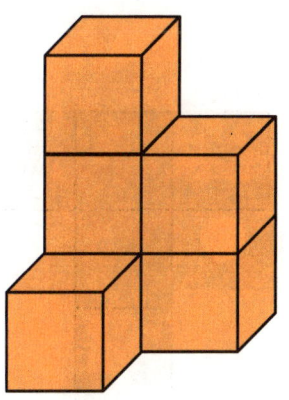
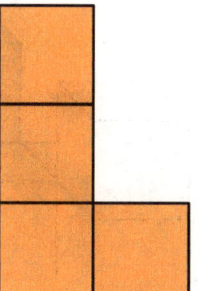

6. 从上面看由方块积木拼成的立体图形，看到的平面图形是怎样的？请连线。

 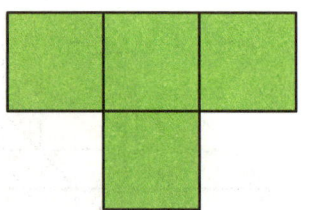

7. 从上面看由方块积木拼成的立体图形,看到的平面图形是怎样的?请连线。

 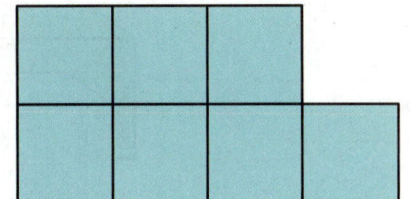

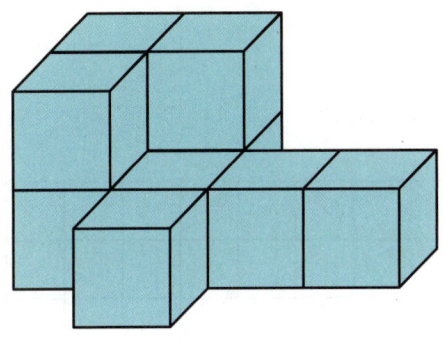 

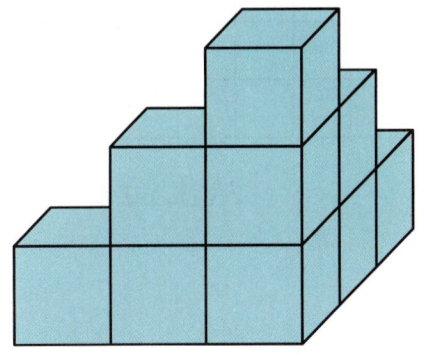 

8. 在下面方格中画出从正面、左面、上面看到的平面图形，并涂上相应的颜色。

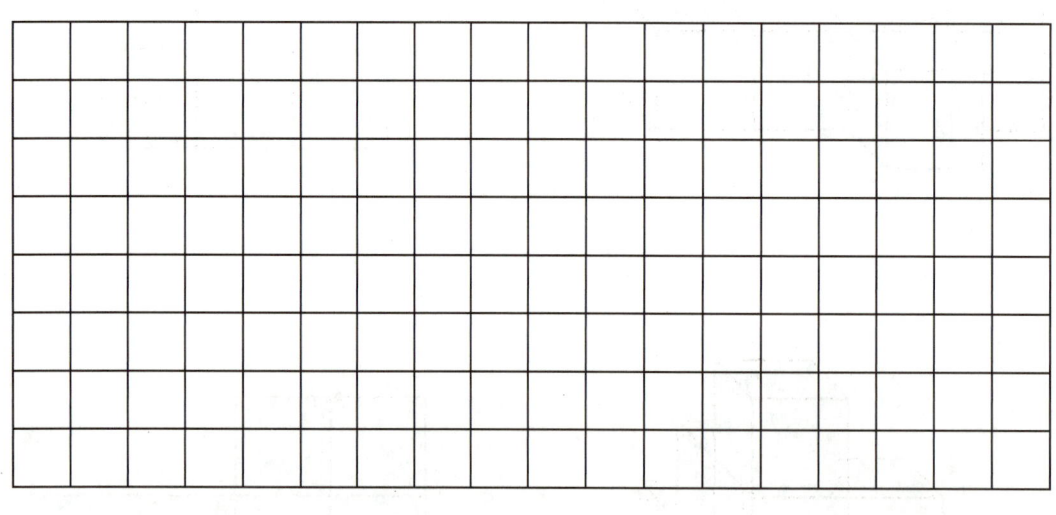

　　从正面看　　　　　从左面看　　　　　从上面看

9. 在下面方格中画出从正面、左面、上面看到的平面图形，并涂上相应的颜色。

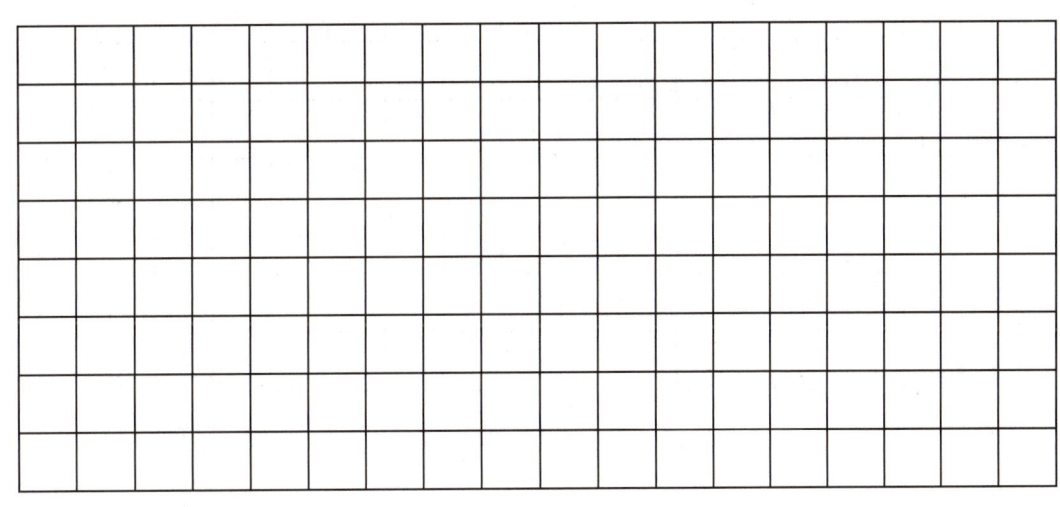

从正面看　　　　从左面看　　　　从上面看

10. 在下面方格中画出从正面、左面、上面看到的平面图形，并涂上相应的颜色。

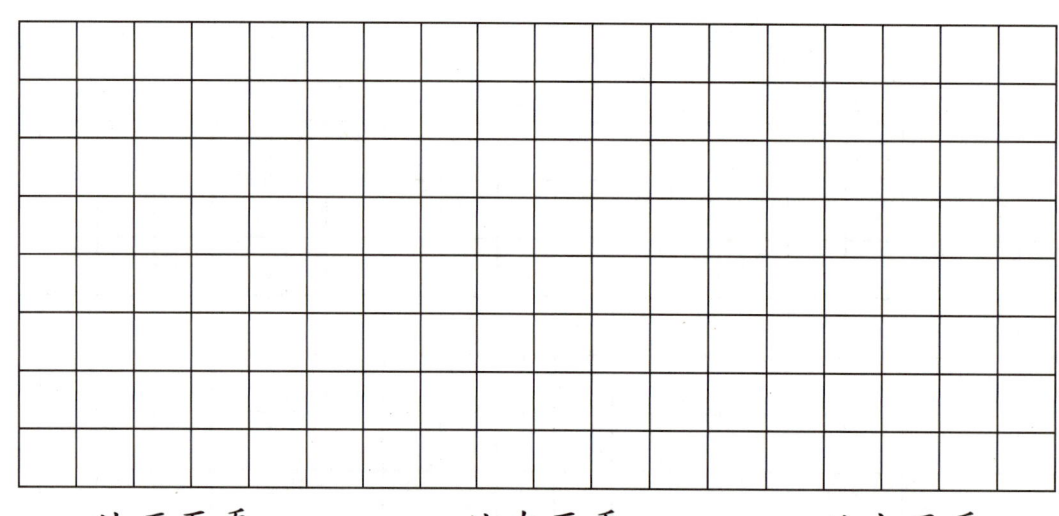

从正面看　　　　从左面看　　　　从上面看

11. 从正面看由方块积木拼成的立体图形，看到的平面图形是怎样的？请连线。

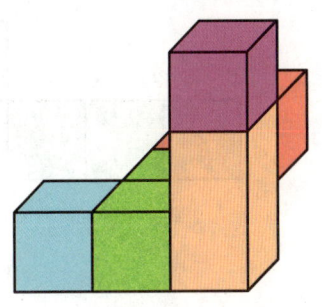 

12. 从正面看由方块积木拼成的立体图形,看到的平面图形是怎样的?请连线。

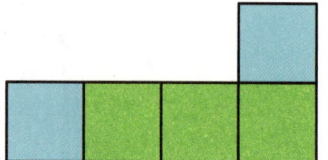

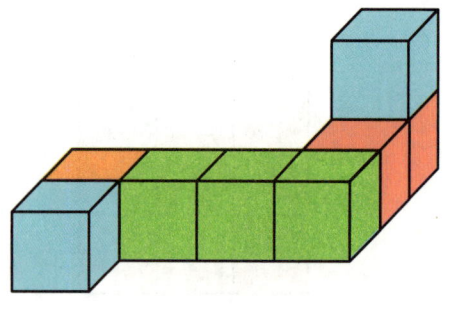

13. 从左面看由方块积木拼成的立体图形,看到的平面图形是怎样的?请连线。

14. 从左面看由方块积木拼成的立体图形，看到的平面图形是怎样的？请连线。

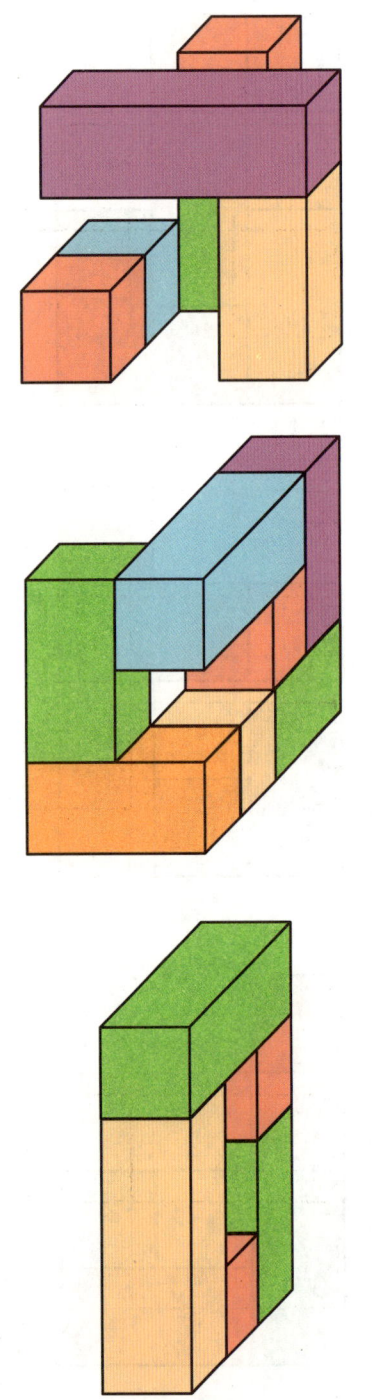

15. 从上面看由方块积木拼成的立体图形，看到的平面图形是怎样的？请连线。

16. 从上面看由方块积木拼成的立体图形,看到的平面图形是怎样的?请连线。

参考答案

3 由展开图还原立体图形

1.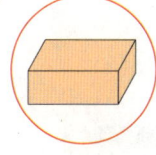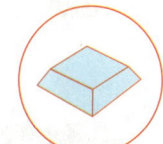

2.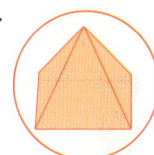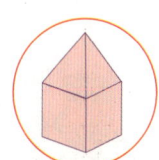

3.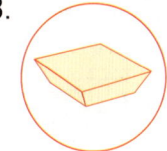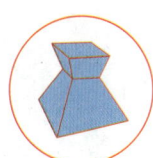

4.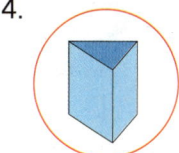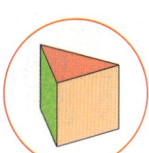

5.  6.

7.  8.

9.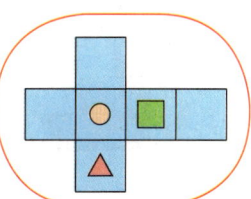

10.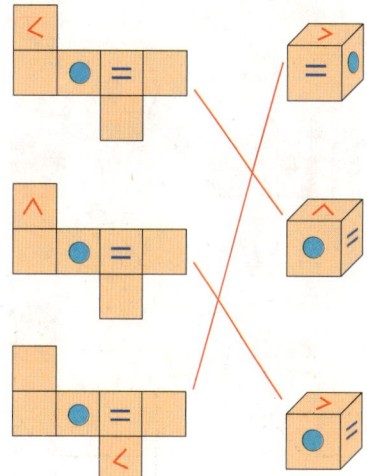

11.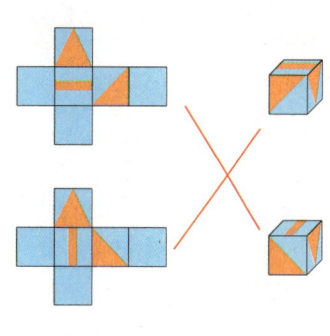

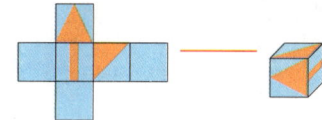

12.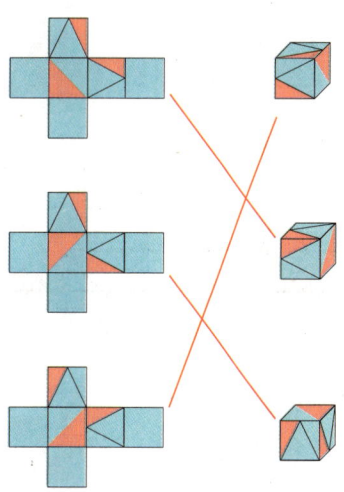

13.

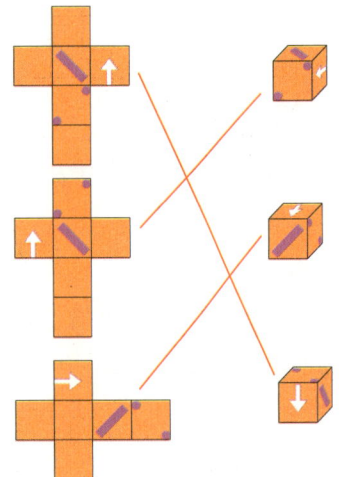

14.

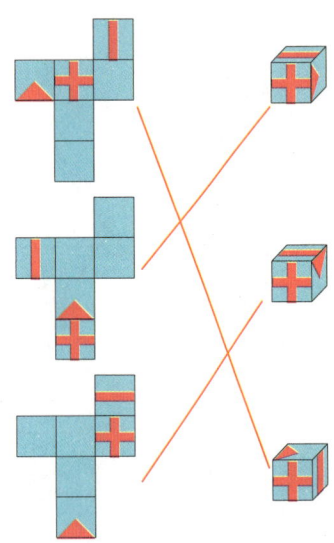

4 从不同位置观察立体图形

1.

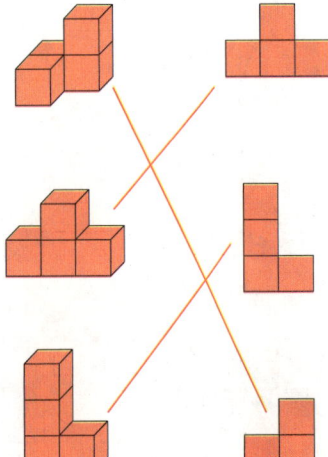

2.

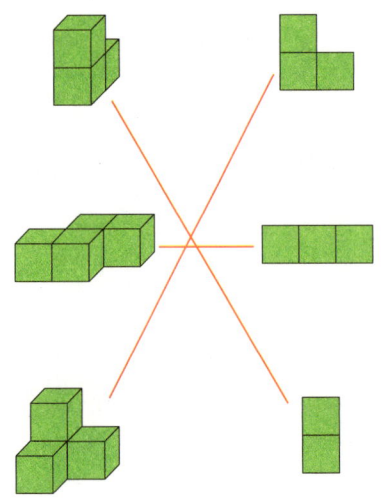

3.

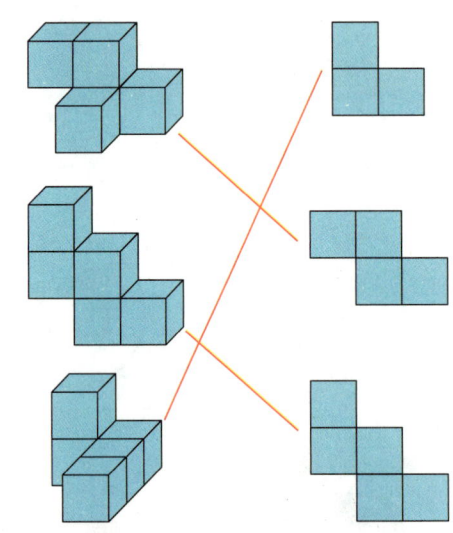

4.

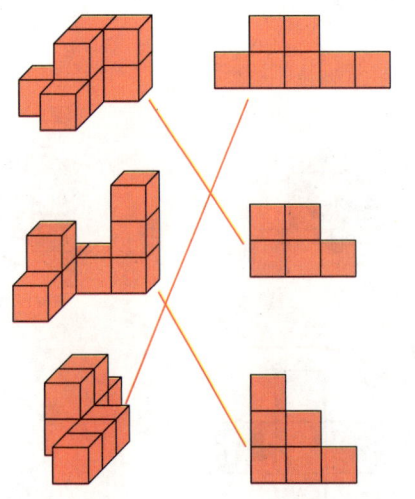

5.

6.

7.

8.
从正面看　　从左面看　　从上面看

9.
从正面看　　从左面看　　从上面看

10.
从正面看　　从左面看　　从上面看

11.

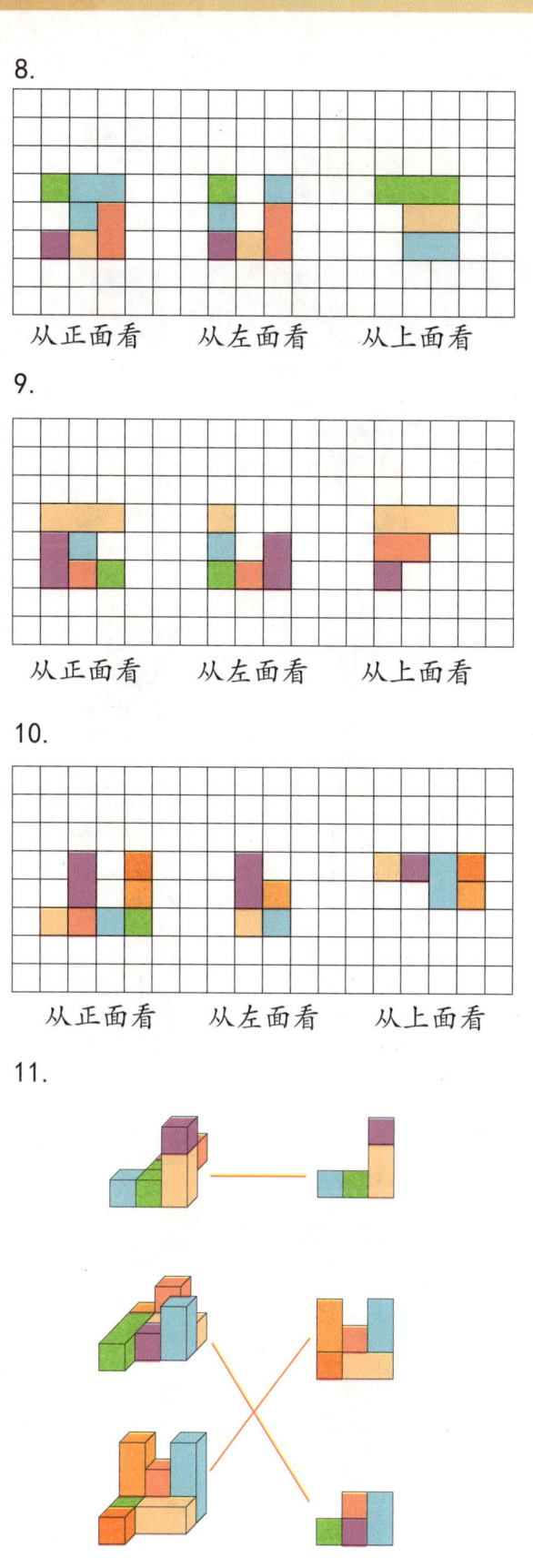

12.

15.
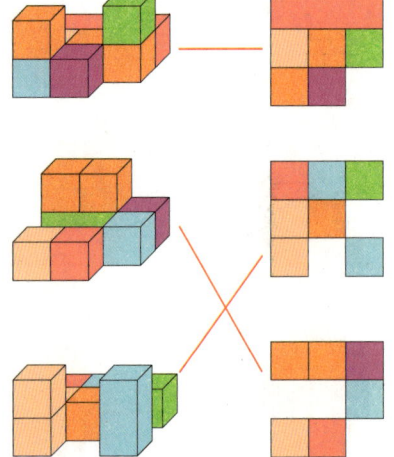

13.

16.

14.
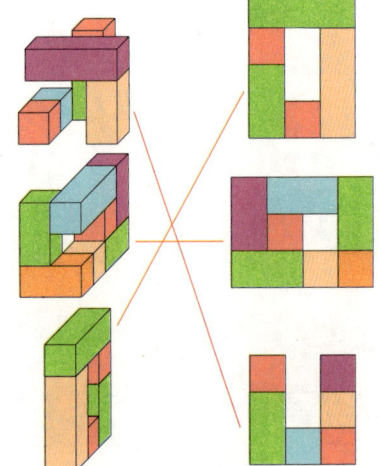

趣味空间思维
点线面体

STEAM 核心能力

主编　王婧雯

"码"上了解本书

学校：_____

班级：_____

姓名：_____

河南大学出版社

·郑州·

前言

空间思维能力是STEAM［科学（Science）、技术（Technology）、工程（Engineering）、艺术（Arts）、数学（Mathematics）］教育中各学科的共同基础和核心能力。

荣恒"趣味空间思维"训练丛书是一套培养孩子创造力、专注力、逻辑推理能力、观察能力、语言表达能力、绘图能力、空间想象能力等的益智读物。

《点线面体》是其中一本，本书主要包括点阵画图、连线涂色和火柴棒游戏等部分。

点阵画图包括画直线、曲线、一笔画、平面图形、立体图形等，培养孩子的运笔能力、专注能力和对美的鉴赏能力。

连线涂色包括画（涂）常见物体和常见动物等。连线涂色均由简单的点（圈）组成，通过训练，孩子不仅能掌握基础绘画能力，还可以通过涂色锻炼孩子对美的鉴赏能力。

火柴棒游戏包括拼数学等式和拼图形，锻炼孩子的动手能力和逻辑推理能力。

本书依托点阵图形，由简入繁，从点、线、面、体四个层次循序渐进，让孩子们认知各种平面图形和立体图形。

目 录

1. 连点成线 ······ 1
2. 连点成面 ······ 11
3. 连点成画 ······ 17
4. 点画成图 ······ 23
5. 圈阵涂色 ······ 27
6. 认识平面图形 ······ 32
7. 在点阵中画平面图形 ······ 35
8. 认识立体图形 ······ 45
9. 在点阵中画立体图形 ······ 48
10. 玩转火柴棒游戏 ······ 54

参考答案 ······ 59

连点成线

扫码获取学习资源

1. 请在右边的点阵中复原左边点阵中的图形。

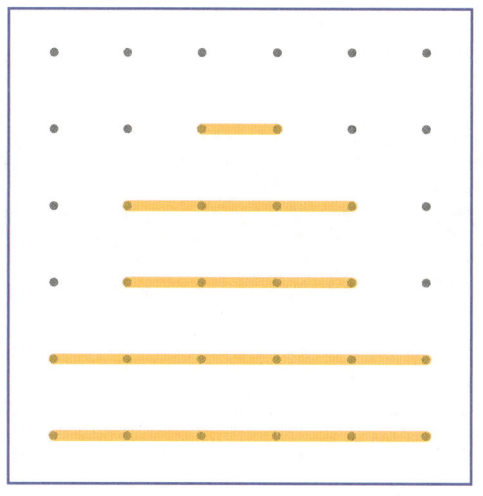
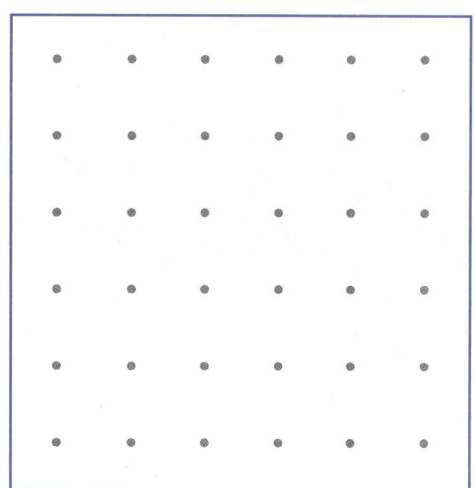
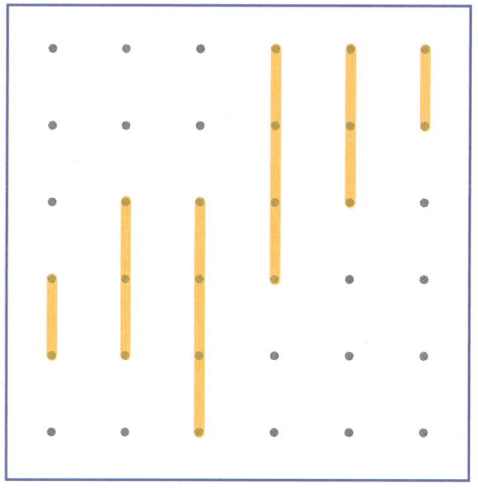

2. 请在右边的点阵中复原左边点阵中的图形。

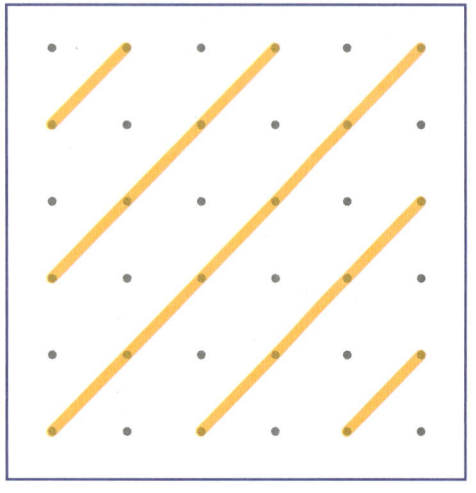

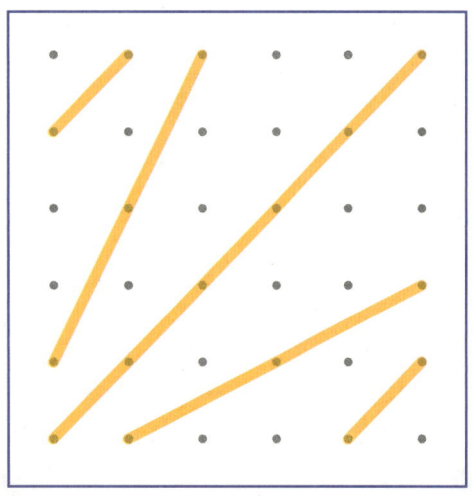

3. 请在右边的点阵中复原左边点阵中的图形。

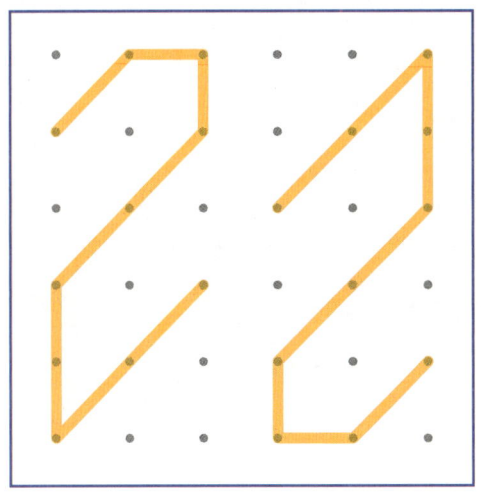
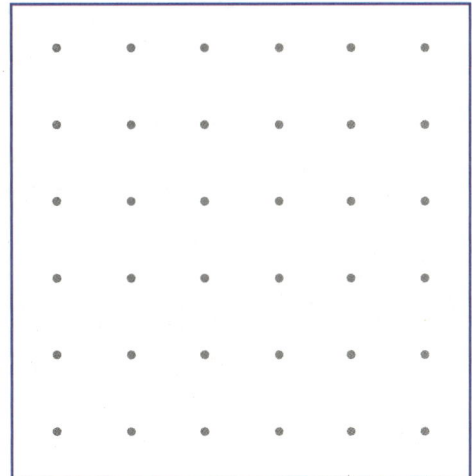

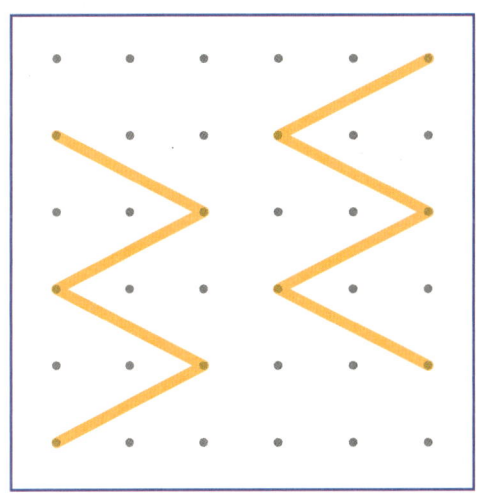
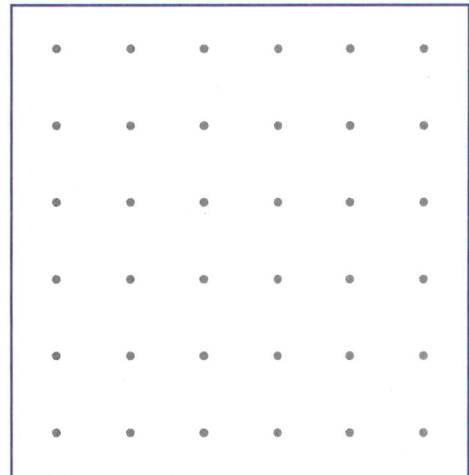

4.请在右边的点阵中复原左边点阵中的图形。

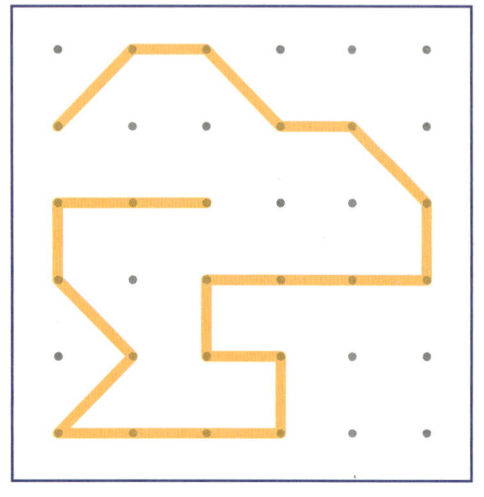 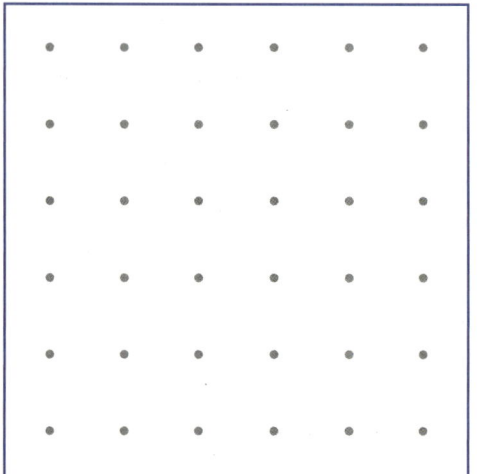

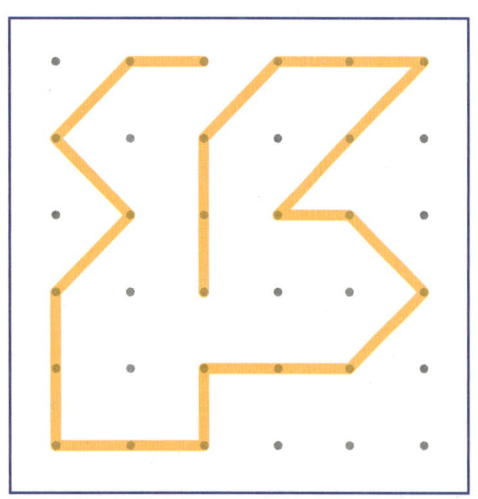 

5. 请在右边的点阵中复原左边点阵中的图形。

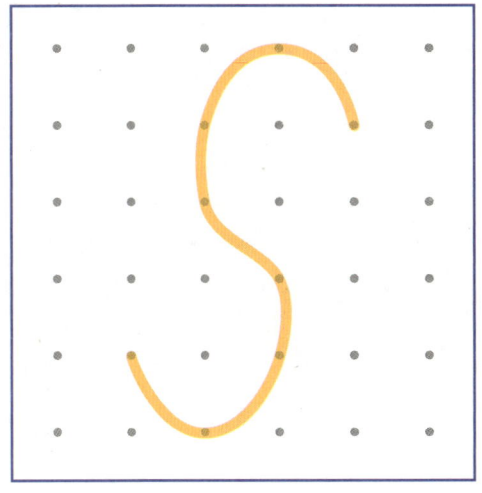 

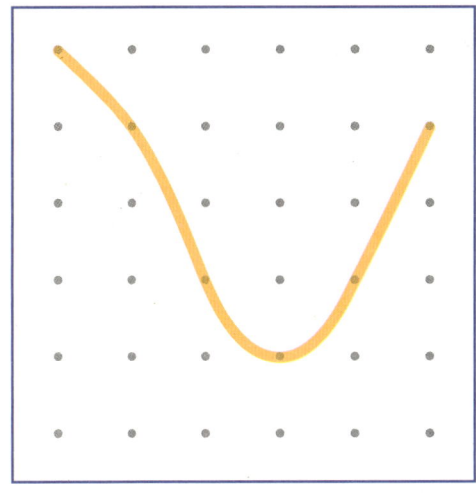 

6. 请在右边的点阵中复原左边点阵中的图形。

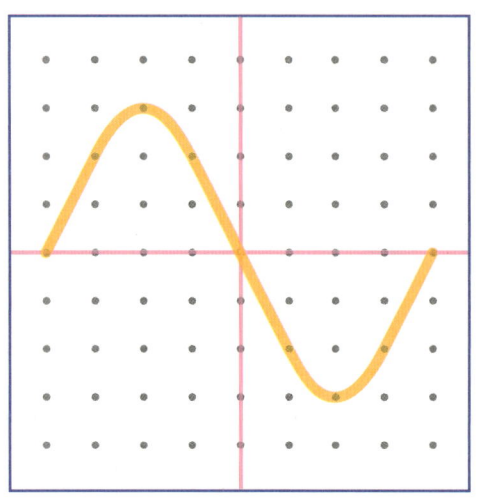 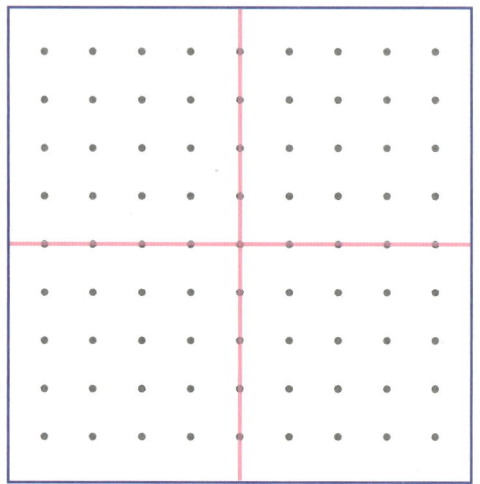

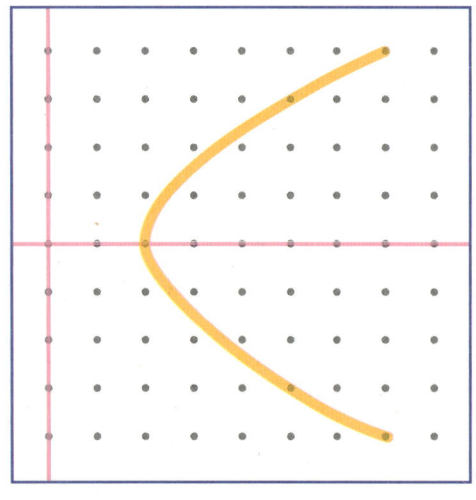 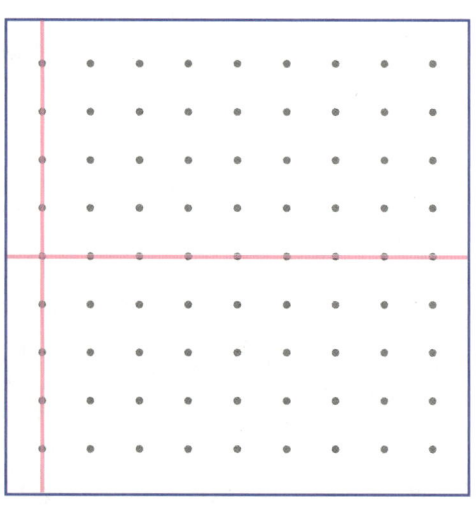

7. 请在右边的点阵中复原左边点阵中的图形。

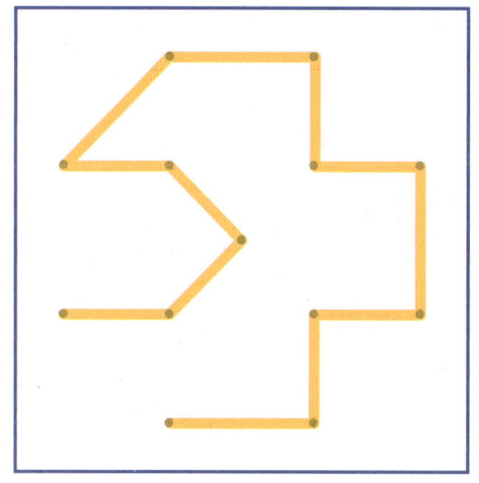 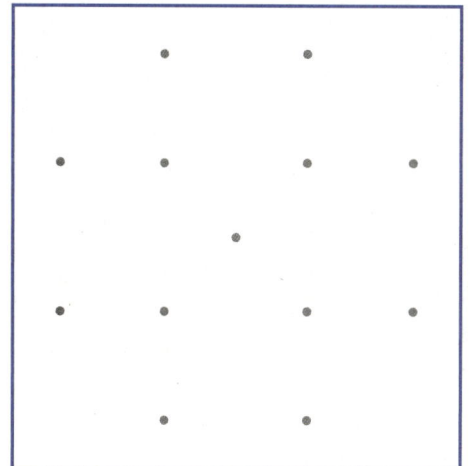

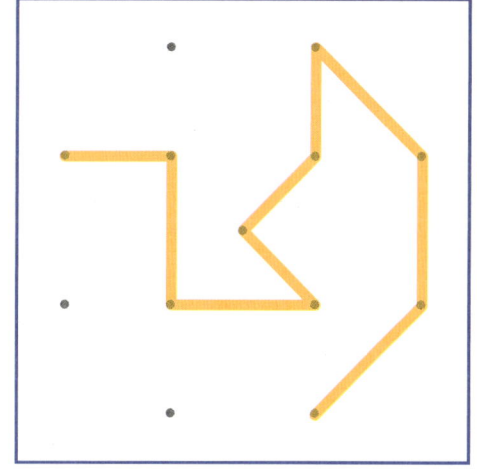 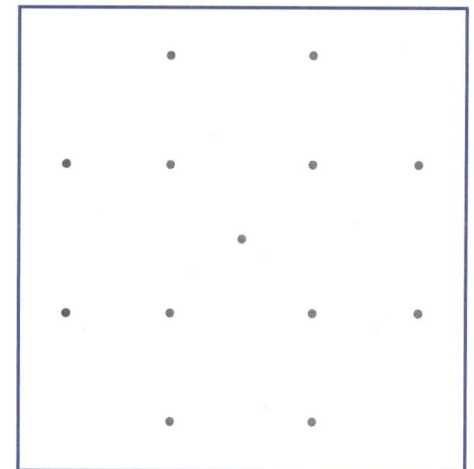

8. 请在右边的点阵中复原左边点阵中的图形。

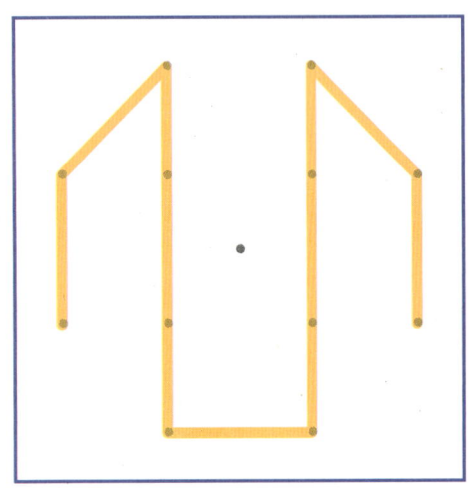 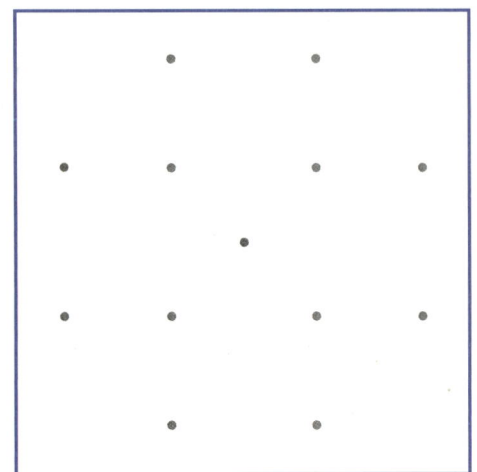

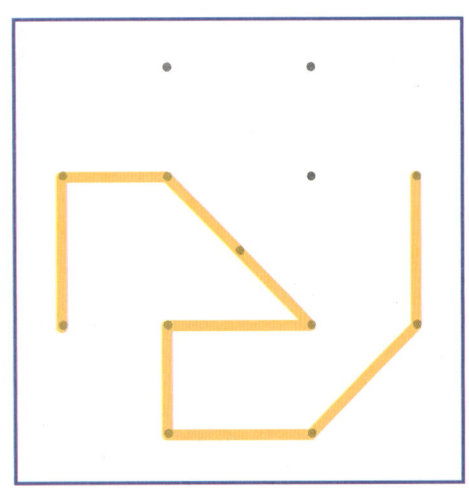 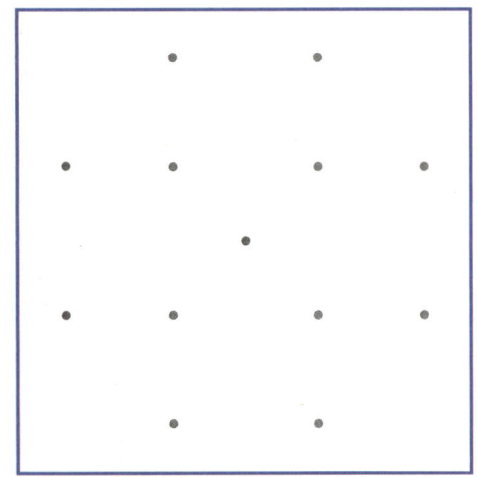

9. 依照左边的样子，在右边画出对称的图案吧！

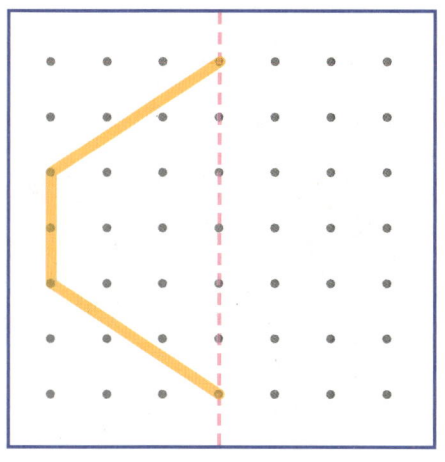
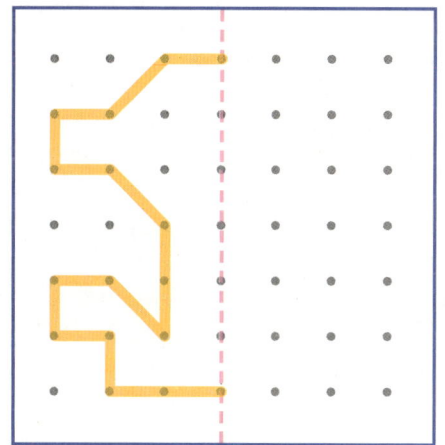
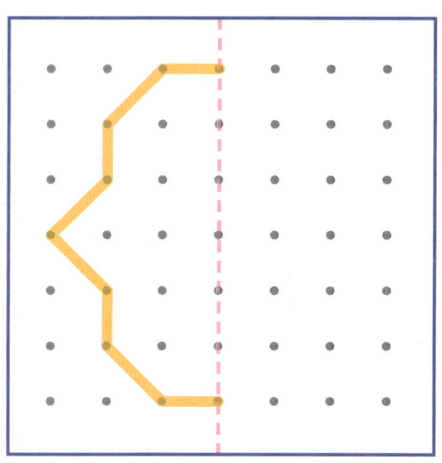
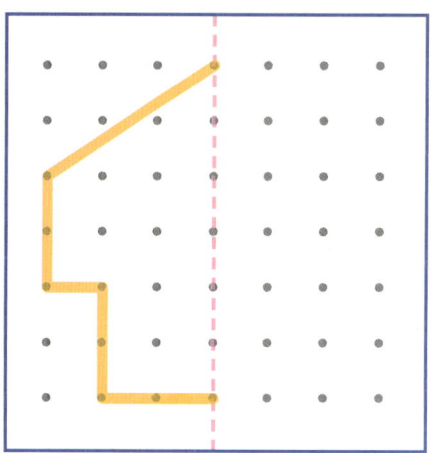

10. 依照左边的样子，在右边画出对称的图案吧！

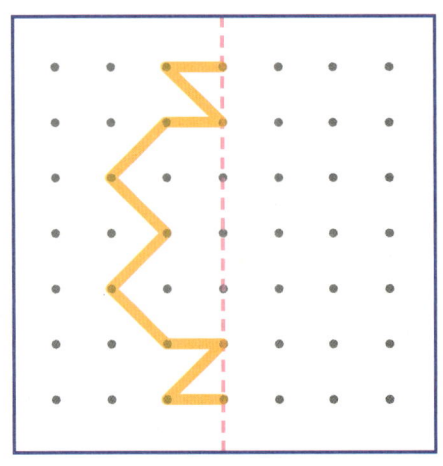
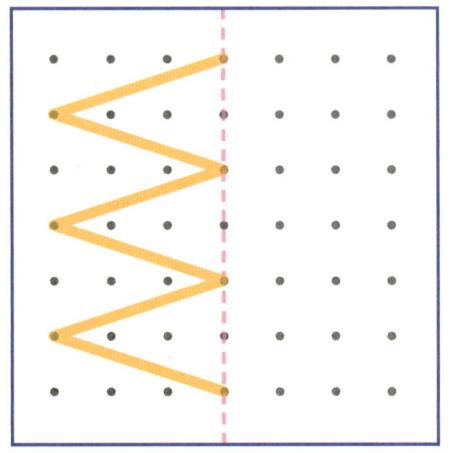
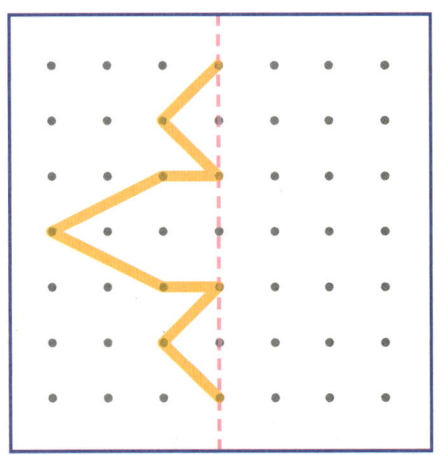
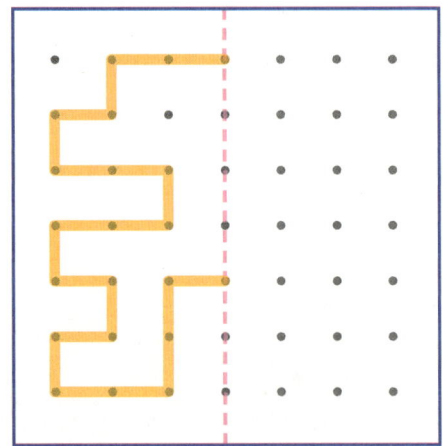

 连点成面

扫码获取学习资源

1. 把下面的黄色小点连起来会得到什么图形呢？试着画一画，连一连。

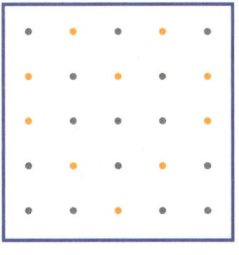  

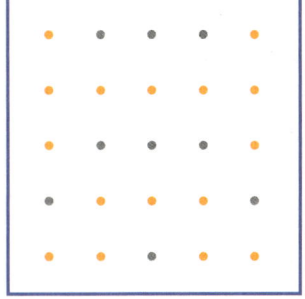 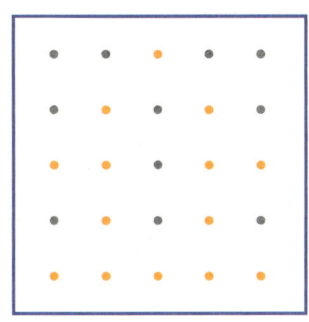 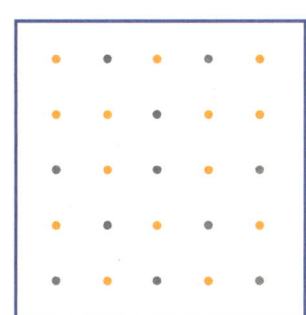

  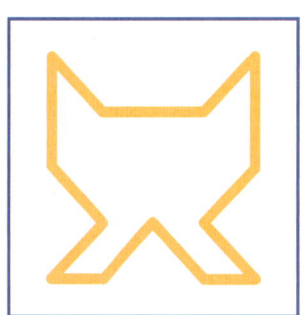

2. 把下面的黄色小点连起来会得到什么图形呢？试着画一画，连一连。

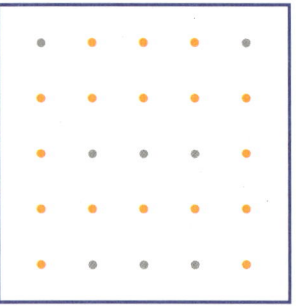 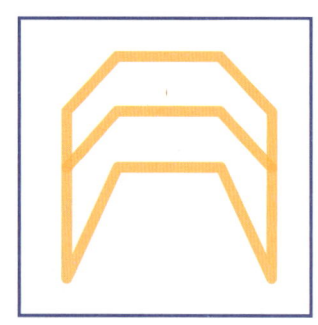

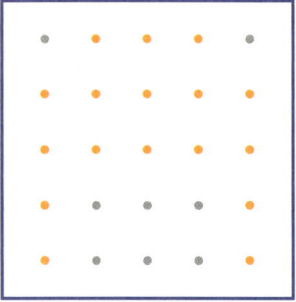 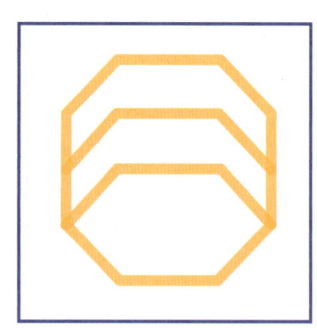

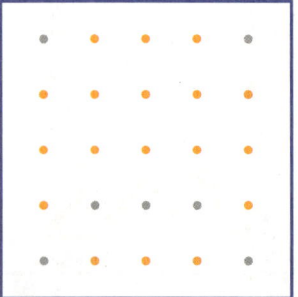 

3. 把下面的黄色小点连起来会得到什么图形呢？试着画一画，连一连。

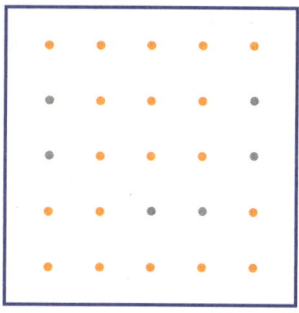 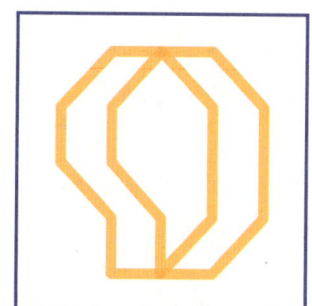

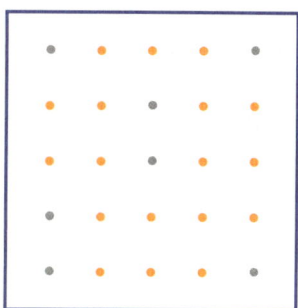 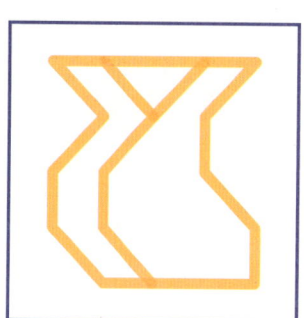

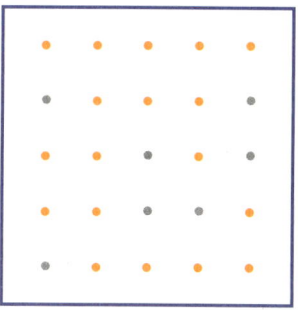 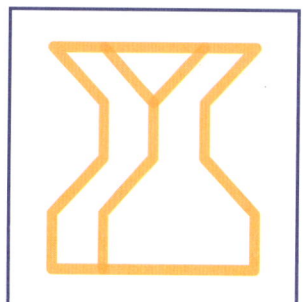

4. 把下面的黄色小点连起来会得到什么图形呢？试着画一画，连一连。

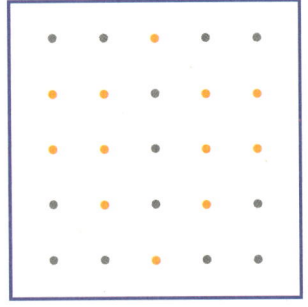 

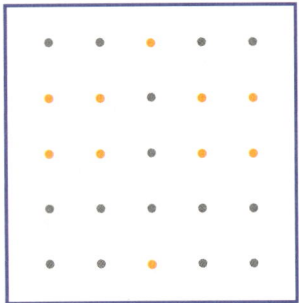 

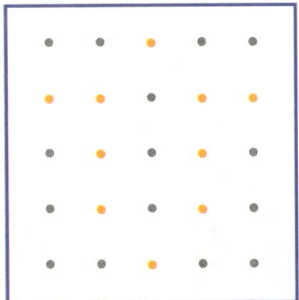 

5. 把下面的黄色小点连起来会得到什么图形呢？试着画一画，连一连。

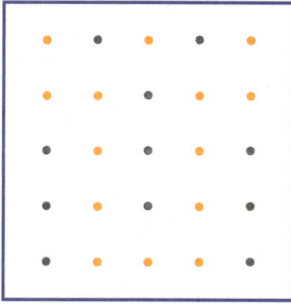 

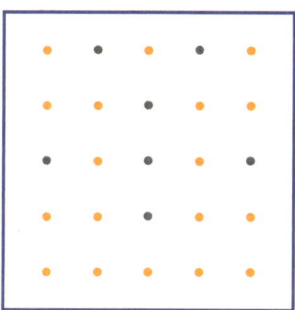 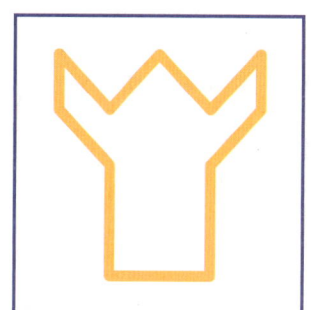

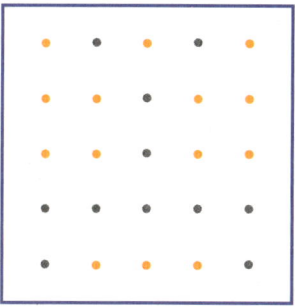 

6. 把下面的黄色小点连起来会得到什么图形呢？试着画一画，连一连。

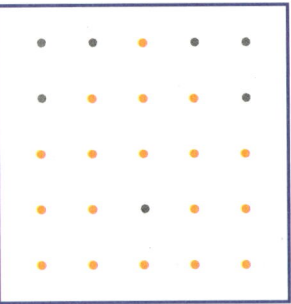 

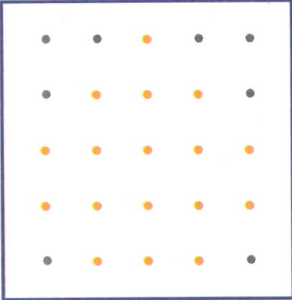 

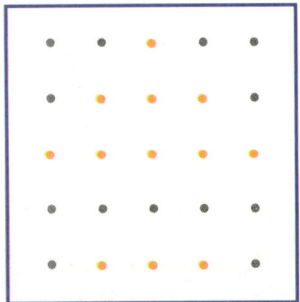 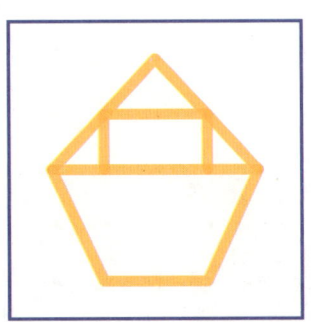

3 连点成画

1. 将点按照数的顺序依次连接，再涂上你喜欢的颜色。

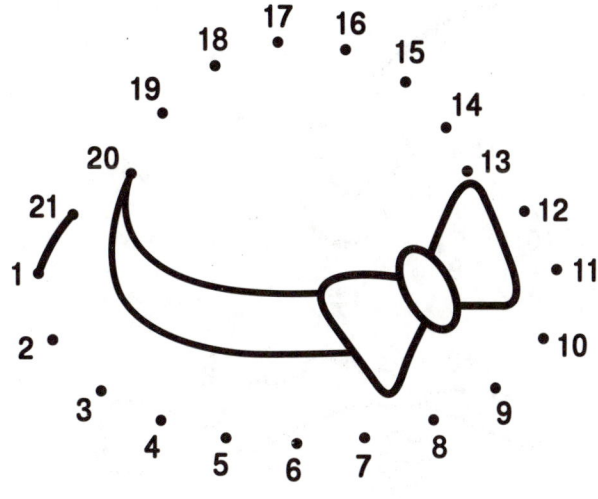

2. 将点按照数的顺序依次连接，再涂上你喜欢的颜色。

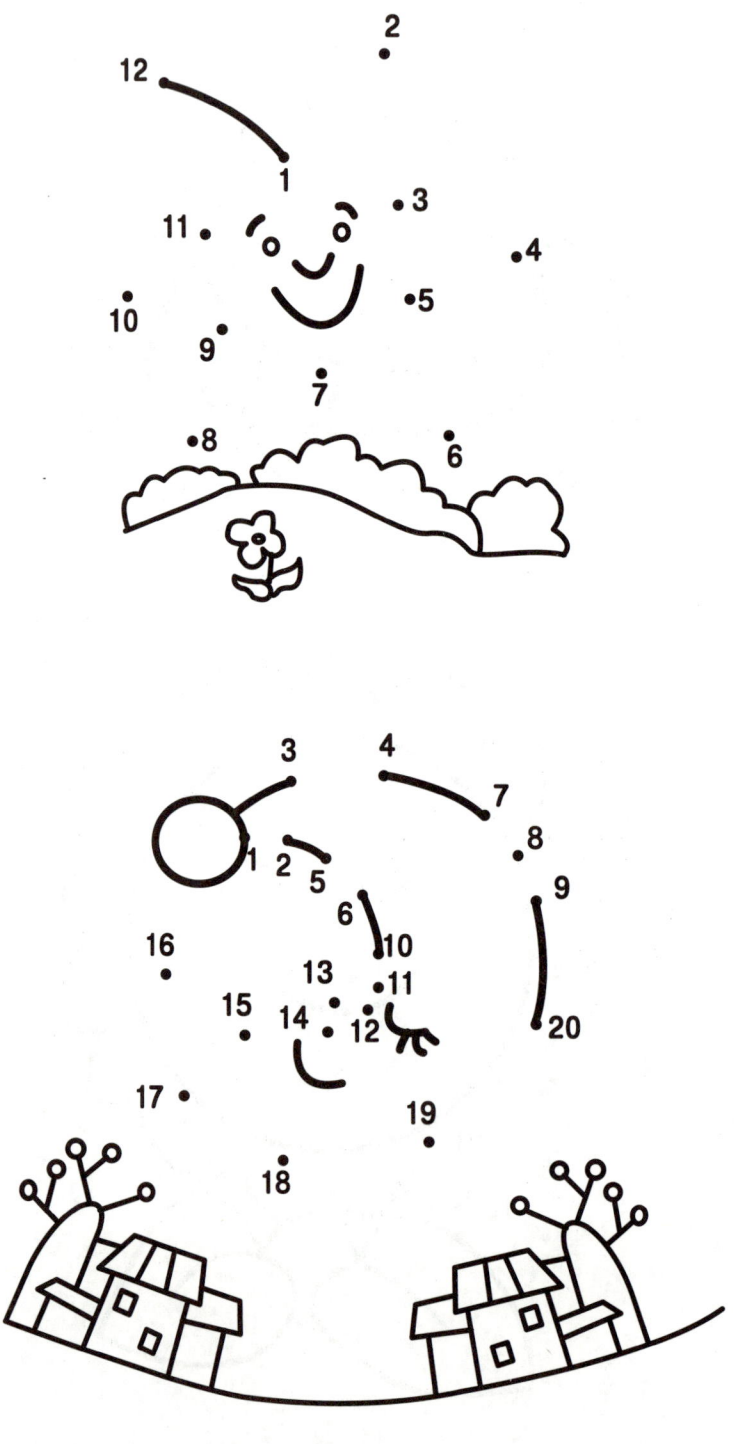

3.将点按照数的顺序依次连接,再涂上你喜欢的颜色。

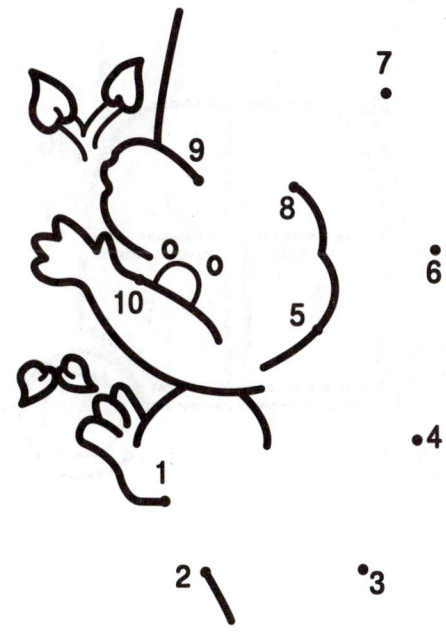

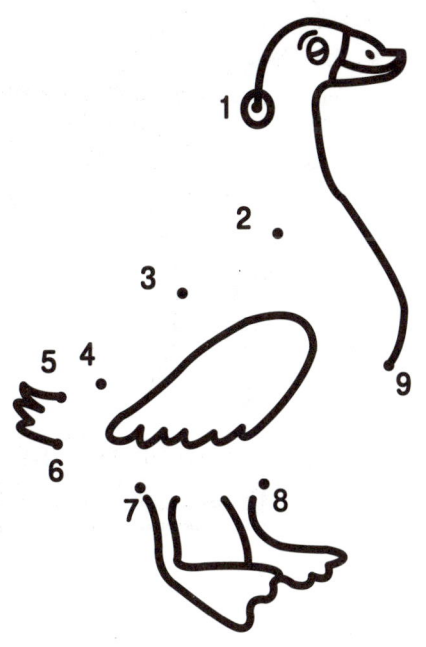

4. 将点按照数的顺序依次连接,再涂上你喜欢的颜色。

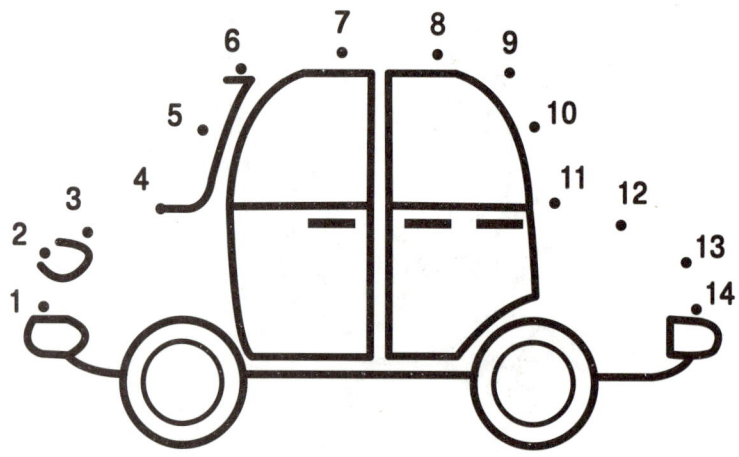

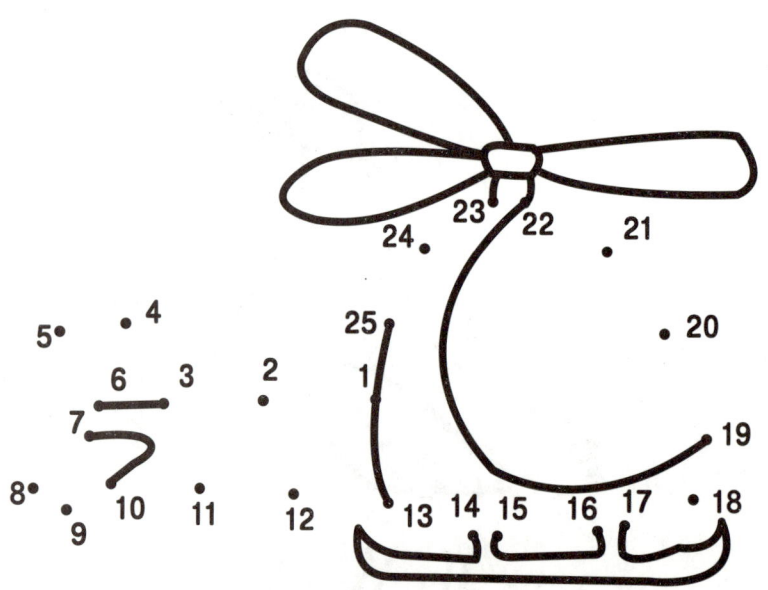

5. 将点按照数的顺序依次连接，再涂上你喜欢的颜色。

6. 将点按照数的顺序依次连接，再涂上你喜欢的颜色。

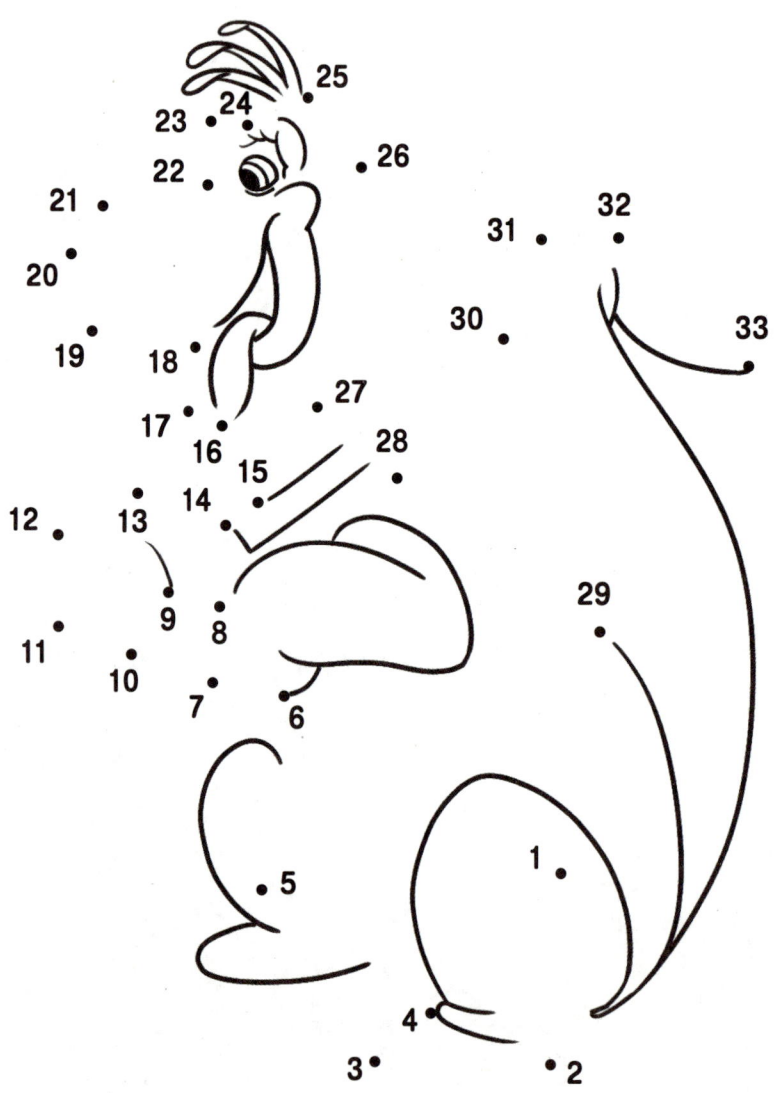

 **点画成图**

扫码获取学习资源

1. 发挥想象力,将下面的点连成一棵"小树",再涂上你喜欢的颜色。

2. 发挥想象力，将下面的点连成一艘"小船"，再涂上你喜欢的颜色。

3. 发挥想象力，将下面的点连成一座"房子"，再涂上你喜欢的颜色。

4. 发挥想象力,将下面的点连成一个"苹果",再涂上你喜欢的颜色。

圈阵涂色

1. 请按照左边圈阵中的图例将右边的圈阵涂色。

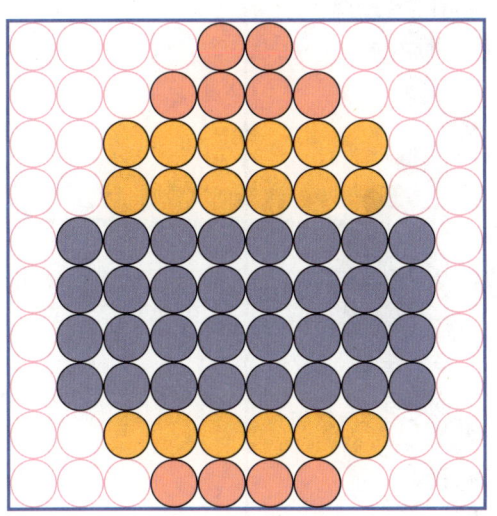 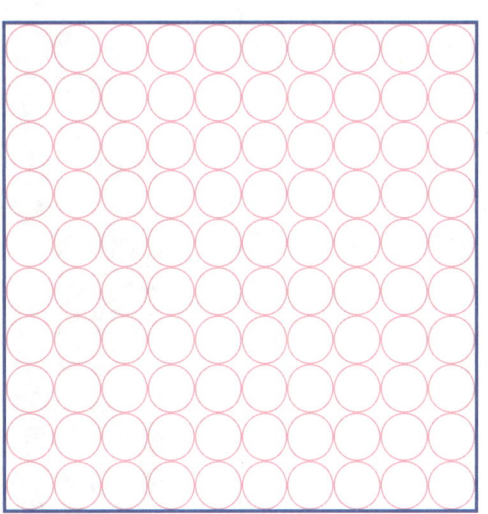

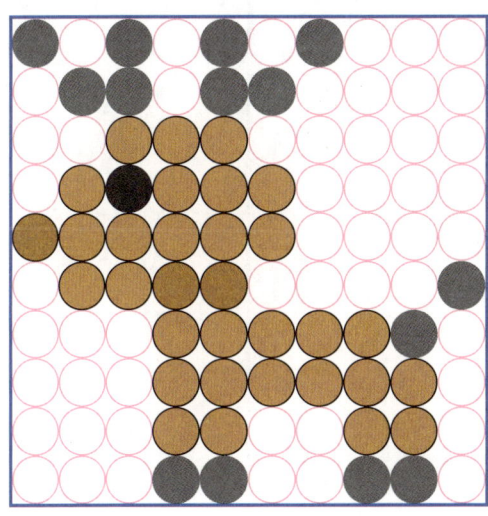 

2.请按照上面圈阵中的图例将下面的圈阵涂色。

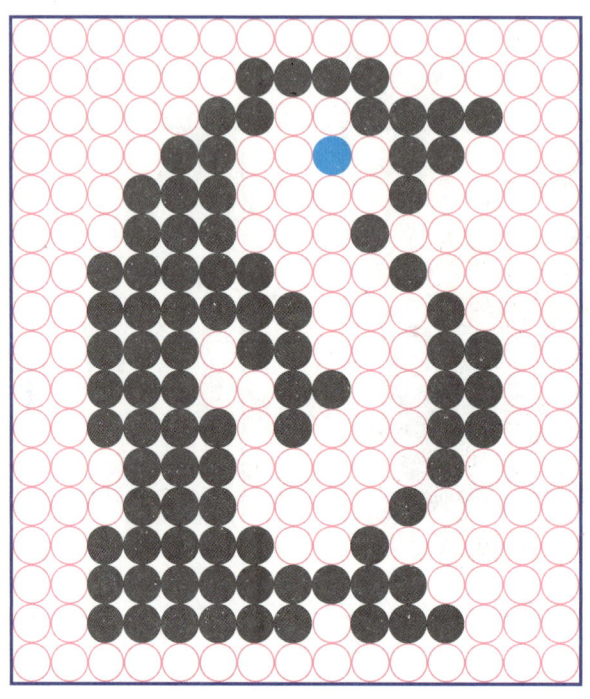

3. 请按照上面圈阵中的图例将下面的圈阵涂色。

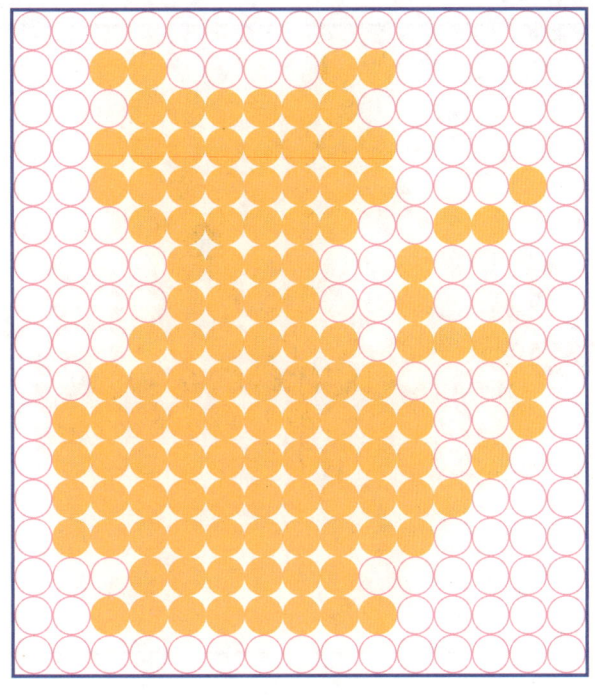

4. 请按照上面圈阵中的图例将下面的圈阵涂色。

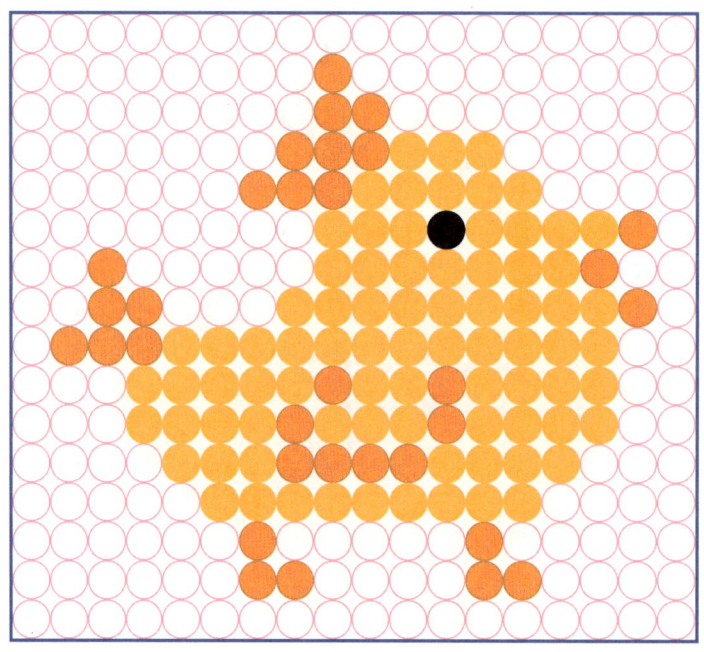

5. 请按照上面圈阵中的图例将下面的圈阵涂色。

6 认识平面图形

扫码获取学习资源

各个部分在同一平面内的图形是平面图形，生活中常见的平面图形有三角形、圆、正方形、长方形……

两条线交会，形成了顶点，也构成了角。

一样长的四条线交会，可以形成一个正方形，而它们就是正方形的四条边。

1. 数一数，下面的图形各有几个顶点，几条边，几个角？

名称	图形	顶点	边	角
正方形		4	4	4
长方形				
圆				
三角形				
五边形				
六边形				
八边形				

2. 数一数,下面的平面图形各有几条边?把数写下来。

7 在点阵中画平面图形

1. 请在右边的点阵中复原左边点阵中的图形。

扫码获取学习资源

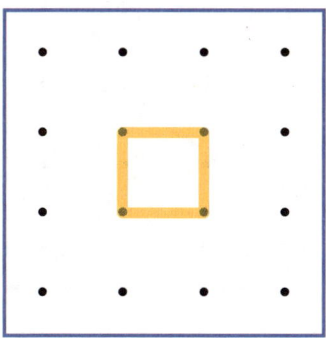 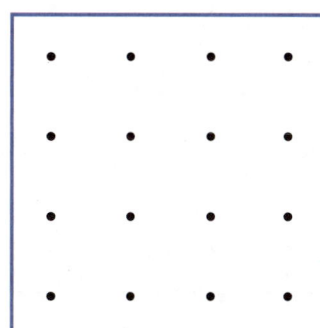

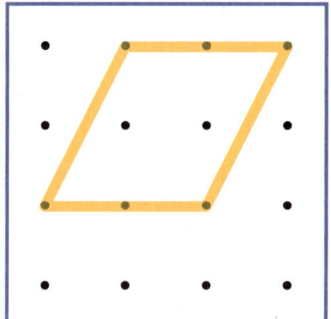 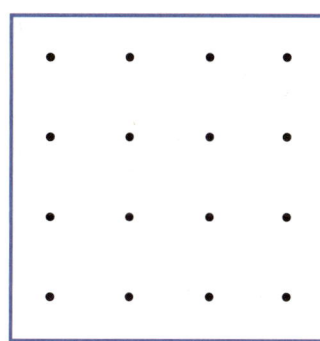

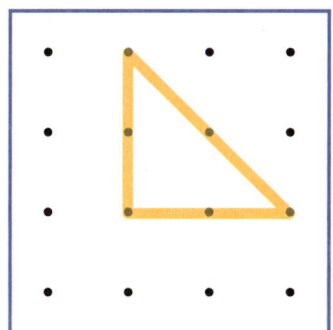

2. 请在右边的点阵中复原左边点阵中的图形。

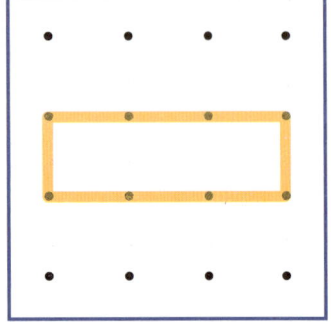 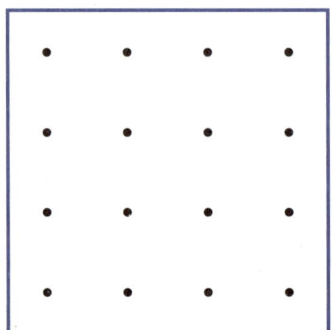

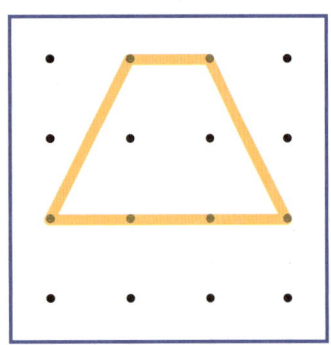 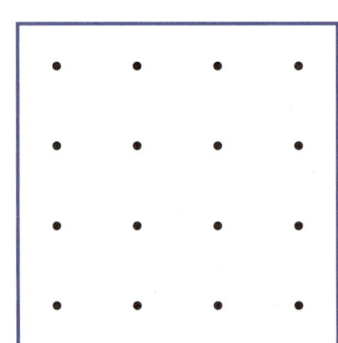

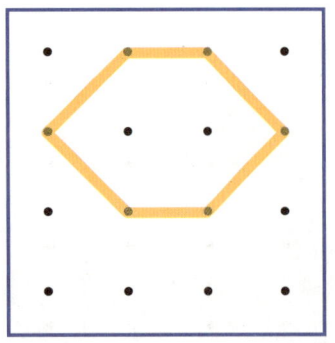 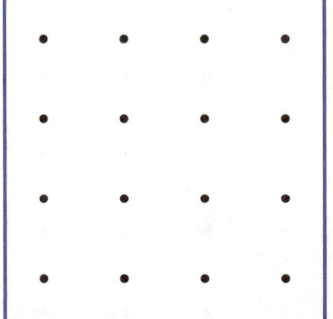

3. 请在右边的点阵中复原左边点阵中的图形。

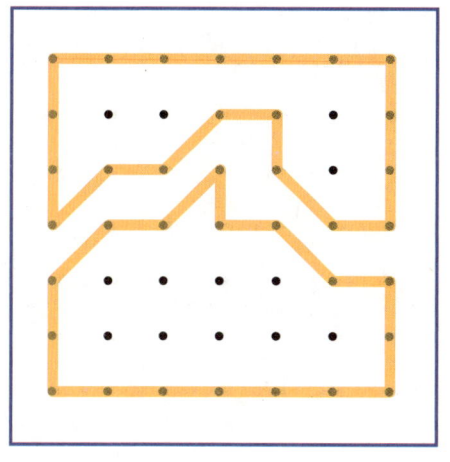 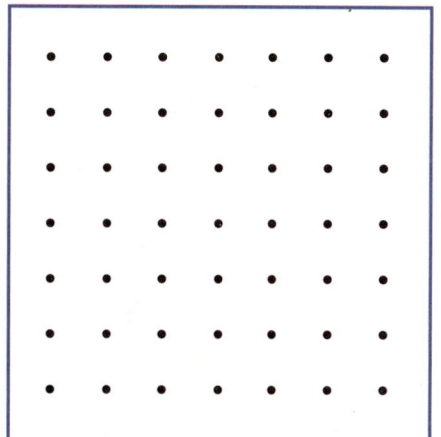

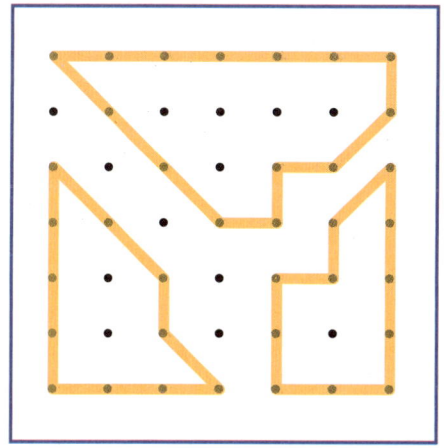 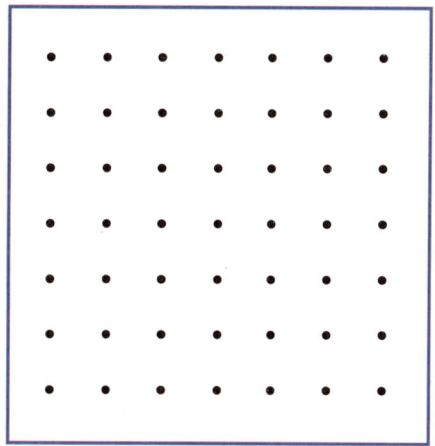

4. 请在右边的点阵中复原左边点阵中的图形。

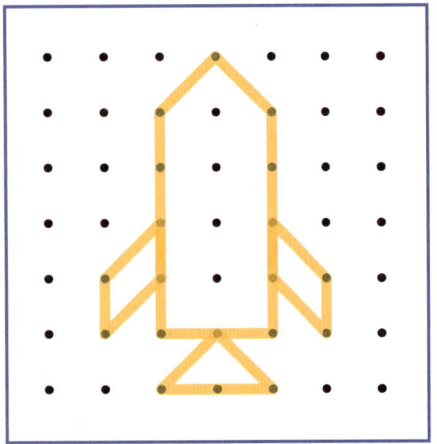
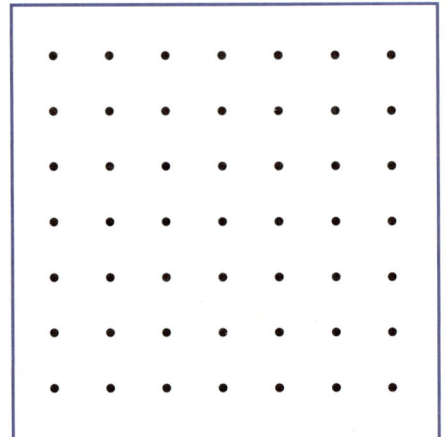

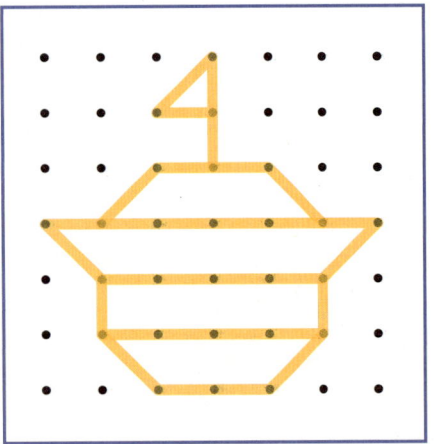
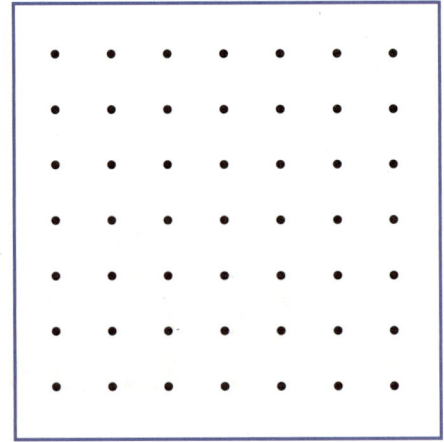

5. 请在右边的点阵中复原左边点阵中的图形。

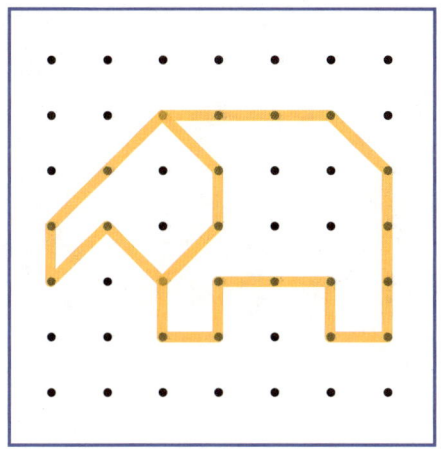 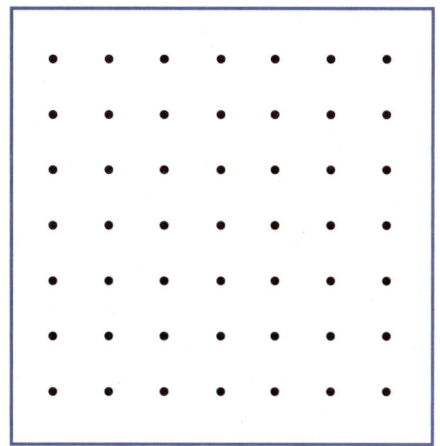

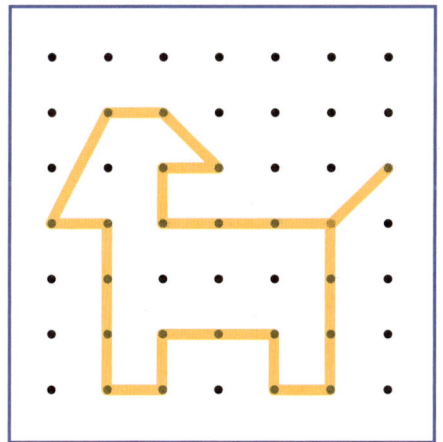 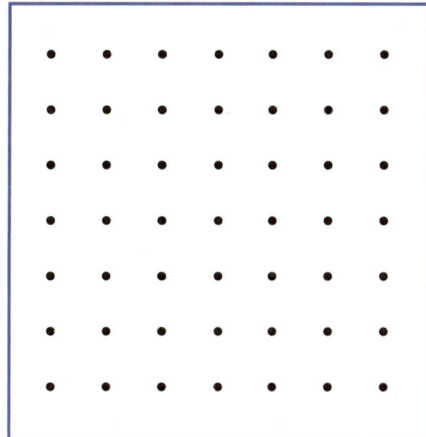

6. 请在右边的点阵中复原左边点阵中的图形。

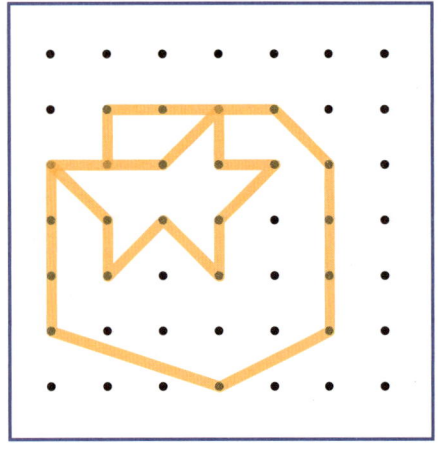 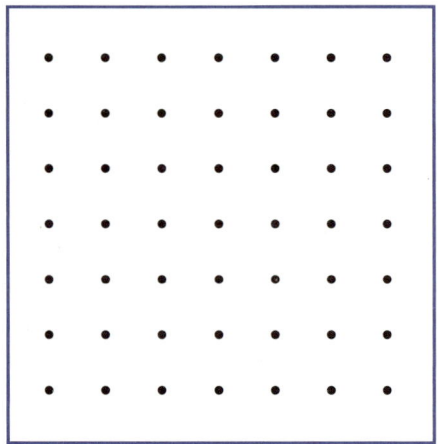

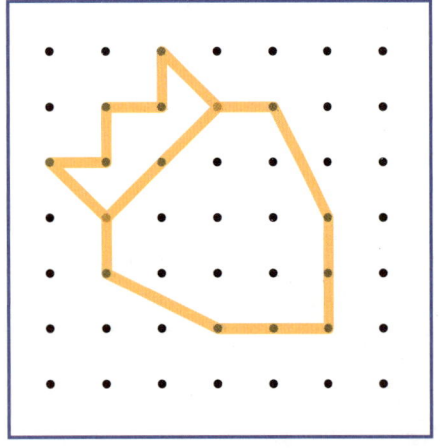 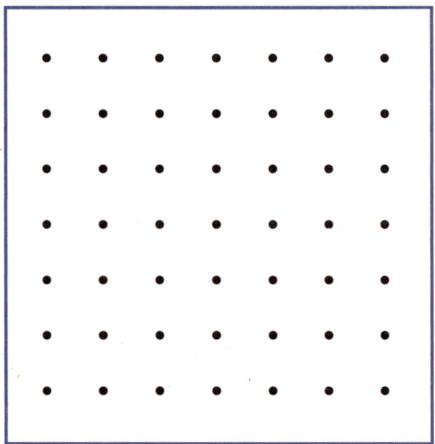

7. 请在右边的点阵中复原左边点阵中的图形。

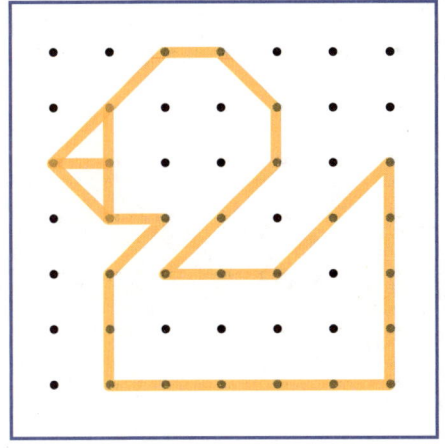
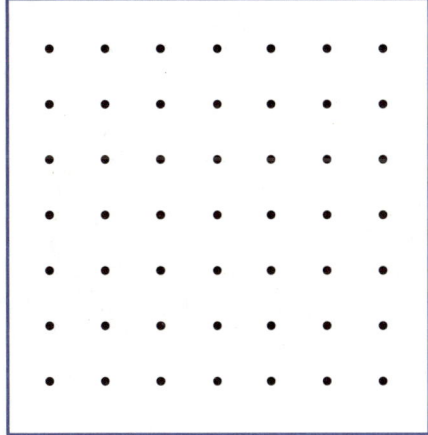

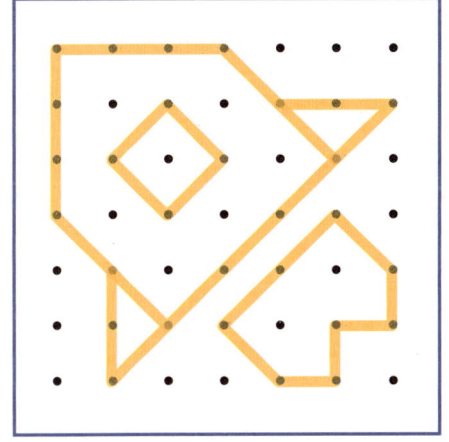
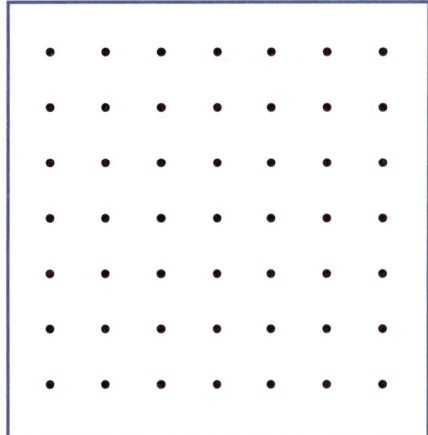

8. 请在右边的点阵中复原左边点阵中的图形。

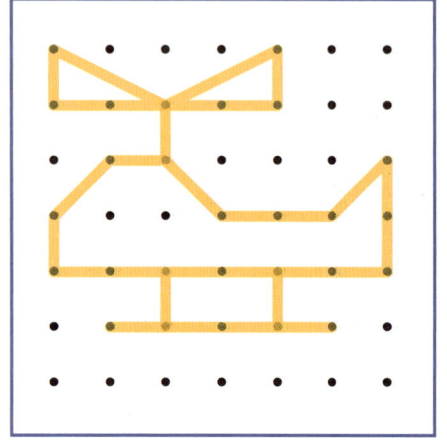
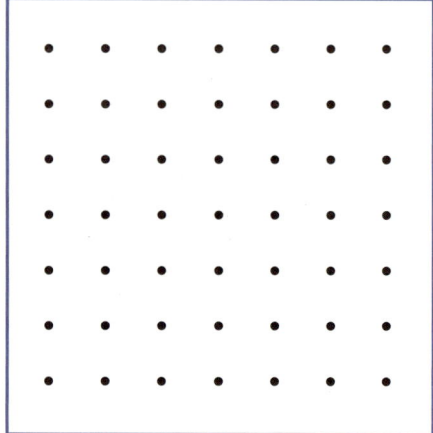

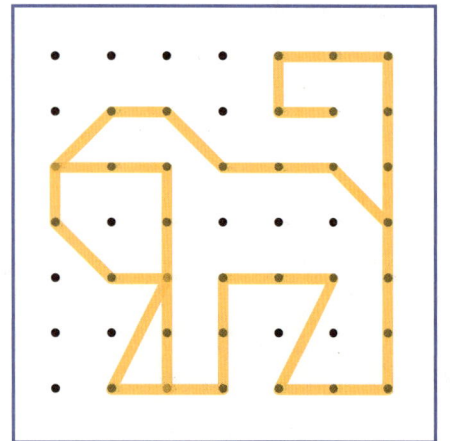
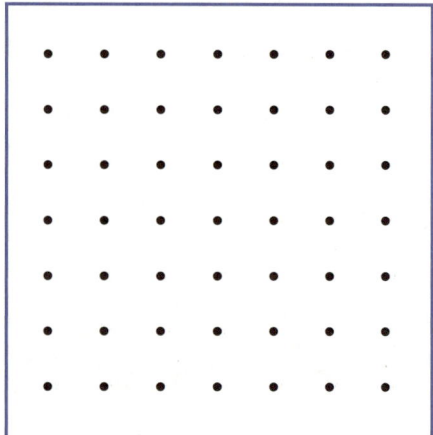

9.请在下面的点阵中复原上面点阵中的图形。

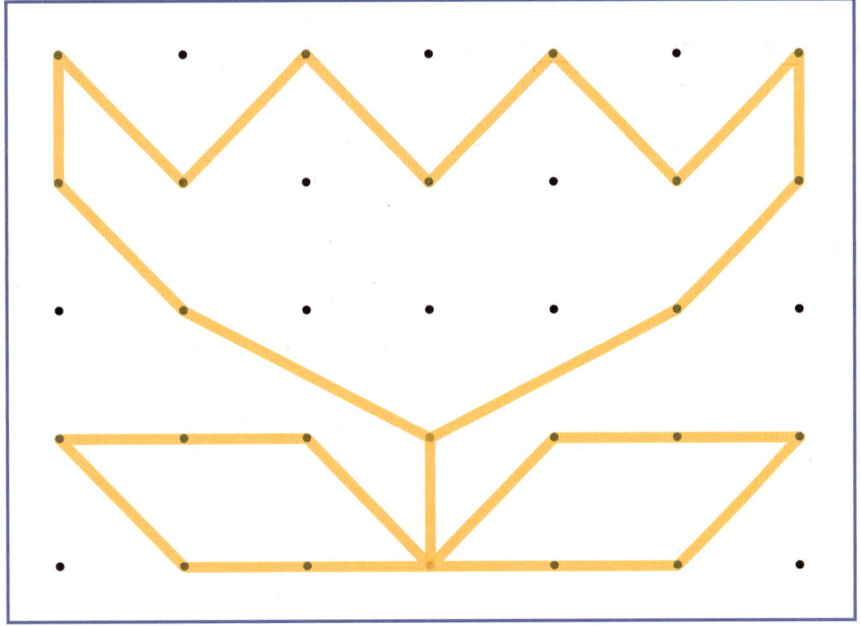

10. 请在下面的点阵中复原上面点阵中的图形。

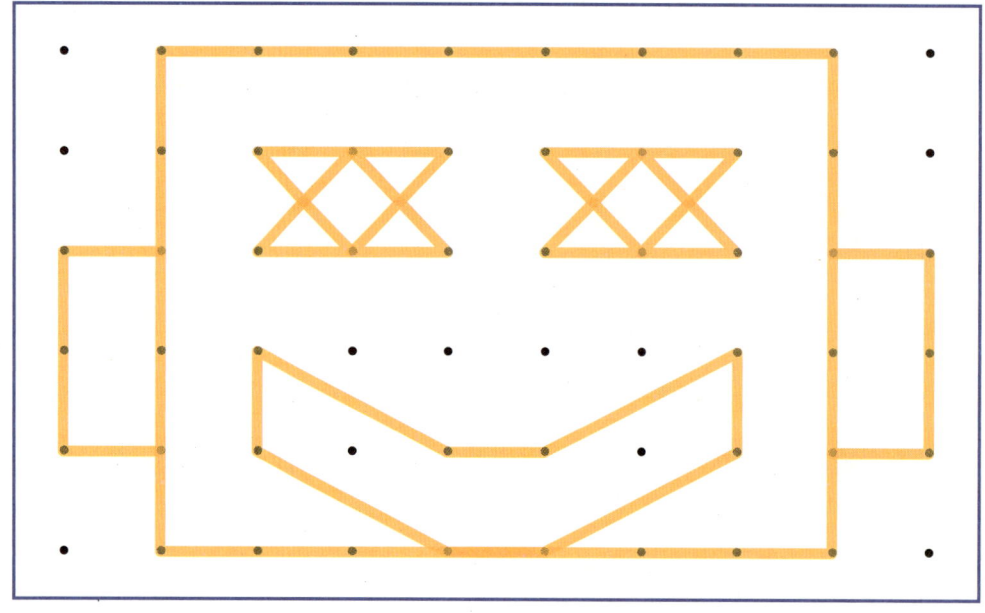

8 认识立体图形

各个部分不在同一平面内的图形是立体图形,生活中常见的立体图形有正方体、长方体、圆柱体、圆锥体……

 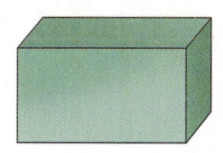 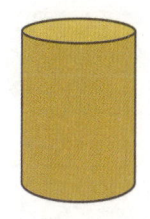 

 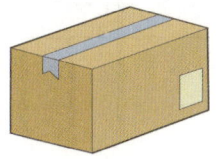  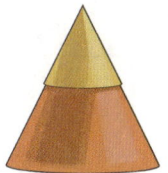

  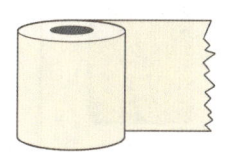 

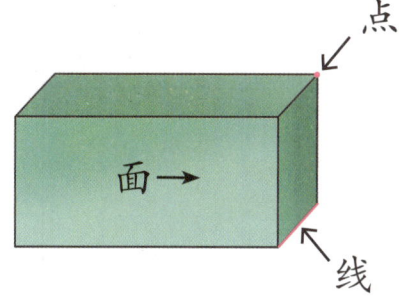

点能形成线,线能组成面,面能构成体。

比如,一个长方体有6个面,12条边,8个顶点。

1. 数一数，下面立体图形有几个面，几条边，几个顶点？

名称	形状	面	边	顶点
长方体		6	12	8
正方体				
三棱锥				
三棱柱				
五棱柱				
六棱柱				

2. 数一数,下面的立体图形各有几个面?把数写下来。

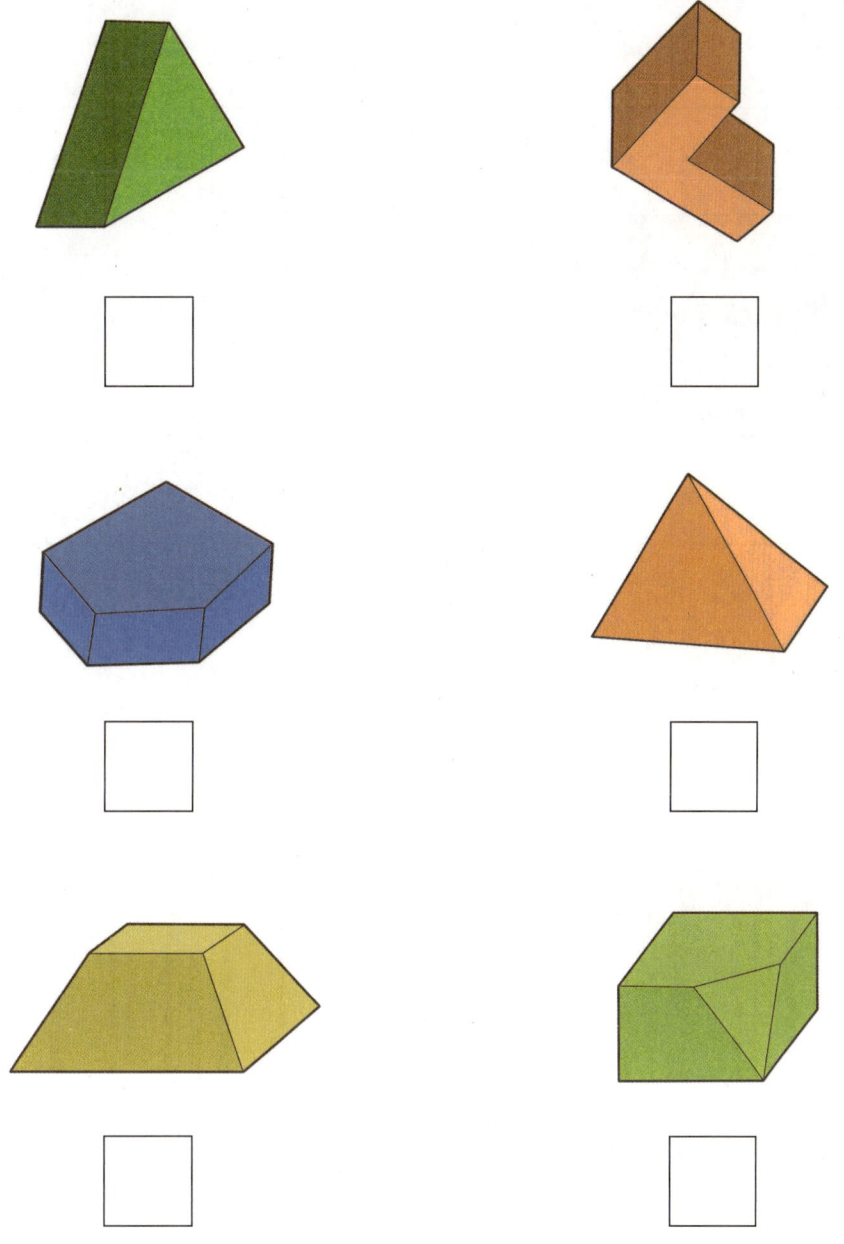

9 在点阵中画立体图形

扫码获取学习资源

1. 请在右边的点阵中复原左边点阵中的立体图形。

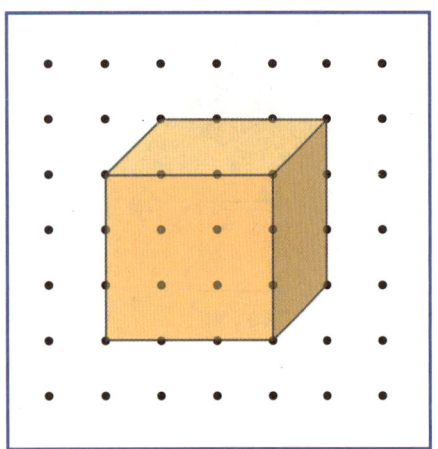
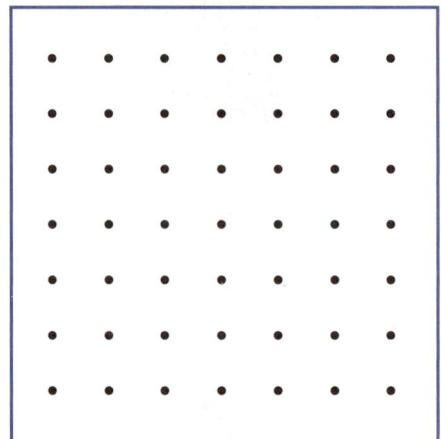

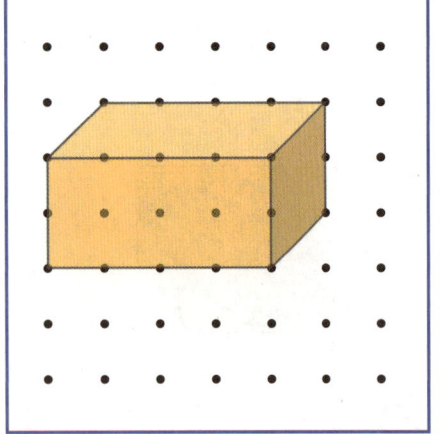
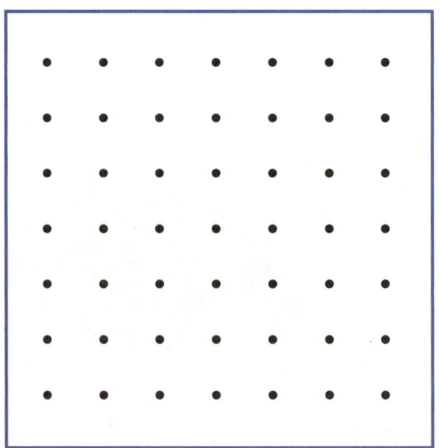

2.请在右边的点阵中复原左边点阵中的立体图形。

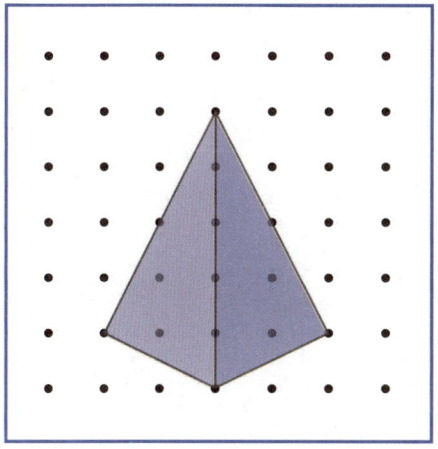 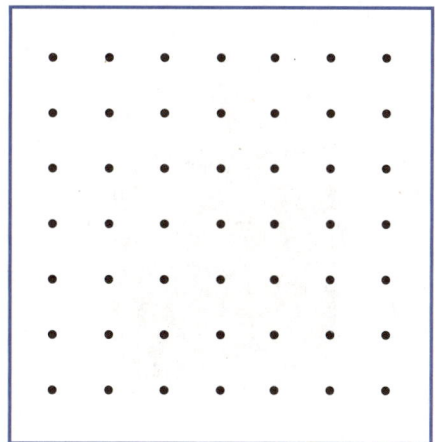

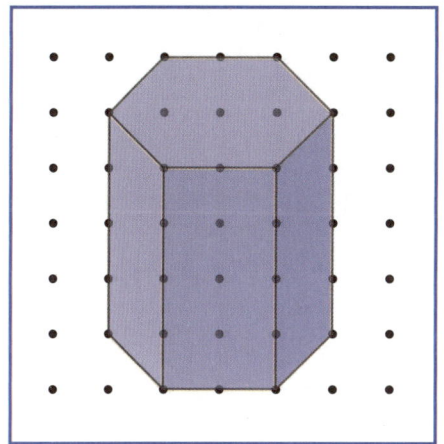 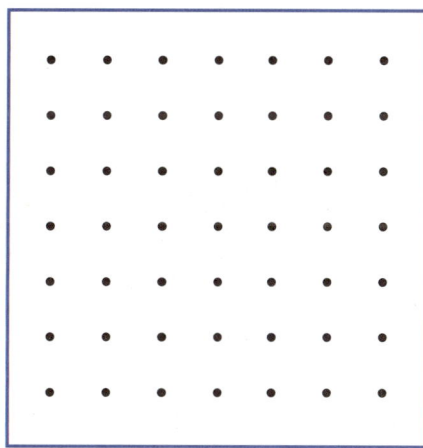

3. 请在右边的点阵中复原左边点阵中的立体图形。

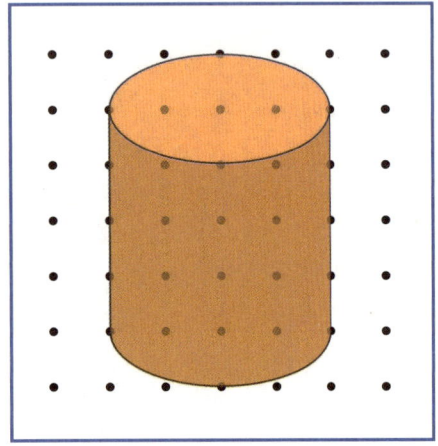
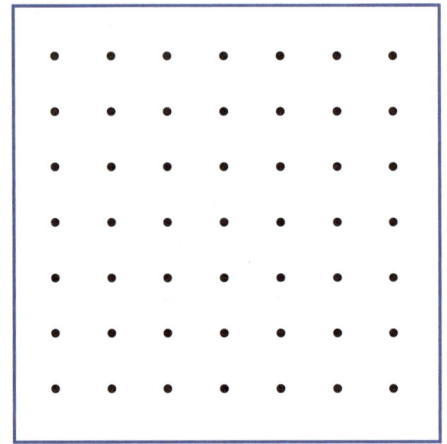

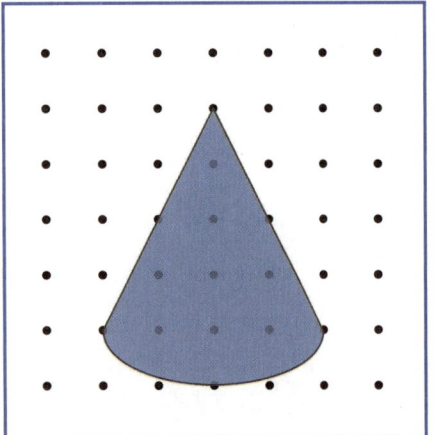
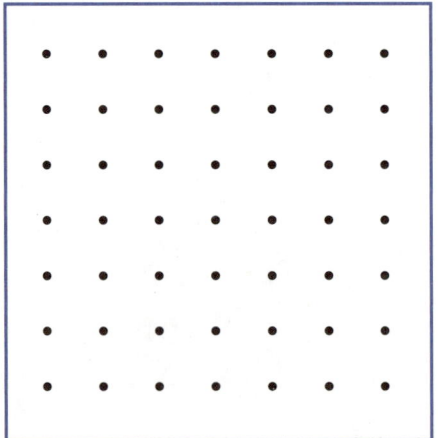

4. 请在右边的点阵中复原左边点阵中的立体图形。

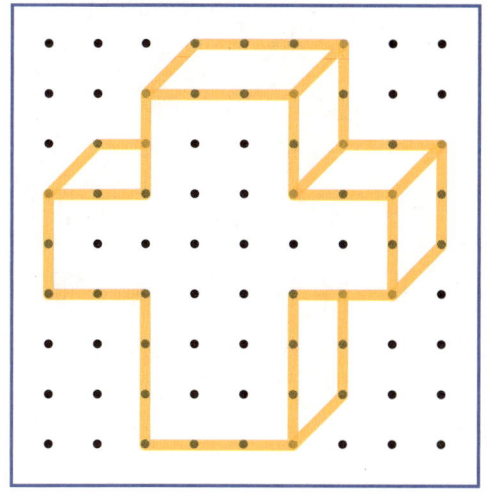
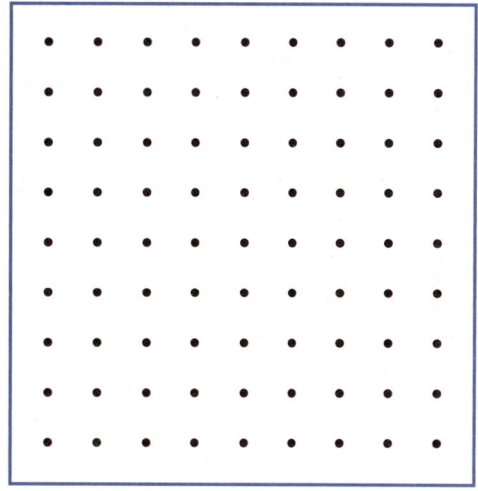

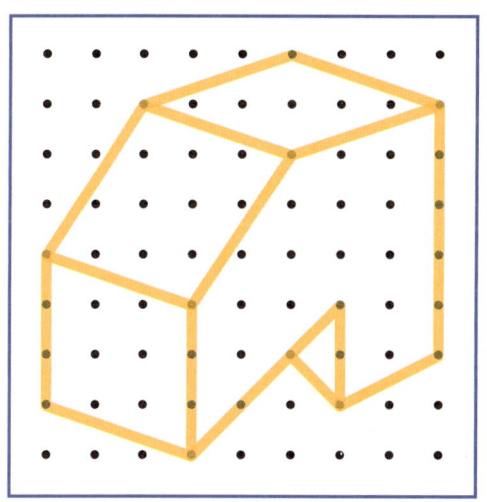
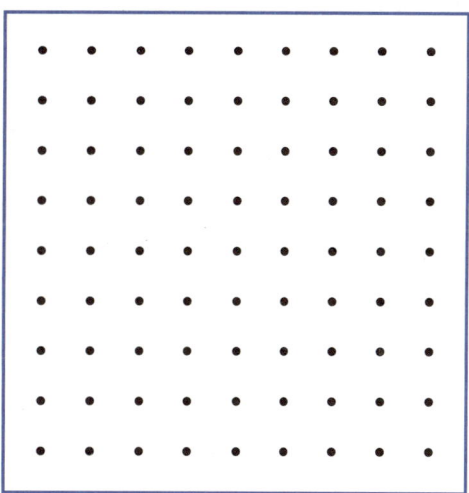

5. 请在右边的点阵中复原左边点阵中的立体图形。

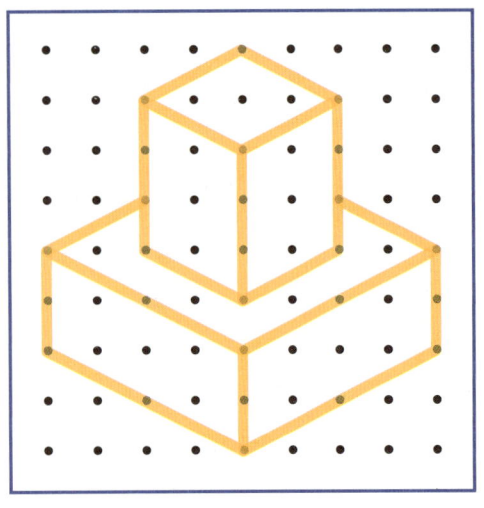 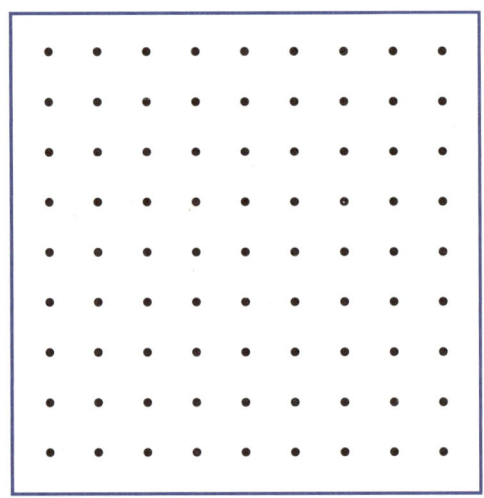

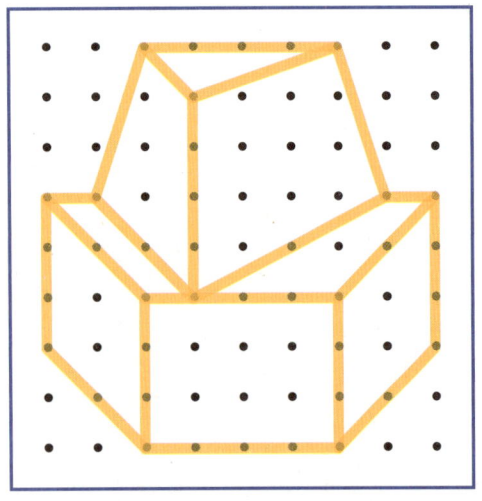 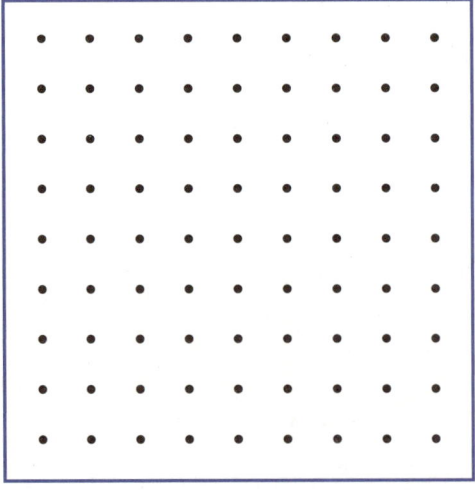

6. 请在右边的点阵中复原左边点阵中的立体图形。

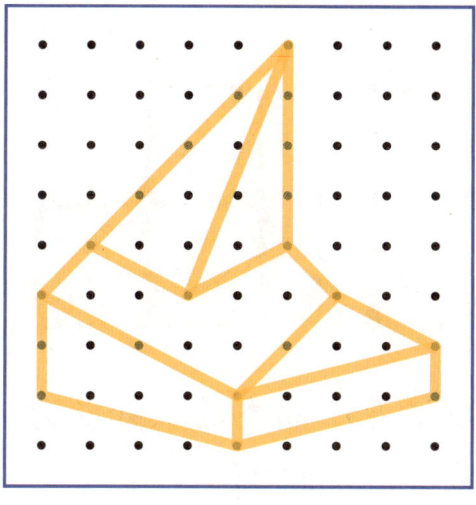 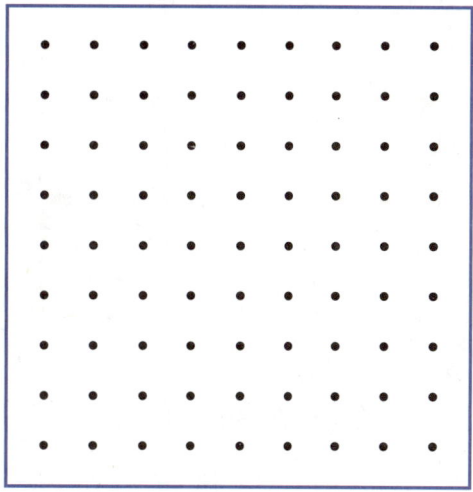

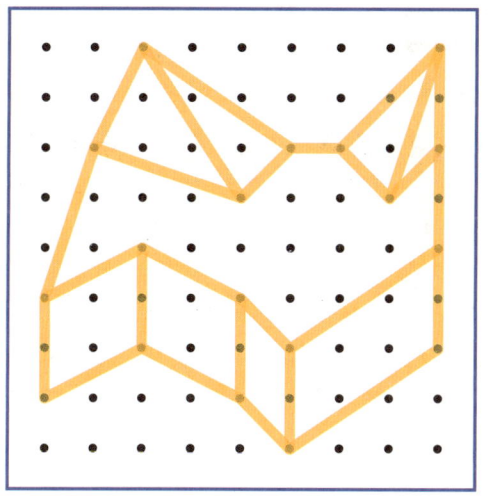 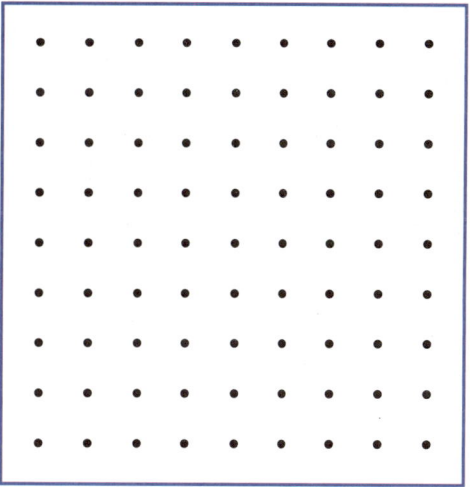

10 玩转火柴棒游戏

扫码获取学习资源

火柴棒拼图的趣味游戏有很多种类型，如常见的拼数学等式、拼图形等。

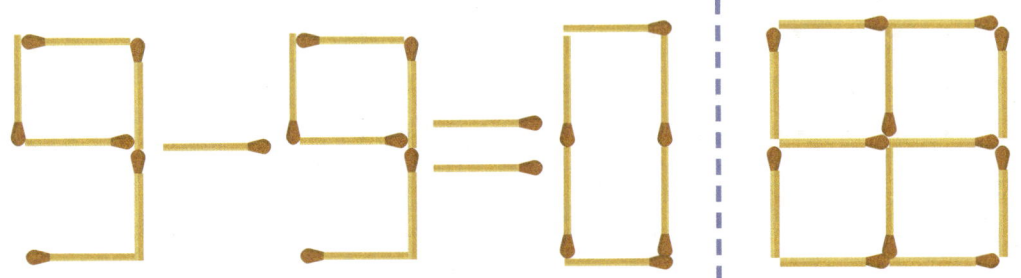

火柴棒游戏有趣，好玩，可以培养小朋友的认知能力、动手能力、逻辑思维能力，还能在互动的过程中增强友情、亲情，这些都是火柴棒游戏的优点和魅力。

$$7-1=2$$

要求只移动1根火柴棒，使上面的等式成立。你会怎么做呢？

想一想，1+1=2，我们可以把7中一根火柴棒拿下来放在"-"号上，使"-"变成"+"，使"7"变成"1"，这样等式就成立了。

$$1+1=2$$

1. 你能行！移动 1 根火柴棒，使下列等式成立。

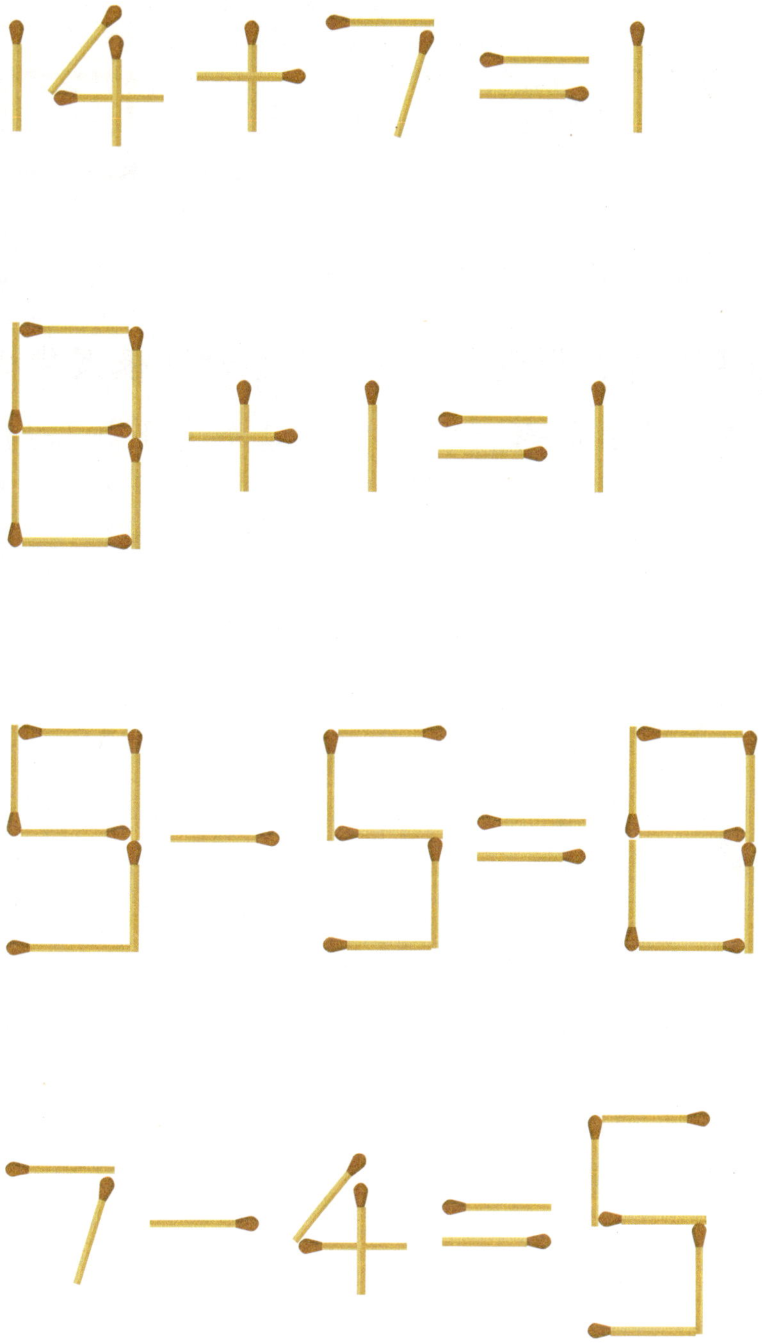

14 + 7 = 1

8 + 1 = 1

9 - 5 = 8

7 - 4 = 5

2. 你能行！挑战下面的火柴棒游戏吧。

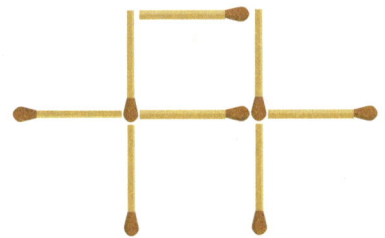

移动 2 根火柴棒，得到 2 个大小相等的三角形。

移动 2 根火柴棒，得到 2 个大小相等的正方形。

移动 2 根火柴棒，让小鱼改变方向。

移动 2 根火柴棒，让椅子正立。

3. 你能行！挑战下面的火柴棒游戏吧。

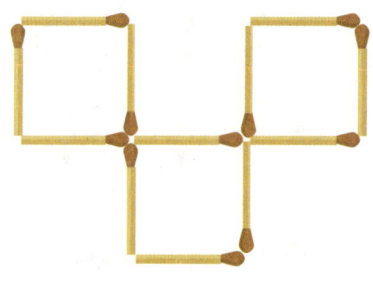

移动 3 根火柴棒，得到 5 个正方形。

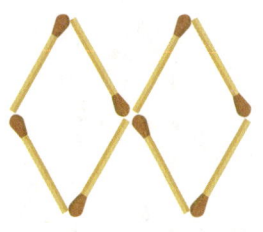

移动 4 根火柴棒，把 2 个小菱形变成 1 个大菱形。

移动 3 根火柴棒，使 2 个杯口朝下。

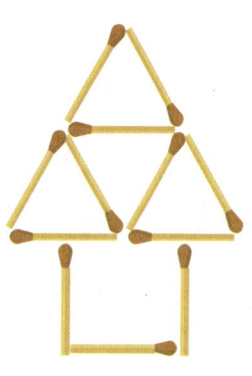

移动 4 根火柴棒，使大树变成 3 棵一模一样的小树。

4. 你能行！挑战下面的火柴棒游戏吧。

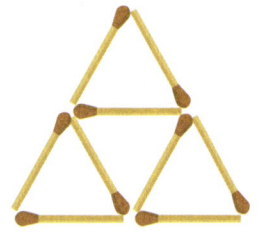

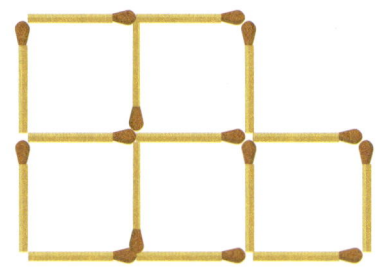

移走 2 根火柴棒，把 5 个三角形变成 2 个三角形。

移走 3 根火柴棒，使它变成 3 个正方形。

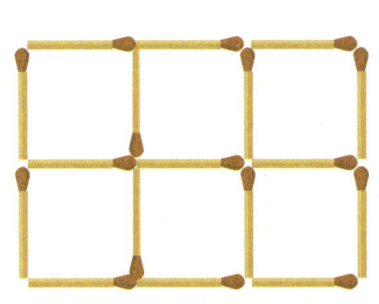

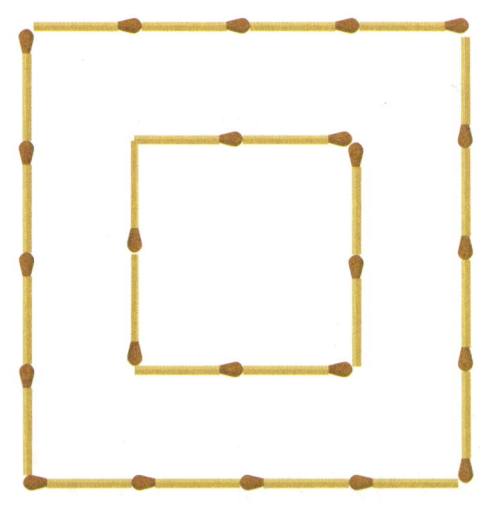

移走 4 根火柴棒，得到 4 个大小相等的正方形。

移动 4 根火柴棒，得到 3 个正方形（大小可以不一样）。

参考答案

1 连点成线 略
2 连点成面

1.
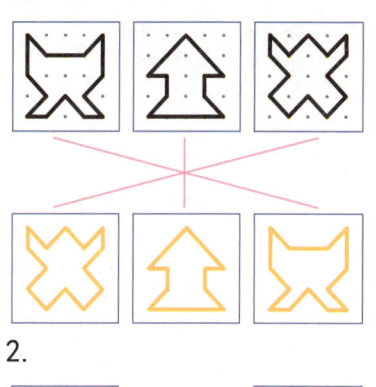

2.
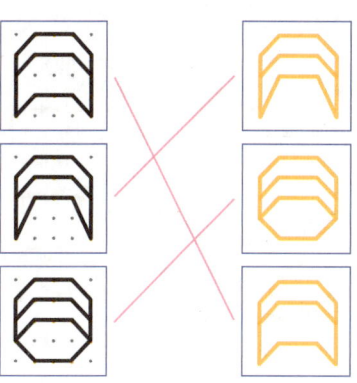

3.
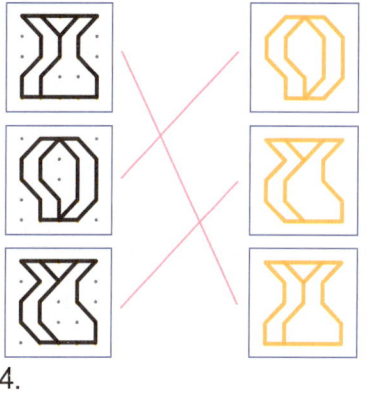

4.
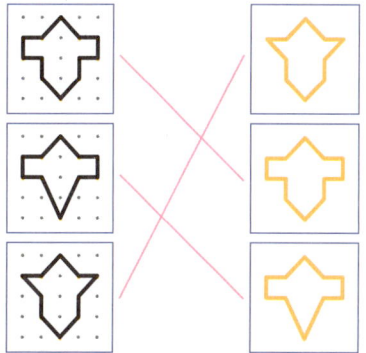

5.

6.
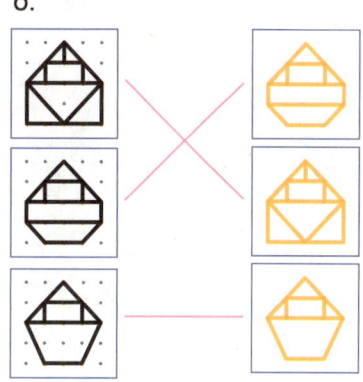

3 连点成画

1. 涂色略

2. 涂色略
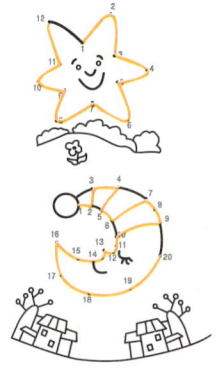

3. 涂色略
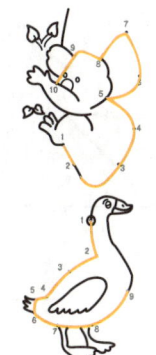

4. 涂色略
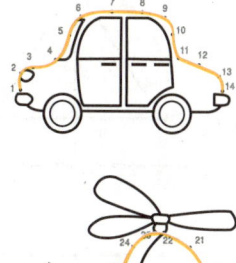

5. 涂色略

6. 涂色略
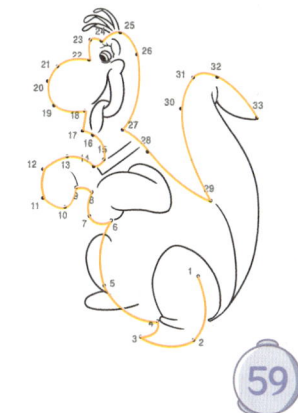

4 点画成图

1. 涂色略

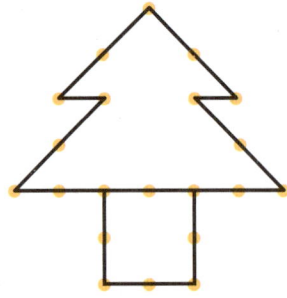

2. 涂色略

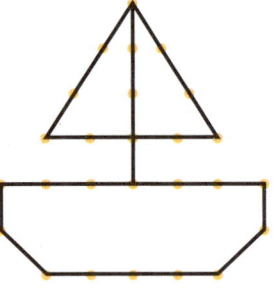

3. 涂色略

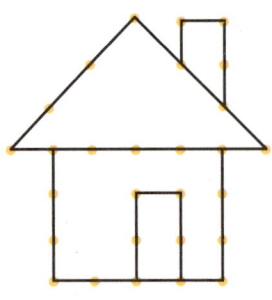

4. 涂色略

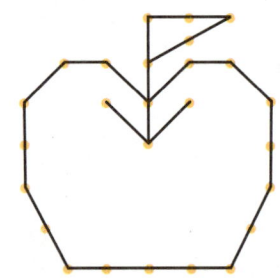

5 圈阵涂色 略

6 认识平面图形

1.

名称	图形	顶点	边	角
正方形		4	4	4
长方形		4	4	4
圆		0	1	0
三角形		3	3	3
五边形		5	5	5
六边形		6	6	6
八边形		8	8	8

2.

10	6
5	4
4	6

7 在点阵中画平面图形 略

8 认识立体图形

1.

名称	形状	面	边	顶点
长方体		6	12	8
正方体		6	12	8
三棱锥		4	6	4
三棱柱		5	9	6
五棱柱		7	15	10
六棱柱		8	18	12

2.

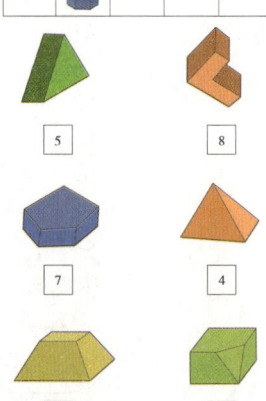

5	8
7	4
6	7

9 在点阵中画立体图形 略

10 玩转火柴棒游戏

1.

$14-7=7$

$8-1=7$

$3+5=8$

$7-4=3$

答案不唯一

2.

答案不唯一

3.

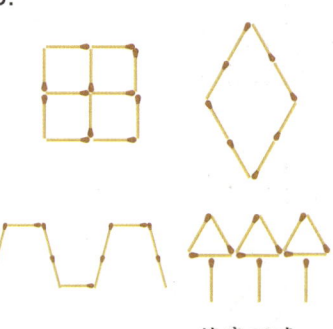

答案不唯一

4.

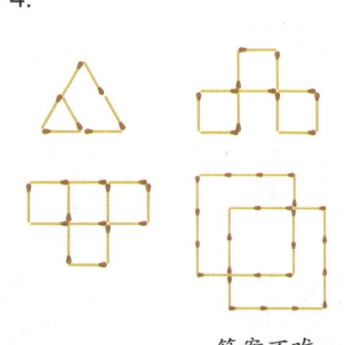

答案不唯一

趣味空间思维
空间语言

STEAM 核心能力

主编　王婧雯

"码"上了解本书

学校：_____

班级：_____

姓名：_____

河南大学出版社
HENAN UNIVERSITY PRESS

·郑州·

前 言

空间思维能力是STEAM［科学（Science）、技术（Technology）、工程（Engineering）、艺术（Arts）、数学（Mathematics）］教育中各学科的共同基础和核心能力。

荣恒"趣味空间思维"训练丛书是一套培养孩子创造力、专注力、逻辑推理能力、观察能力、语言表达能力、绘图能力、空间想象能力等的益智读物。

《空间语言》是其中一本，本书包括空间特征语言、空间方位语言、空间语言描述、根据描述画图和路线导航。

空间特征语言是利用语言来描述现实中物体的形状、颜色等特点。

空间方位语言是对图片中的事物所处的位置利用文字语言进行描述。

根据描述画图是根据文字描述给图片进行涂色、画图，锻炼学生的绘画能力。

路线导航是根据地图或者地铁路线，描述从出发点到目的地的路线。

本书题型多样，图文结合，多方位地培养空间语言，提高孩子的空间思维、逻辑思维以及语言表达能力。

目 录

1. 空间特征语言 ………………… 1
2. 空间方位语言 ………………… 5
3. 空间语言描述 ………………… 18
4. 根据描述画图 ………………… 32
5. 路线导航 ……………………… 45
- 参考答案 ……………………… 57

1 空间特征语言

1. 请你选择合适的句子描述下列图片。

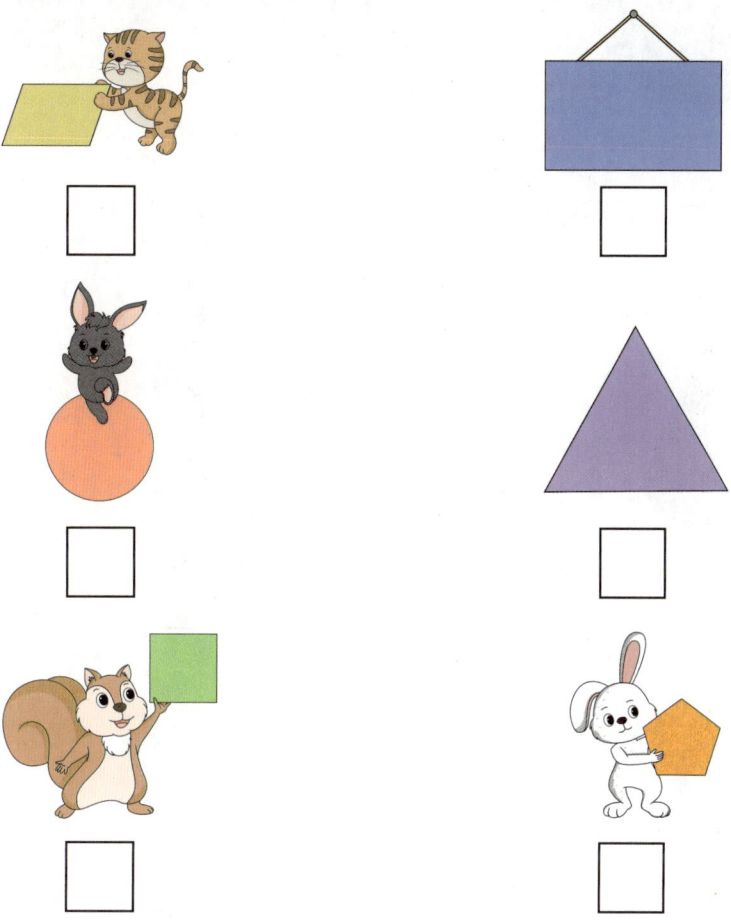

① 一个<u>蓝色</u>的长方形挂在墙上。

② 小松鼠举起一个<u>绿色</u>的正方形。

③ 小猫推着一个<u>黄色</u>的平行四边形向前走。

④ 小灰兔在一个<u>红色</u>的圆形上跳。

⑤ 小白兔拿着一个<u>橙色</u>的五边形。

⑥ 一个<u>紫色</u>的三角形稳稳地站着。

2. 请你选择合适的句子描述下列图片。

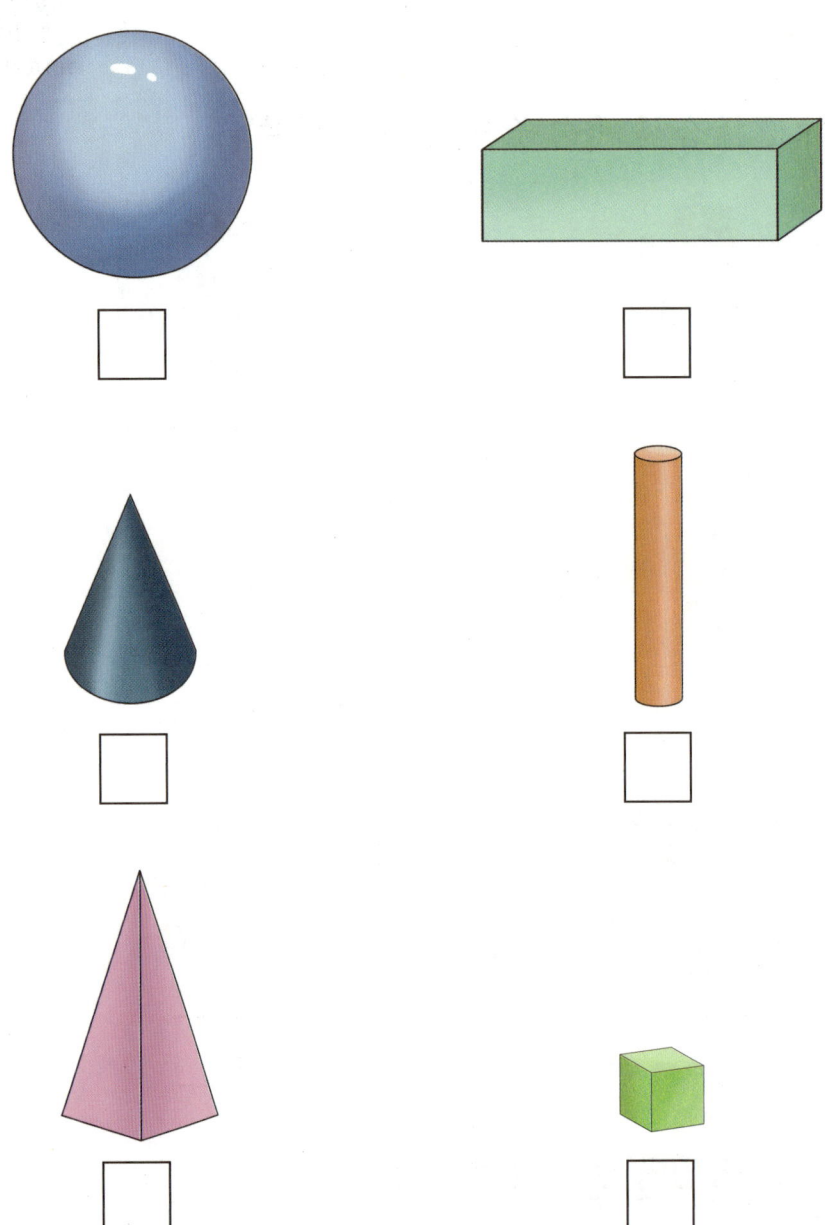

①这是一个圆圆的球。 ②这是一个细长的圆柱。
③这是一个尖尖的圆锥。 ④这是一个长长的长方体。
⑤这是一个小小的正方体。 ⑥这是一个高高的三棱锥。

3. 观察图片,选择合适的词语,并把相应的序号填在横线上。

①宽宽的 ②窄窄的 ③高 ④低

这栋＿＿＿＿钟楼很＿＿＿＿,比周围的树高很多。钟楼旁边有一栋＿＿＿＿蓝房子,比钟楼要＿＿＿＿。

4. 观察图片，选择合适的词语，并把相应的序号填在横线上。

①浅　　②深　　③矮　　④高

长颈鹿很_____，小河的水对于长颈鹿来说很_____。但是斑马比较_____，小河的水对于斑马来说很_____。

2 空间方位语言

扫码获取学习资源

呀,好香呀!是蛋糕的味道。赶紧找,咦,盒子上面没有。

盒子前面也没有,继续找。

盒子后面怎么也没有呀,再找。

盒子旁边也没有,再找找。

两个盒子中间也没有,蛋糕到底在哪儿呢?

终于找到了,原来蛋糕在盒子里面呀。

1. 观察图片，选择合适的词语填空，并把相应的序号填在横线上。

①上面　②前面　③里面　④旁边
⑤中间　⑥后面　⑦远处

公鸡在小木屋的_____。　　奶牛在小木屋的_____。
小猪在小木屋的_____。　　红马在小木屋的_____。
拖拉机在小木屋的_____。　风车在小木屋的_____。
农夫在小猪和绵羊的_____。

2. 观察图片，根据要求选出正确的答案。

（1）哪些动物在格子的顶部？圈一圈。

（2）哪些动物在格子的底部？圈一圈。

3. 观察图片，根据要求选出正确的答案。

（1）哪些玩具在格子的左侧？圈一圈。

（2）哪些玩具在格子的右侧？圈一圈。

4. 观察图片，根据小猫咪的位置连线。

 在右边

在里面

 在上面

在下面

 在后面

在前面

5. 观察图片，把正确空间方位词的序号填在横线上。

①里面　②上面　③下面
④前面　⑤后面　⑥旁边

老鼠睡在床的 _____ 。

老鼠躲在桌子的 _____ 。

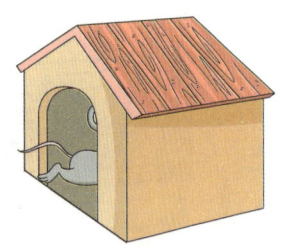
老鼠跑到房子的 _____ 。

老鼠站在石头的 _____ 。

老鼠在门的 _____ 偷看。

老鼠睡在小鸭子的 _____ 。

6. 下面的句子中,有哪些是表示空间方位的词?请圈出来。

小女孩在树的远处给小草浇水。　　小朋友坐在爸爸的后面。　　各种各样的鱼生活在海底。

秋天到了,大雁南飞。　　汽车在宽宽的马路上行驶。　　小男孩抱着南瓜站在树的旁边。

两只小熊站在两棵树的中间。　　小松鼠藏在树洞的里面。　　小朋友惊慌地躲在桌子的下面。

7. 根据提示，把下列图片的序号填在对应的方格里。

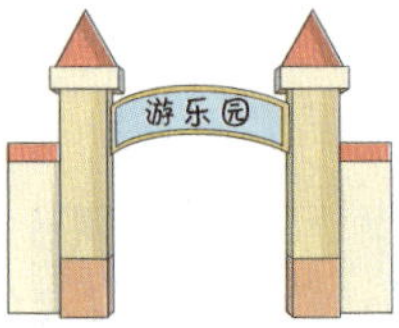

①

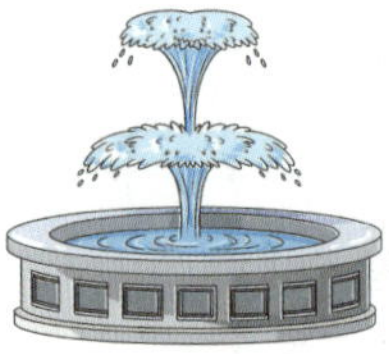

②

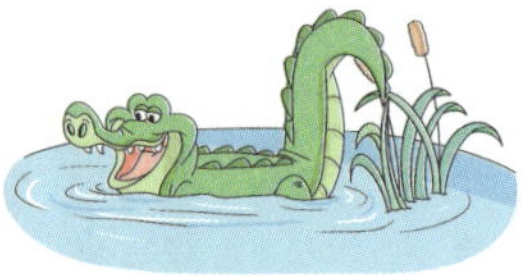

③

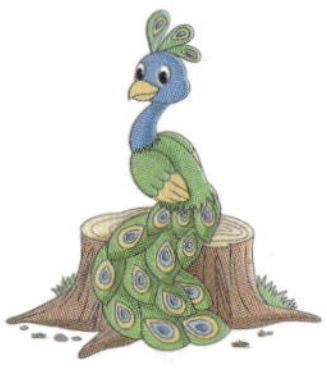

④

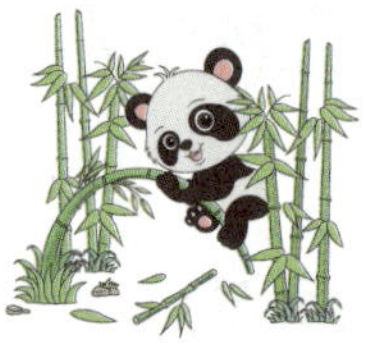

⑤

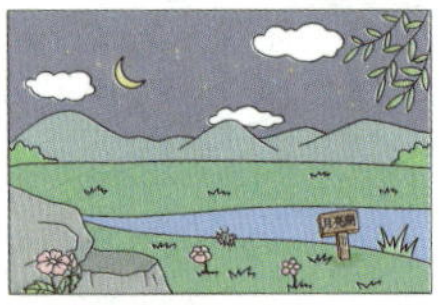

⑥

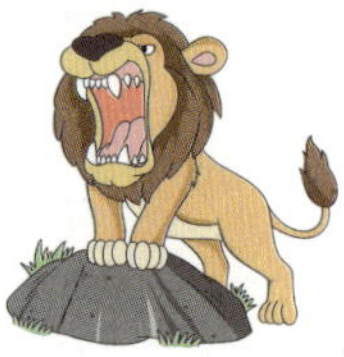

⑦

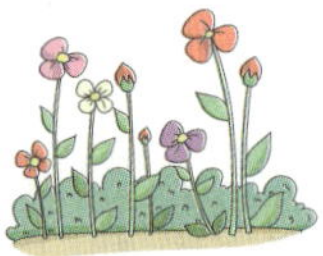

⑧

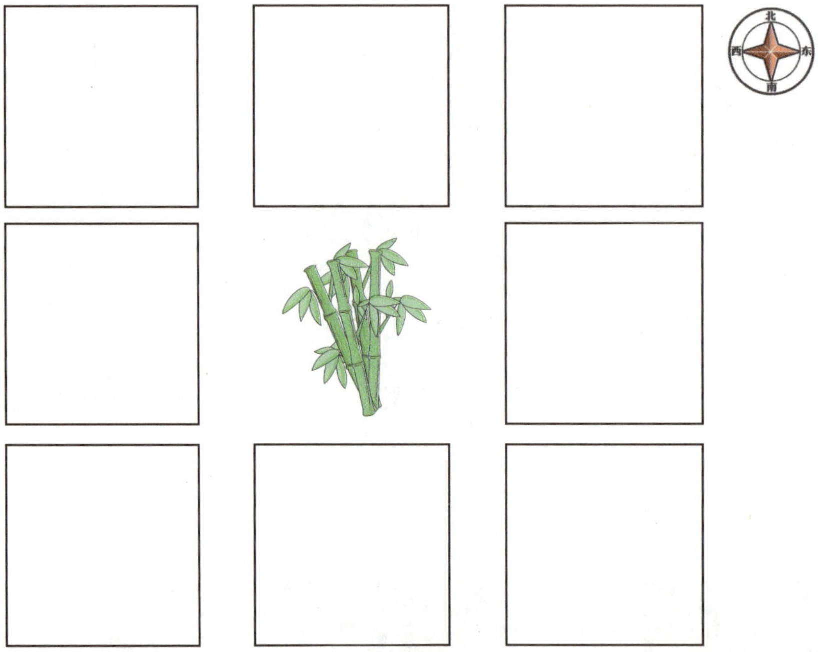

●熊猫馆在竹林的东边。 ●月亮湖在竹林的西边。

●鳄鱼池在月亮湖的北边。 ●孔雀园在熊猫馆的北边。

●喷泉在月亮湖的南边。 ●花园在孔雀馆的西边。

●狮子馆在熊猫馆的南边。 ●大门在喷泉的东边。

8. 观察图片，选择正确的空间语言，并把相应的序号填在横线上。

①箱子里　②树桩后面　③远远的
④旁边　　⑤树上　　⑥中间

小松鼠离池塘_____。

小松鼠把玩具放进_____。

小松鼠安静地站在_____。

小松鼠爬到_____摘坚果。

小松鼠在两排大树_____。

小松鼠抱着坚果站在小女孩_____。

9. 观察图片，选择正确的空间语言，并把相应的序号填在横线上。

①边缘　　②桌子下　　③对面
④沙发上　　⑤树后面　　⑥窗台上

小猫把毛球丢到_____。　　小猫趴在_____睡着了。

小猫在小河_____钓鱼。　　小猫躲在_____。

小猫坐在小狗的_____。　　小猫跳到_____。

10. 读一读，写一写。

离我们很近的东西，它看起来很大。

离我们很远的东西，它看起来很小。

太阳看起来很小，是因为太阳离我们很远。　　星星看起来很小，是因为星星离我们很远。

当大树离我们很远时，它看上去很小。　　当大树离我们很近时，它看上去很大。

为什么房子看上去很小，稻草人看上去很大？

11. 下面是不同的行程。请你按从远到近的距离排序。

①开车去郊区野餐

②坐高铁去北京

③步行去学校上课

④坐飞机去旅游

⑤坐飞船到太空漫游

⑥蚂蚁搬家

☐ > ☐ > ☐ > ☐ > ☐ > ☐

12. 观察图片，选择正确的空间语言，把相应的序号填在横线上。

①后面　②边缘　③周围　④前面
⑤上面　⑥中间　⑦一起

鸭妈妈的_____有一只小青蛙，它坐在荷叶_____。

鸭妈妈的_____有几只小鸭子在快乐地游玩。

池塘_____各种各样的花盛开着，花的_____聚集了蝴蝶和七星瓢虫。

两棵大树_____有两只小鹿坐在_____。

3 空间语言描述

扫码获取学习资源

1. 下面有四句话，请仔细阅读，看看分别描述的是哪个图形。

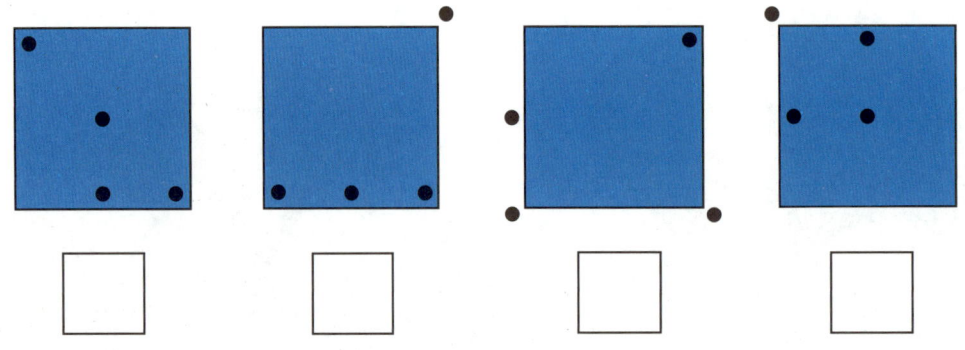

① 一个小黑点在正方形外右上角顶点处；另外三个小黑点在正方形里面，靠近下面的一条边一字排开。

② 一个小黑点在正方形里右上角顶点处；另外三个小黑点在正方形的外面，其中两个在下面两个顶点处，剩下的一个位于左侧边的中间。

③ 正方形里面有三个点，其中一个点在正方形正中间，左侧边中间有一个点，上面一条边中间也有一个点；正方形外面的一个点在左上角顶点处。

④ 四个小黑点都在正方形的内部，其中两个分别在正方形的左上角顶点处和右下角顶点处，还有一个在正方形的正中间，最后一个在下面的一条边中间。

2. 仔细阅读下面的文字，选择符合描述的图形。

三角形里面有三个小黑点，一个在上面的顶点处，一个在左侧边的中间位置，还有一个在底边右顶点处；三角形外面还有一个小黑点，在底边的中间位置。

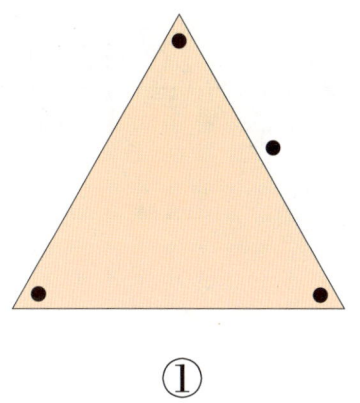

①

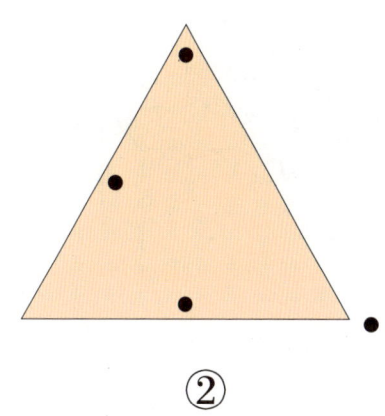

②

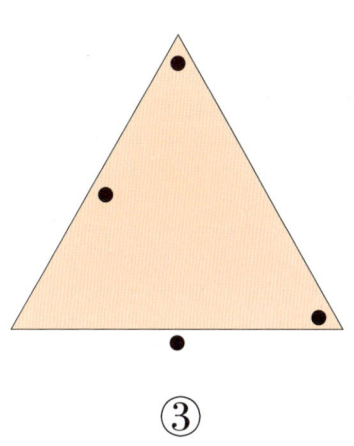

③

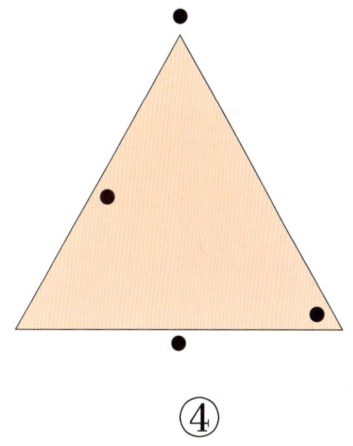

④

3.仔细阅读下面的描述，选择符合描述的图形。

有一个方块积木，它的左后方、右后方各有一个方块积木，这三个方块积木连在一起，但是没有面对面贴在一起。

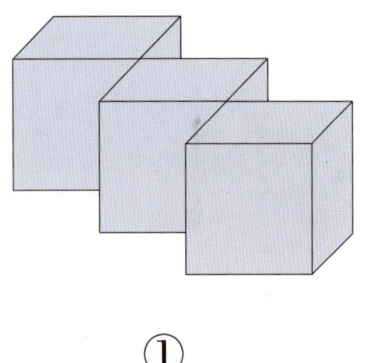

①

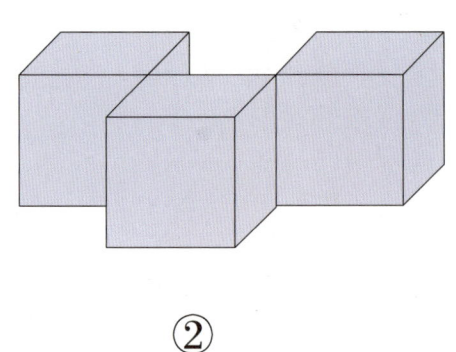

②

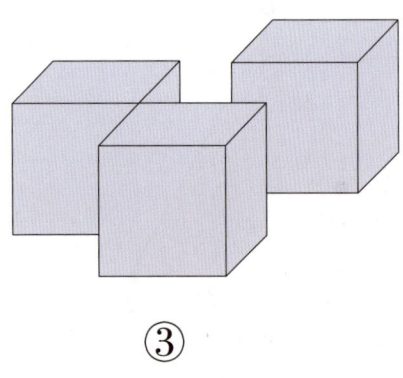

③

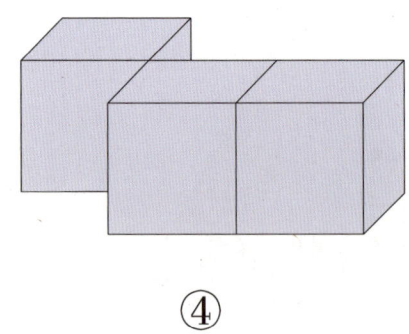

④

4.仔细阅读下面的描述，选择符合描述的图形。

有四个方块积木，其中两个并排拼在一起，另一个叠放在靠左边的一个方块积木上，最后一个方块积木与这三个分开。

☐

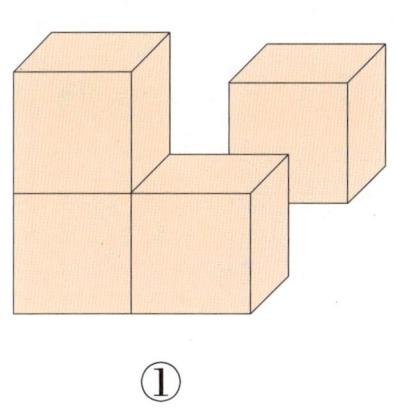

①

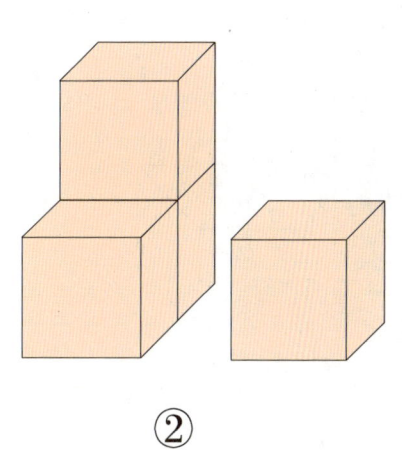

②

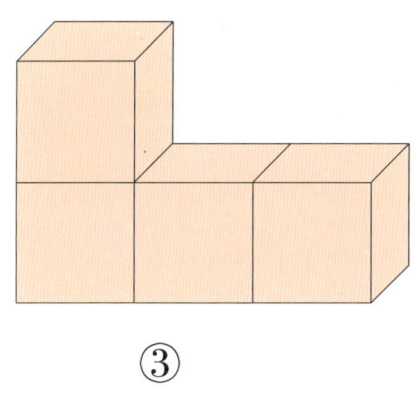

③

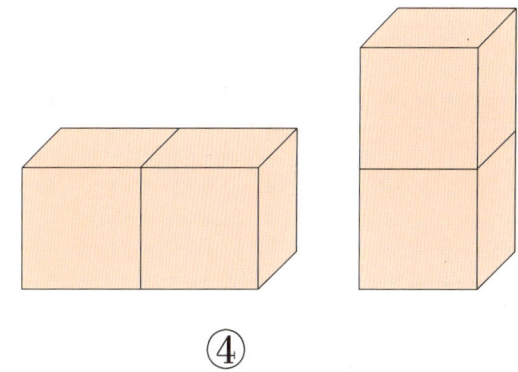

④

5. 仔细阅读下面的描述，选择符合描述的图形。

三个方块积木向上叠加直立着，左边不远处有三个方块积木横着拼在一起。

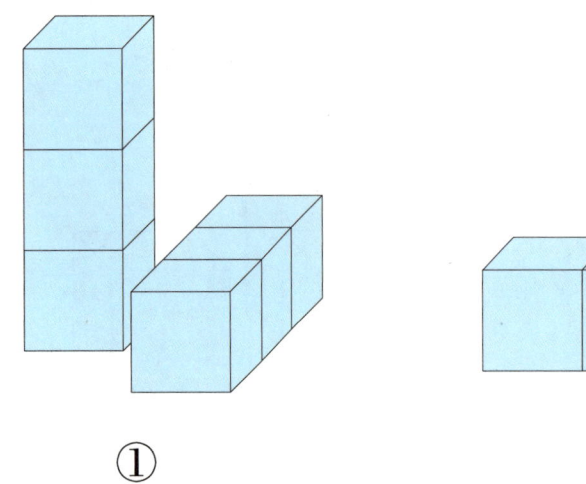

① ②

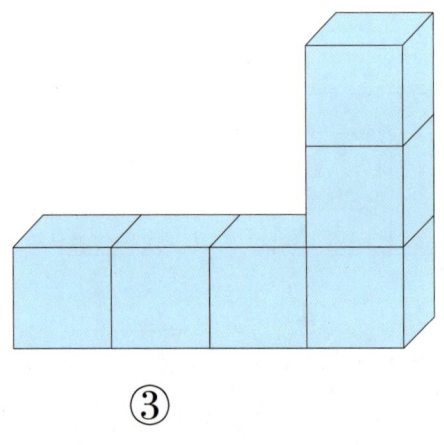   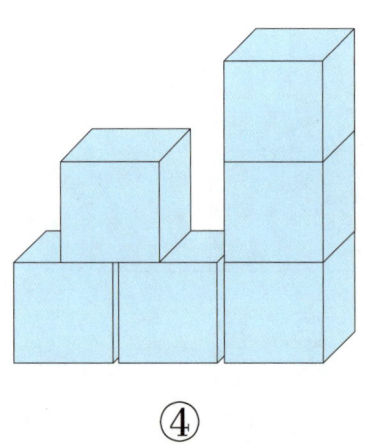

③ ④

6.仔细阅读下面的描述,选择符合描述的图形。

三个方块积木并排拼在一起,前面不远处有两个方块积木叠放在一起。

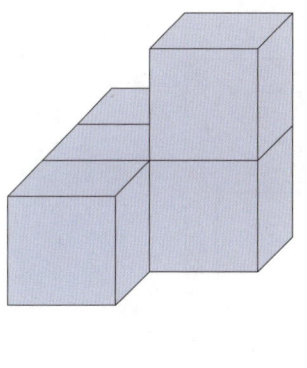

①

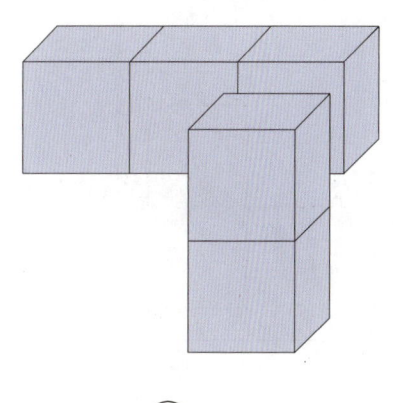

②

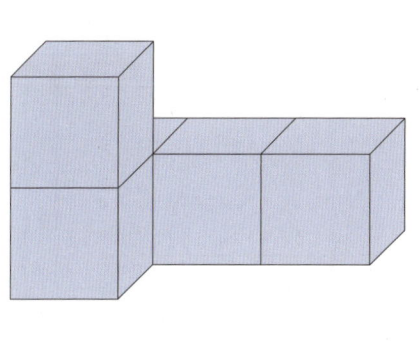

③

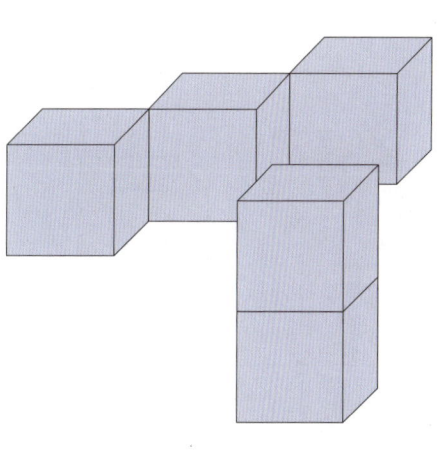

④

7.仔细阅读下面的描述,选择符合描述的图形。

有一个方块积木,它的后面有三个方块积木叠放在一起,旁边有两个方块积木叠放在一起,而且都是面对面贴在一起。

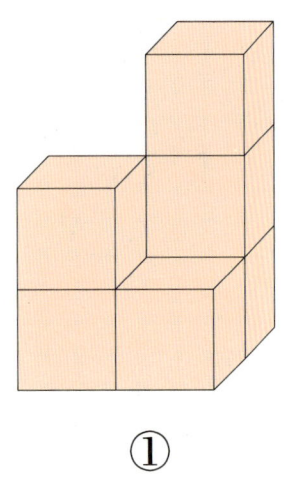

①

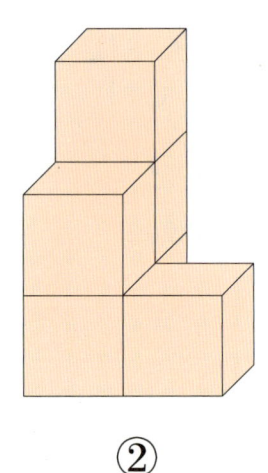

②

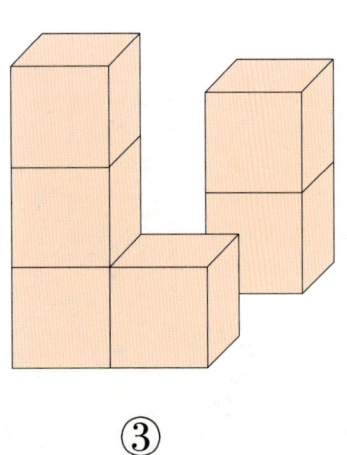

③

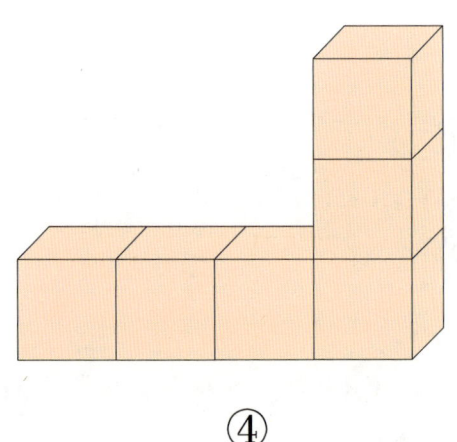

④

8. 仔细阅读下面的描述，选择符合描述的图形。

三个方块积木彼此分开，中间的那个方块积木上又叠放了一个，还有两个方块积木将它们连在一起，但是没有面对面贴在一起。

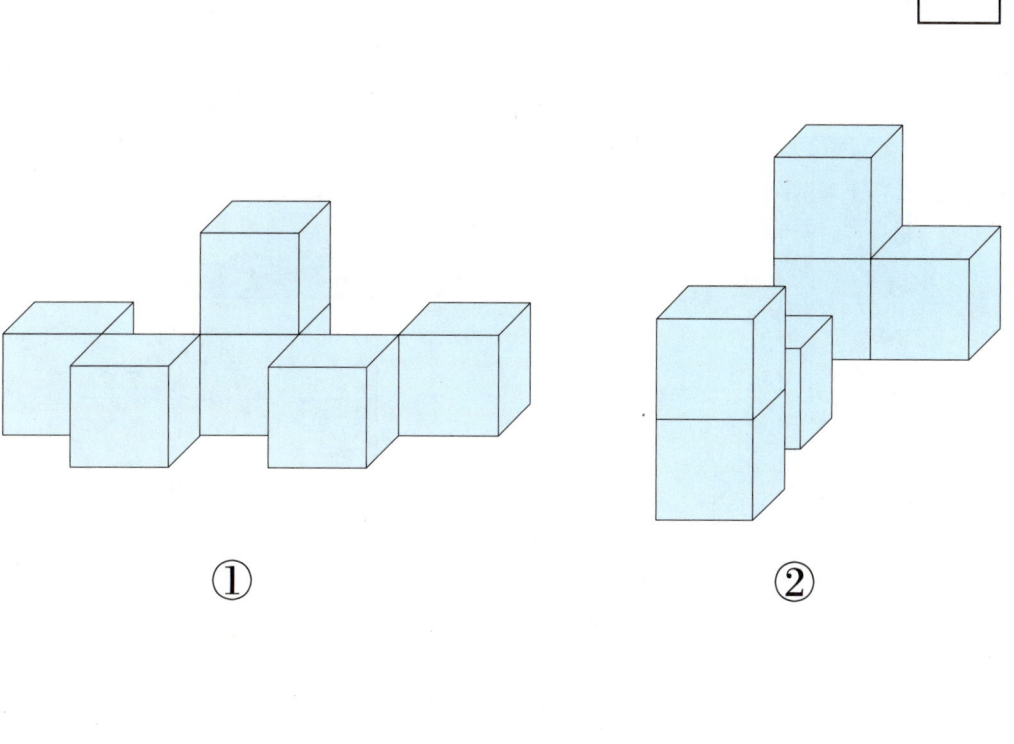

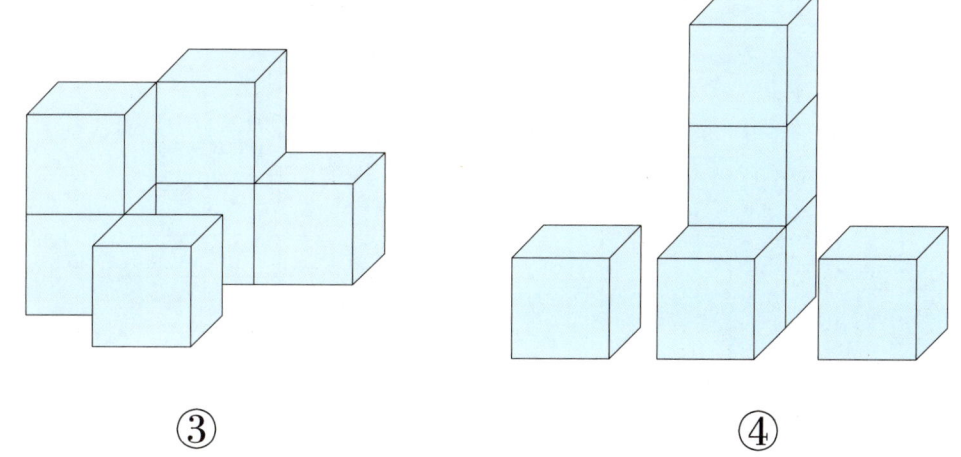

9.仔细阅读下面的描述,选择符合描述的图形。

最下面一层有四个方块积木并排拼在一起,第二层靠右有三个方块积木并排拼在一起,第三层靠左有两个方块积木并排拼在一起,最上面一层有一个方块积木靠左放着。

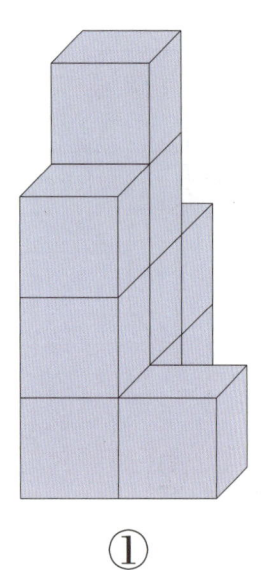

①

②

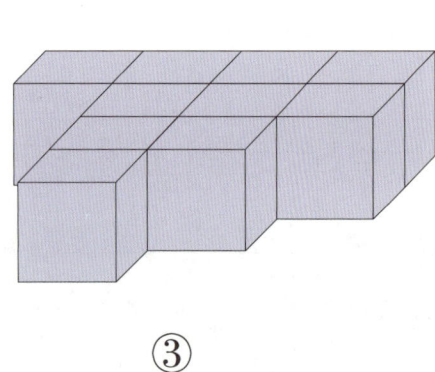

③

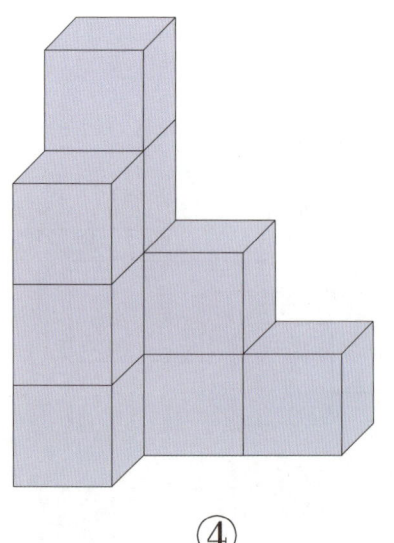

④

10. 仔细观察图片，回答下面的问题。

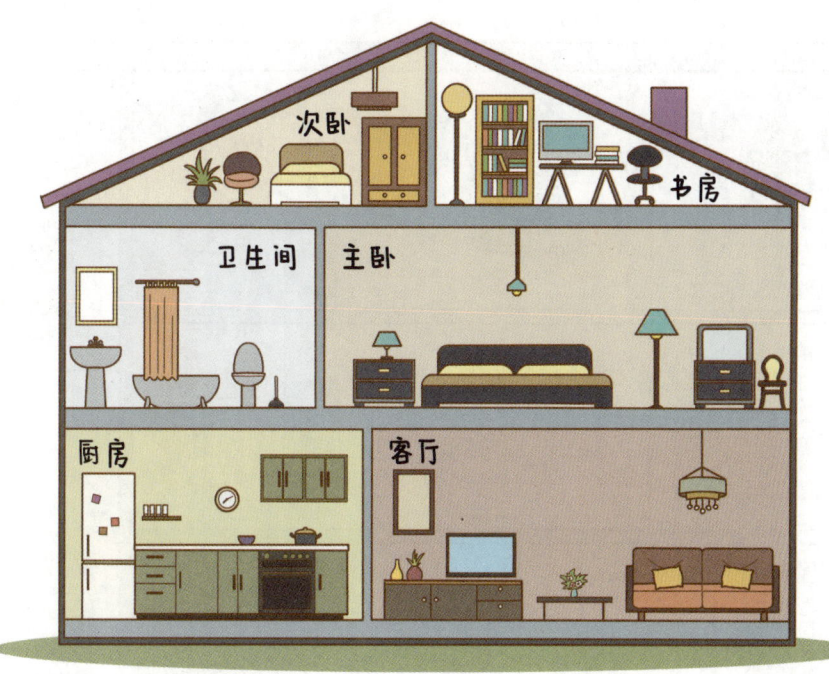

（1）这套房屋的第一层右侧是什么房间？

_____

（2）这套房屋的顶层左侧是什么房间？

_____

（3）卫生间在房屋的什么位置？

_____

（4）这套房屋的第一层左侧是什么房间？

_____

（5）书房在房屋的什么位置？

_____

（6）这套房屋的第二层右侧是什么房间？

_____

11. 仔细观察图片，回答下面的问题。

（1）卖首饰的地方在超市的什么位置？
_____

（2）超市第二层中间卖什么商品？
_____

（3）如果你要买些蔬菜，你要去哪儿？
_____

（4）停车场在超市的什么位置？
_____

（5）卖化妆品的地方在超市的什么位置？
_____

12. 仔细观察图片，回答下面的问题。

（1）碰碰车在游乐场的什么位置？

_____

（2）游乐场大门的西边是什么？

_____

（3）摩天轮在游乐场的什么位置？

_____

（4）过山车在恐龙乐园的什么位置？

_____

（5）游乐场的中心是什么？

_____

（6）鬼屋在旋转木马的什么位置？

_____

13. 仔细观察图片，选择合适的词语将森林康养营地的路线介绍文字补充完整。

①西南　②旁边　③左边　④向右　⑤东边
⑥向左　⑦西北　⑧北边　⑨对面　⑩南边

进入营地入口，____是一个停车场，停车场的____有一个自驾车营地，刚好在营地入口的北边。从营地入口沿着向东的道路走，然后____转弯沿着道路向前走，再____转弯一直向前走，在道路____有一个枫叶廊。枫叶廊的____是一个枫林景观广场，在这里可以欣赏一下美丽的枫叶。

继续往前走，面前是阳光餐厅，游客们可以在此用餐。阳光餐厅的____是酒店度假区，晚上可以在酒店休息。酒店的____是森林木屋区。从森林木屋区出来向南走，穿过服务用房，它的____是儿童乐园，小朋友可以在此处玩耍。儿童乐园的____是游客中心。

4 根据描述画图

1. 仔细阅读下面的说明,把图画完整。

- 在第二行左边的方格中画一个紫色的正方形。
- 在最上面一行右边的方格中画一个红色的圆形。
- 在最下面一行左边的方格中画一棵绿色的小树。
- 在第二行中间的方格中画一个小人儿。

2. 仔细阅读下面的说明，把图画完整。

- 在餐厅旁边画两棵树。
- 在便利店旁边画一束气球。
- 在宠物店旁边画一只小狗。
- 在学校旁边画一个秋千。
- 在花店旁边画两盆花。
- 把水果店涂上你喜欢的颜色。

3. 仔细阅读下面的说明,把图补充完整。

这是一只小松鼠。在小松鼠旁边画一棵大树,在地上画一个松果。然后涂上颜色。

这是一张海底世界图。把水泡涂成蓝色,螃蟹涂成红色,海草涂成绿色,珊瑚涂成红色,石头涂成灰色。

4. 仔细阅读下面的说明，把图补充完整。

　　这是一只奶牛。把奶牛涂成黑白相间，牛角和铃铛涂成黄色，铃铛绳涂成红色。在奶牛的旁边画上小草和一棵大树。

　　这是客厅。把沙发涂成蓝色，地毯涂成红色。在客厅后面的墙上画一个时钟，沙发上画一个抱枕。

5. 仔细阅读下面的说明，把图补充完整。

　　这是一只兔子。把帽子涂成黑色，手里的拐杖涂成黑白相间，身上除了肚皮和胡子，都涂成棕色，手套涂成蓝色。

　　这是一头小牛。把鼻子涂成红色，牛角涂成黄色，鞋子涂成蓝色，身体涂成棕色。

6. 仔细阅读下面的说明，把图补充完整。

这是一名开着飞船的宇航员。把飞船涂成红色，星星涂成黄色，宇航员的帽子涂成蓝白相间，宇航员的服装涂成白色，宇航员的手套涂成蓝色，火焰外圈涂成黄色，内圈涂成橙色。

这是一棵苹果树。把树叶涂成绿色，苹果涂成红色，树干涂成棕色，草地涂成绿色，石头涂成灰色。

7. 请按照下面的描述完成一幅作品。

画一个长椅。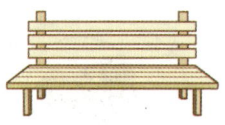

画一条小路  在长椅的前面。

画两片草地  在小路的两侧。

画一只小猫咪  坐在长椅上。

画一只狐狸  坐在猫咪的旁边。

画一轮太阳  挂在高空。

画一些云朵 在太阳下面。

画一棵大树  在长椅旁边。

画一只小鸟 站在树上。

画几朵小花  盛开在草地上。

8. 这是一套公寓，按照下面的描述，完成公寓的设计图。

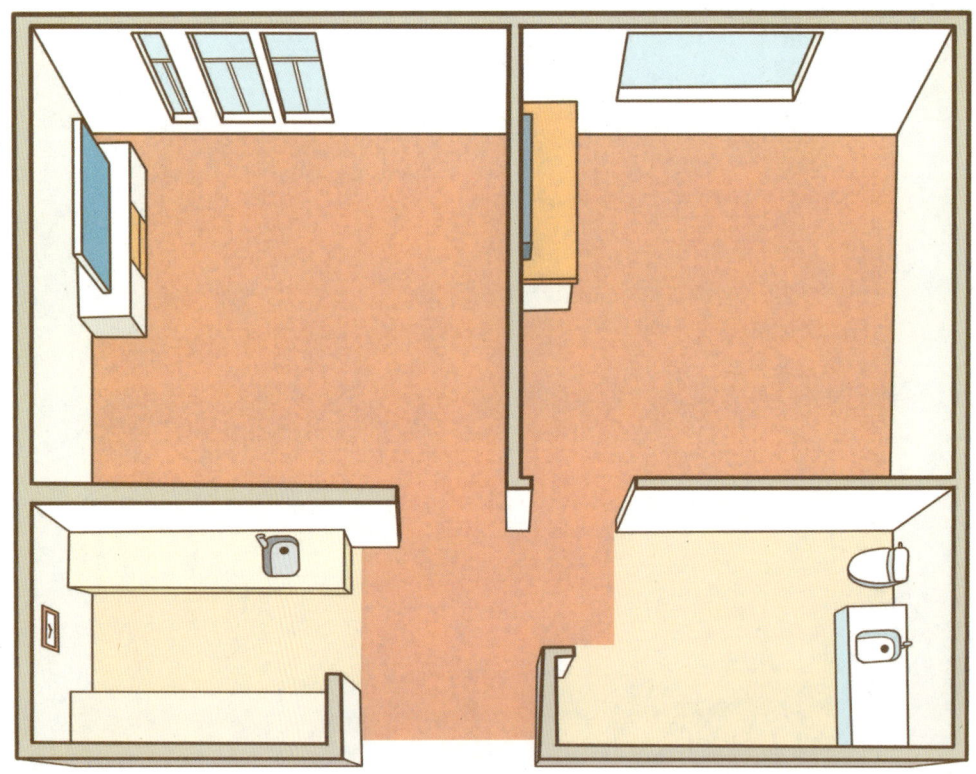

　　进入大门，左手边是厨房，给这个房间贴上标签"厨房"，再贴上一个灶台和一个烤箱。厨房北面是客厅，请贴上标签"客厅"，再贴上一张沙发和一张餐桌。客厅的东面是卧室，请贴上标签"卧室"和床。卧室的南面是卫生间，请贴上标签"卫生间"，浴缸紧靠卫生间南面的一面墙，请贴上浴缸。（标签和图标在43页）

9. 这是一套别墅，请按要求装饰。

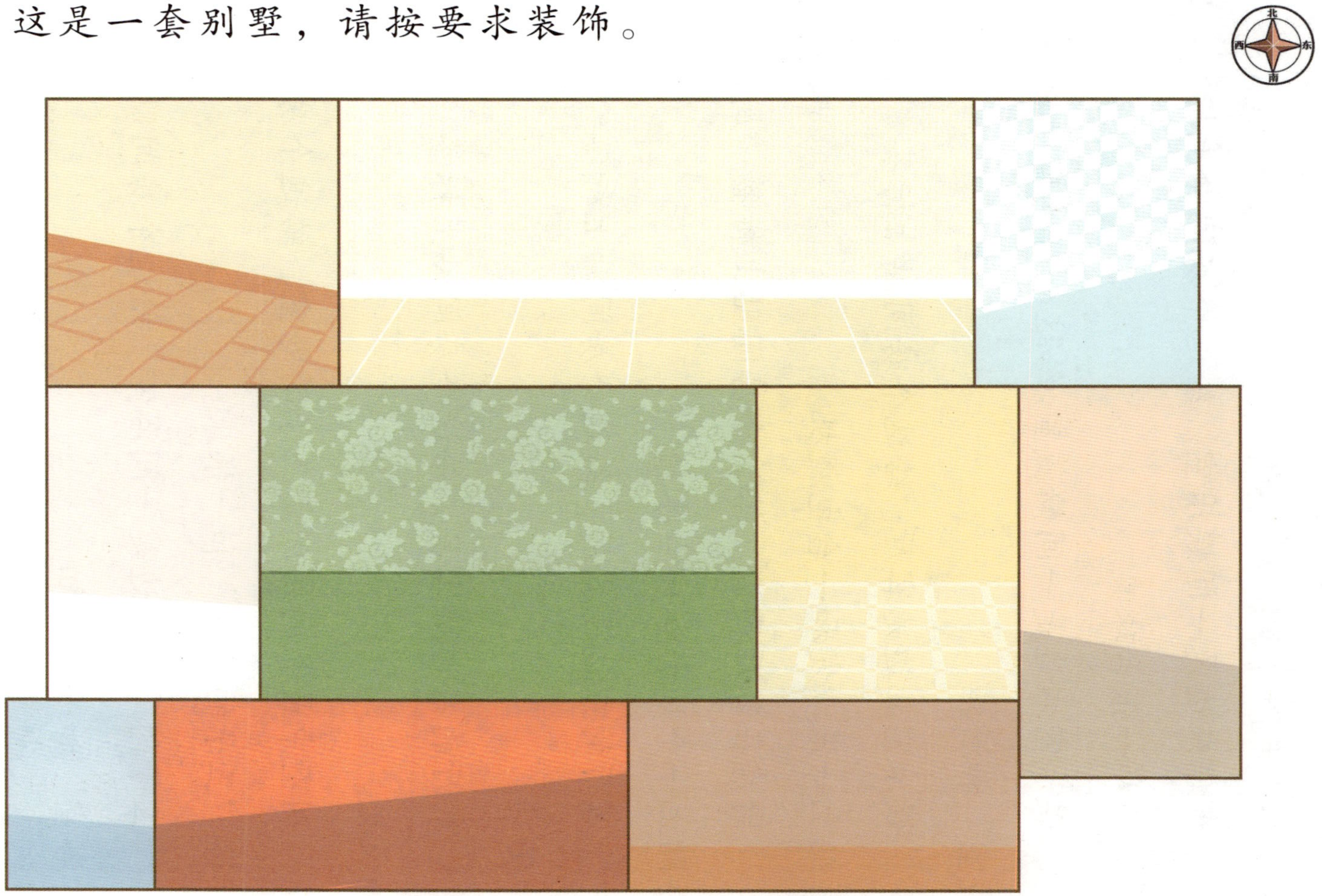

进入别墅，最小的房间是地下车库。给这个房间贴上标签"车库"和一辆汽车。

车库东边是一间娱乐室。给这个房间贴上标签"娱乐室"和一张台球桌。

娱乐室右边是一间储藏室。给这个房间贴上标签"储藏室"和酒柜。

娱乐室北边是客厅。给这个房间贴上标签"客厅"，再贴上一张沙发和一台电视机。

厨房在客厅西边。给这个房间贴上标签"厨房"，再贴上一个灶台和一台冰箱。

客厅的东边是餐厅，给这个房间贴上标签"餐厅"和餐桌。

餐厅的东边是客房，给这个房间贴上标签"客房"和衣柜。

别墅中最长的房间是王子的卧室。给这个房间贴上标签"王子的卧室"和一张床。

王子的卧室东边是一间浴室。给这个房间贴上标签"浴室"和一个浴缸。

厨房的北边是一间书房。给这个房间贴上标签"书房"，再贴上一个书架和一台电脑。（标签和图标在43页）

公寓的标签和图标

客厅　　厨房　　卫生间　　卧室

 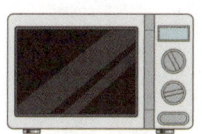 

 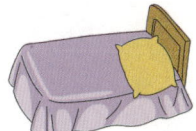 

别墅的标签和图标

厨房　浴室　餐厅　车库　储藏室
客厅　娱乐室　王子的卧室　书房
客房

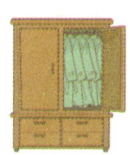    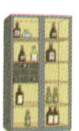

 5　路线导航

扫码获取学习资源

1. 按照下面的描述，将路线画出来。

　　海盗船是寻宝的起点，乘船到岸边，岸边有一棵椰子树，沿着椰子树向西北方向走，直到看见三个小山丘。

　　绕过山丘继续向前走看见木桥，过桥继续前行，会看到一个村庄，穿过村庄一直走，遇见森林后右转继续走，再次遇到木桥，走过木桥继续向前，左手边有一个骷髅山洞，宝藏就在山洞里面。

　　请在有宝藏的山洞上画一个记号。

2. 你会换乘地铁吗？先学一学，再做一做。

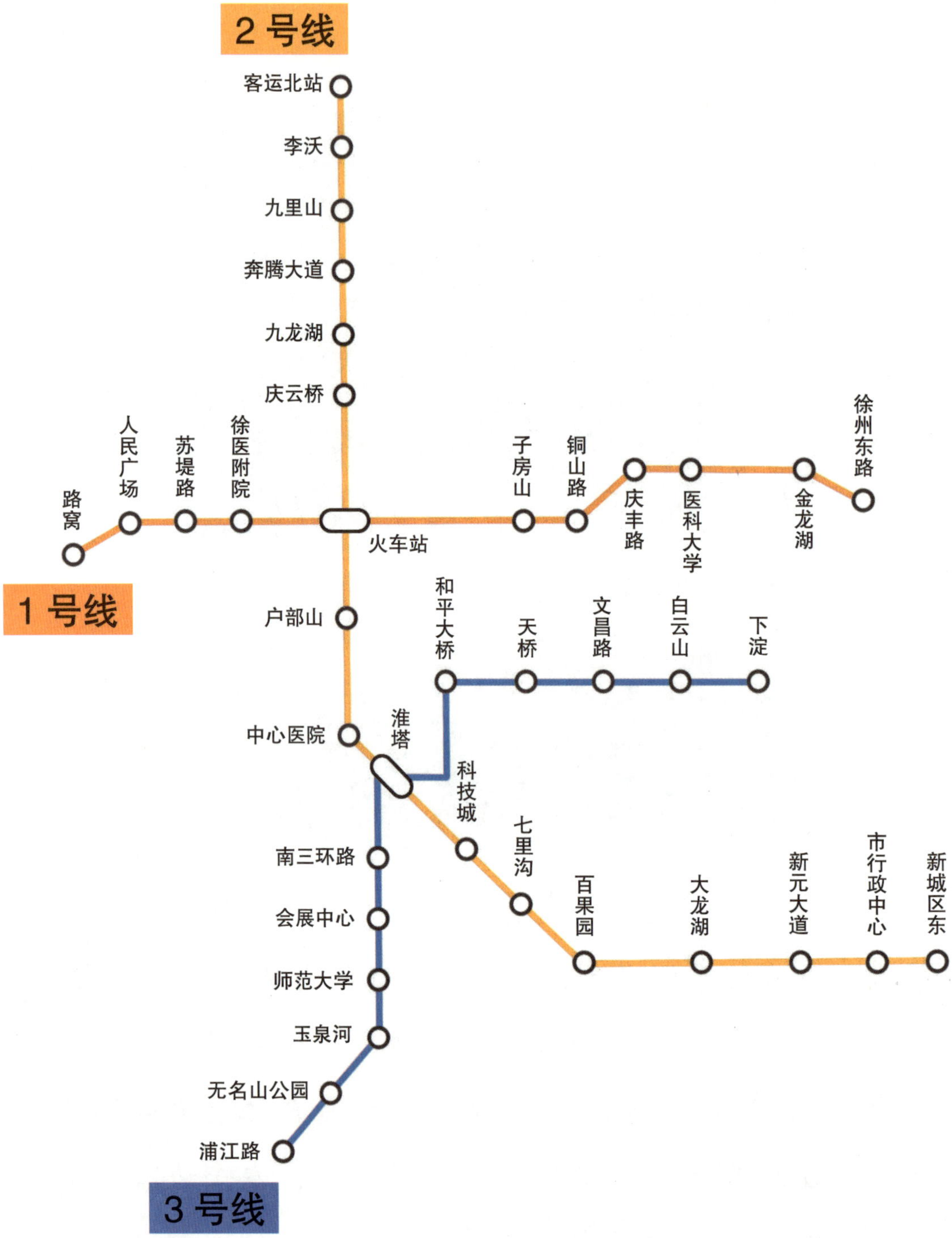

○乘坐地铁去目的地，需要先找到自己的出发站，然后找到目的地站，如果目的地站和出发站在同一条地铁线上，不需要换乘。

例如，从九龙湖到百果园，只需要乘坐2号线就到了。

○如果目的地站和出发站不在同一条地铁线上，则需要换乘。

如何换乘呢？

先看出发站和目的地站两条地铁线相交的是哪个站，这个站就是换乘站。

例如，从人民广场到新元大道，需要先乘坐1号线到火车站，然后换乘2号线，到新元大道。

○有的时候，出发站和目的地站所在的地铁线不相交，这就需要找到另一条地铁线来换乘，这条线必须和出发站所在的地铁线和目的地站所在的地铁线相交。

例如，从金龙湖到白云山，需要先从金龙湖乘坐1号线到火车站，换乘2号线，往南到淮塔，再换乘3号线乘坐4站，到白云山。

小朋友，你学会了吗？请认真观察下列地铁路线，试着规划一下行经路线。

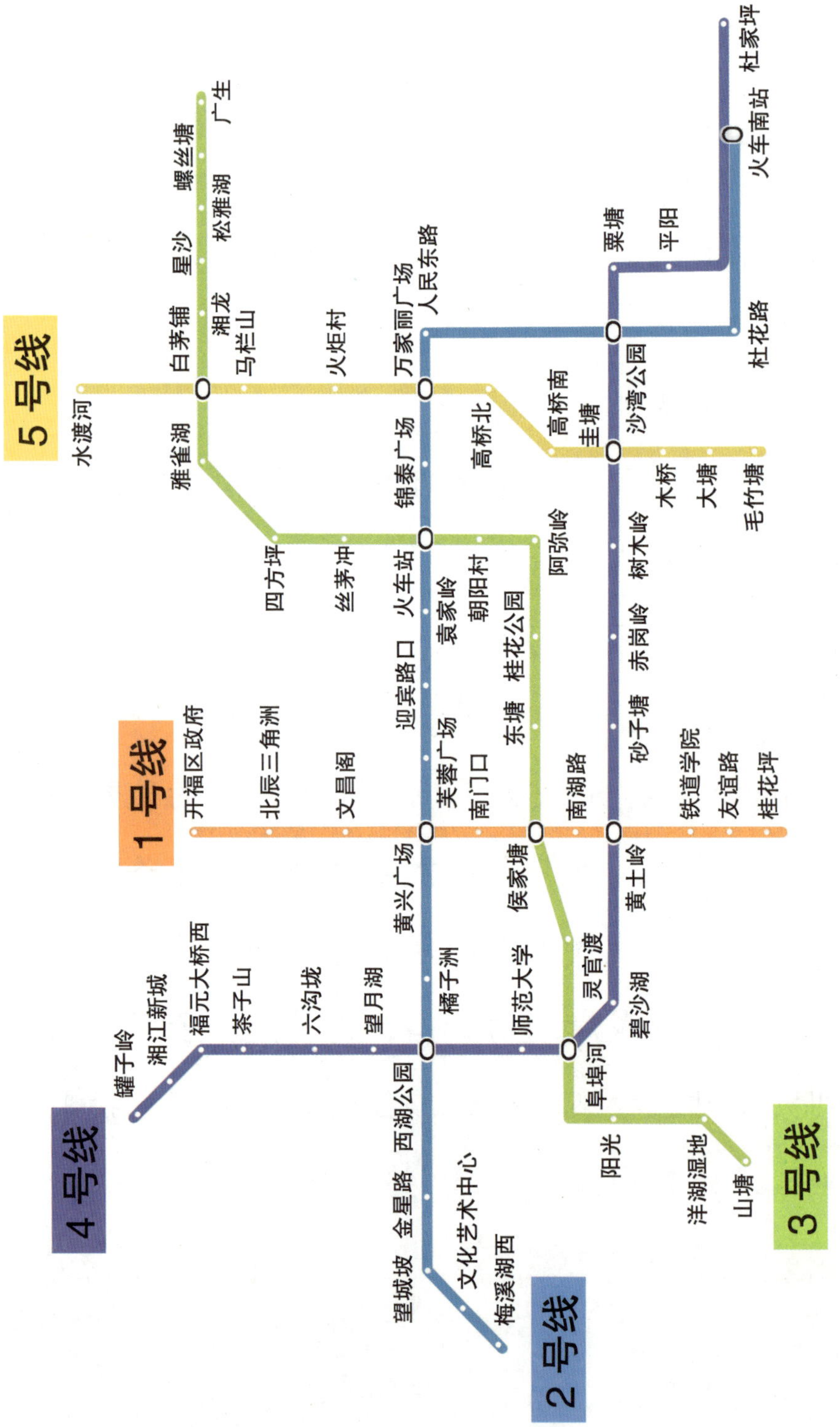

（1）从桂花公园到星沙：_____
_____
_____

（2）从望月湖到火车南站：_____
_____
_____

（3）从金星路到桂花坪：_____
_____
_____
_____

（4）从四方坪到碧沙湖：_____
_____
_____

（5）从水渡河到友谊路：_____
_____
_____
_____

3. 观察图片，回答下列问题。

小松鼠从医院出发，她想去中山公园游玩，中途她还想再去白云公园和月湖公园游玩，她应该怎么走呢？

4. 观察图片，回答下列问题。

小松想去学校，他出门应该向前走，走到第二个十字路口左转，一直走就能到学校了。

（1）小丽想去学校，她应该怎么走呢？

_____

（2）小松想要去体育馆，他应该怎么走呢？

_____

（3）小丽想要去蛋糕店，她应该怎么走呢？

_____

（4）小松想要去图书馆，他应该怎么走呢？

_____

（5）小丽想要去鞋店，她应该怎么走呢？

_____

5. 你在公园大门，目的地是旅游汽车营地。观察图片，完成下面的路线导航，并用不同颜色的笔把路线画出来。

（1）如果你一路上想参观胜景亭、神龟探水，你打算怎么走？

_____
_____
_____
_____
_____
_____

（2）如果你一路上想参观眺龙亭、探龙峡和桫椤群，你打算怎么走？

_____
_____
_____
_____
_____
_____

6. 观察图片，回答下列问题。有的路线不止一条。

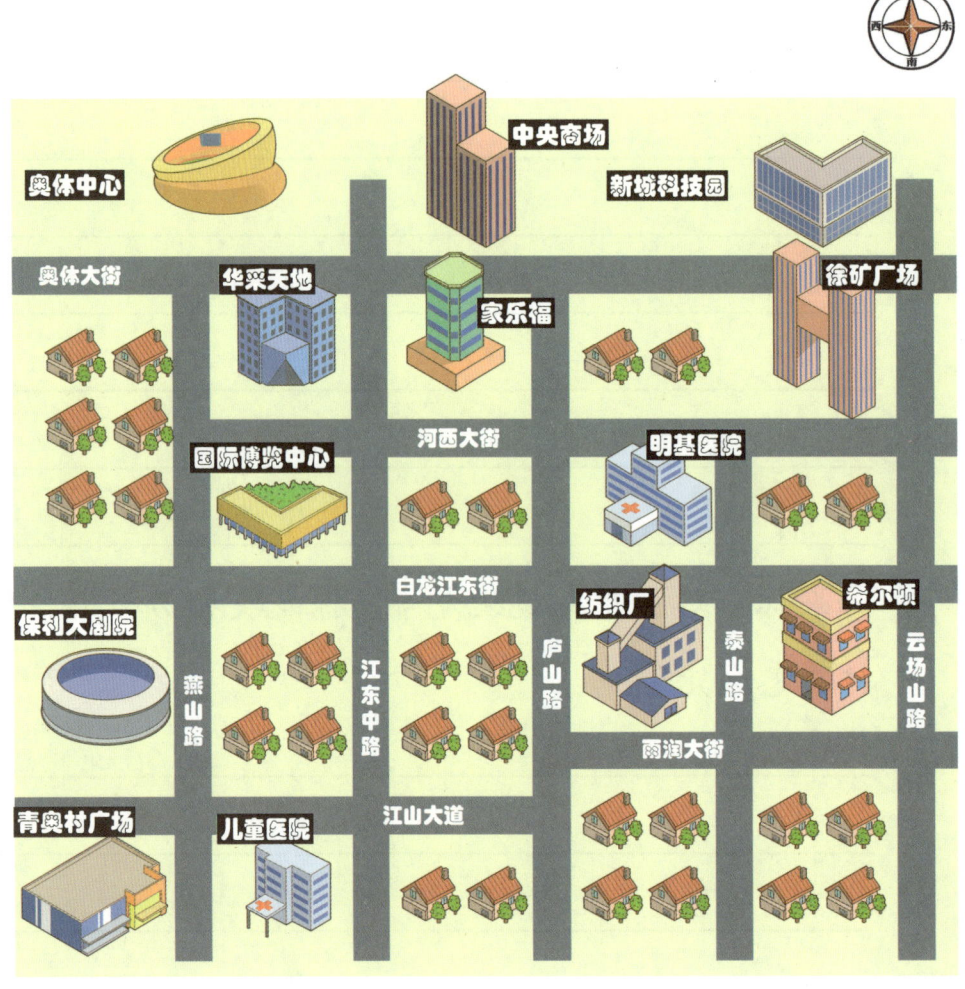

从青奥村广场到纺织厂：出了青奥村广场，沿着燕山路向北走，在第二个十字路口右转，再沿着白龙江东街向东走，经过两个路口到纺织厂。

（1）从保利大剧院到家乐福：_____
_____

（2）从奥体中心到希尔顿：_____
_____

7. 观察图片，量一下距离，并规划出导航路线。

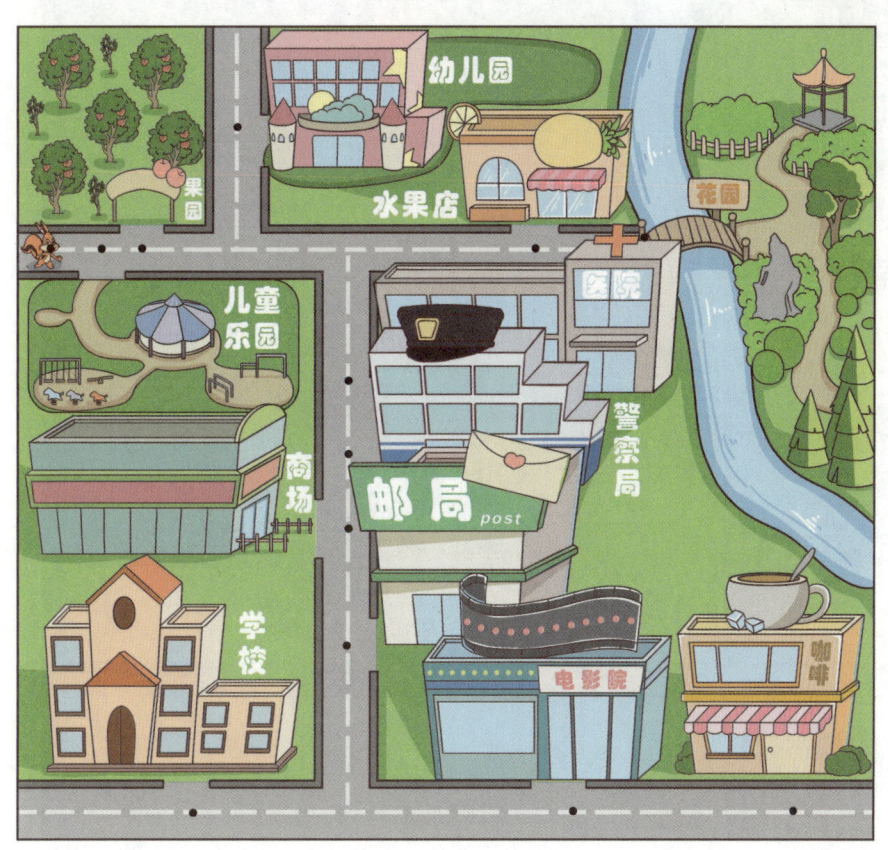

小松鼠从当前位置到学校：从当前位置出发向东走，直行40米，第二个路口右转，然后向南直行75米，经过路口右转，直行20米，右转到学校。

（1）从幼儿园到电影院：_____

_____

（2）从咖啡厅到花园：_____

_____

8. 观察图片，量一下距离，并规划出导航路线。

从电影院到美术馆：从电影院出来，沿着花园街向东直行350米，第二个十字路口右转，然后向南直行450米，在丁字路口左转，沿着幸福街向东直行50米到达美术馆。

从博物馆到公安局：_____
_____
_____

参考答案

1 空间特征语言

1. ③ ① ④ ⑥ ② ⑤
2. ① ④ ③ ② ⑥ ⑤
3. ② ③ ① ④
4. ④ ① ③ ②

2 空间方位语言

1. ① ③ ② ④ ⑦ ⑥ ⑤

2. （1）兔子 猪 猴子 青蛙

    （2）松鼠 孔雀 喜鹊 天鹅

3. （1）足球 机器人 皮卡丘 娃娃

    （2）小黄人 汽车 魔方 小熊

4.
在右边
在里面
在上面
在下面
在后面
在前面

5. ② ③ ① ④ ⑤ ⑥

6. 小女孩在树的 远处 给小草浇水。
   小朋友坐在爸爸的 后面 。
   各种各样的鱼生活在 海底 。
   秋天到了，大雁 南 飞。
   汽车在宽宽的马路 上 行驶。
   小男孩抱着南瓜站在树的 旁边 。
   两只小熊站在两棵树的 中间 。
   小松鼠藏在树洞的 里面 。
   小朋友惊慌地躲在桌子的 下面 。

7.

8. ③ ① ② ⑤ ⑥ ④

9. ② ④ ① ⑤ ③ ⑥

10. 因为房子离我们很远，而稻草人离我们很近。

11. ⑤ ④ ② ① ③ ⑥

12. ④ ⑤ ① ② ③ ⑥ ⑦

3 空间语言描述

1. ④ ① ② ③
2. ③   3. ②
4. ①   5. ②
6. ②   7. ①
8. ①   9. ②
10. （1）客厅。
    （2）次卧。
    （3）第二层左侧。
    （4）厨房。
    （5）顶层右侧。

（6）主卧。

11.（1）第三层中间。

（2）厨具。

（3）第一层最右侧。

（4）右边。

（5）第三层右侧。

12.（1）南边。

（2）过山车。

（3）西边。

（4）西北方向。

（5）恐龙乐园。

（6）北边。

13. ⑦ ⑤ ④ ⑥ ③ ② ⑧ ① ⑨ ⑩

4 根据描述画图

1.

2.

3.

4.

5.

6.

7.

8.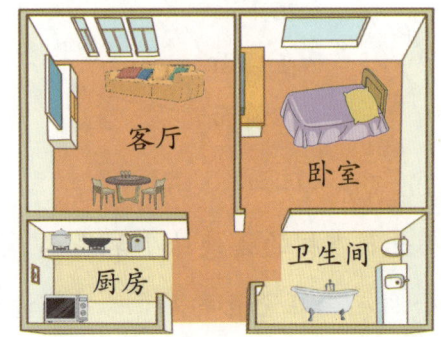

9.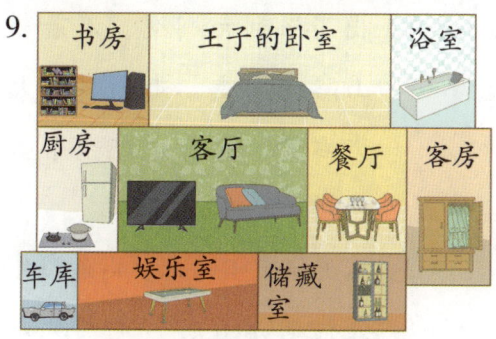

5 路线导航

1.

2. （1）从桂花公园站乘坐3号线，乘坐9站，到达星沙。

（2）从望月湖站乘坐4号线，乘坐13站到达火车南站。

（3）从金星路站乘坐2号线，向东乘坐3站到达黄兴广场，换乘换1号线，向南乘坐7站到达桂花坪。

（4）从四方坪站乘坐3号线，乘坐9站到达阜埠河站，换乘4号线，乘坐1站到达碧沙湖。

（5）从水渡河乘坐5号线，向南乘坐4站到达万家丽广场，换乘2号线，向西乘坐6站到达黄兴广场，再换乘1号线，向南乘坐6站到达友谊路。

（路线不唯一）

3. 从医院出来，沿丽园北路向北走，第二个路口右转进入中山西路，向东走，下一个路口右转进入环城西路，路左侧的公园即是白云公园。出了白云公园后继续沿环城西路向南走，到达路口后左转进入柳汀街，沿柳汀街向东直行即可到达月湖公园。出了公园，沿柳汀街继续前行，路口左转，沿解放北路向北走，即可到达中山公园。

4. （1）出门向北直行，走到第三个十字路口左转，直行到达下一个十字路口，右转后直行。

（2）出门向东直行，第三个十字路口左转后直行。

（3）出门向北直行，第三个十字路口左转后直行。

（4）出门向东直行，第一个十字路口左转后直行。

（5）出门向北直行，第一个十字路口左转后直行，到达第二个十字路口左转后直行。

（路线不唯一）

5.（1）从公园大门进去向西南方向走，经过岔路口后继续前行，参观胜景亭；然后向前走，下一个岔路口后向北走参观神龟探水；沿山路向西走到头后左转弯，之后沿着山路一直向前走，到达岔路口后右转，向西直行，最终到达旅游汽车营地。

（2）从公园大门进去向西南方向走，在第一个岔路口右转，一直向北走，参观眺龙亭；然后继续向北走，到岔路口后左转继续向前走，下一个岔路口右转向北行走，参观探龙峡。然后向南前行，一直沿右边的山路走，参观桫椤群。参观完后，继续向南走，到达下一个岔路右转直行，最终到达旅游汽车营地。

（路线不唯一）

6.（1）出了保利大剧院，沿着燕山路向北走，走到奥体大街右转，直行走过一个路口到家乐福。

（2）从奥体中心出来，沿着奥体大街向东直行，走到庐山路右转，向南直行，走到白龙江东街向左转直行。走过一个路口到达希尔顿。

（路线不唯一）

7.（1）出了幼儿园向南直行15米，到路口后左转，直行15米后右转，向南直行75米，左转向东直行30米后到达电影院。

（2）出了咖啡厅向西直行60米后右转，向北直行75米，路口右转向东直行40米，走到河边，过桥，到花园。

（路线不唯一）

8.从博物馆出来，沿着航海路向北直行400米，第二个十字路口右转，然后向东直行750米到达公安局。

（路线不唯一）

趣味空间思维
运动轨迹

STEAM 核心能力

主编　王婧雯

"码"上了解本书

学校：_____

班级：_____

姓名：_____

河南大学出版社　
HENAN UNIVERSITY PRESS
·郑州·

前 言

空间思维能力是STEAM［科学（Science）、技术（Technology）、工程（Engineering）、艺术（Arts）、数学（Mathematics）］教育中各学科的共同基础和核心能力。

荣恒"趣味空间思维"训练丛书是一套培养孩子创造力、专注力、逻辑推理能力、观察能力、语言表达能力、绘图能力、空间想象能力等的益智读物。

《运动轨迹》是其中一本，本书包括运动方向、路线图和迷宫等内容。

运动方向是对方向的认识，如左、右、上、下、斜向等。对简单运动的认识，如平移、旋转等。

路线图是让孩子通过对方向的认知，观察出行走的路线，提高孩子的方位辨别能力。

迷宫包括实物迷宫、趣味迷宫、水上迷宫、障碍迷宫、配对迷宫、管道迷宫、立体迷宫、纵向迷宫、规律迷宫、空间迷宫等，不同形式的迷宫路线，锻炼孩子的画图控笔能力，提高孩子的专注力和推理能力。

目 录

1. 运动方向 …………………………………… 1
2. 路线图 ……………………………………… 10
3. 迷宫 ………………………………………… 18
   - 实物迷宫 ………………………………… 18
   - 趣味迷宫 ………………………………… 22
   - 水上迷宫 ………………………………… 28
   - 障碍迷宫 ………………………………… 31
   - 配对迷宫 ………………………………… 35
   - 管道迷宫 ………………………………… 41
   - 立体迷宫 ………………………………… 45
   - 纵向迷宫 ………………………………… 49
   - 规律迷宫 ………………………………… 53
   - 空间迷宫 ………………………………… 55
- 参考答案 …………………………………… 57

1 运动方向

1. 如果把小人儿的运动轨迹用线条和箭头标示出来，会是什么样子呢？想一想，并把答案填入方框内。

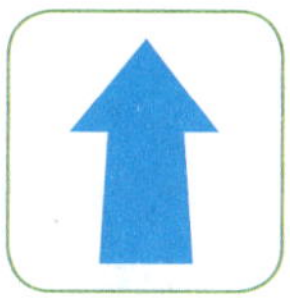

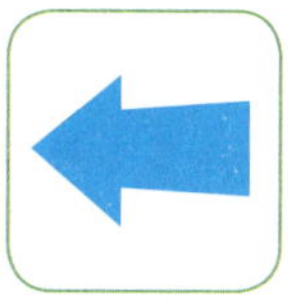

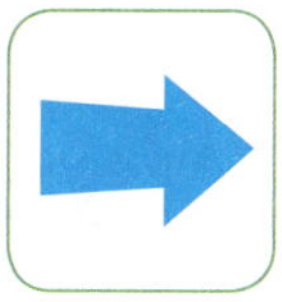

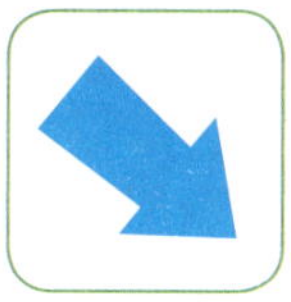

（1）

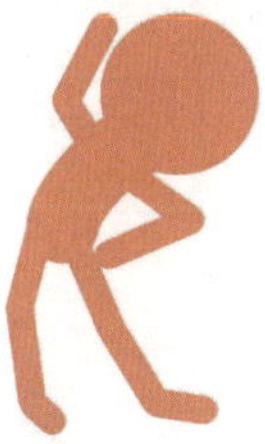

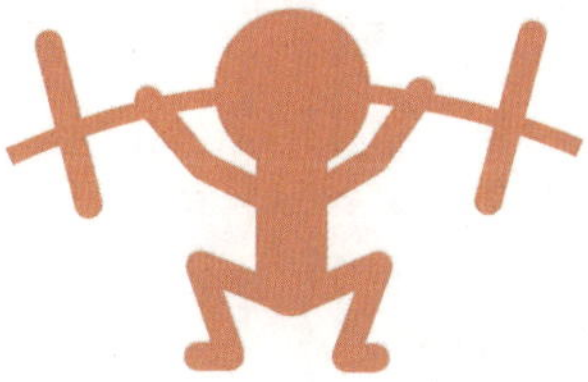

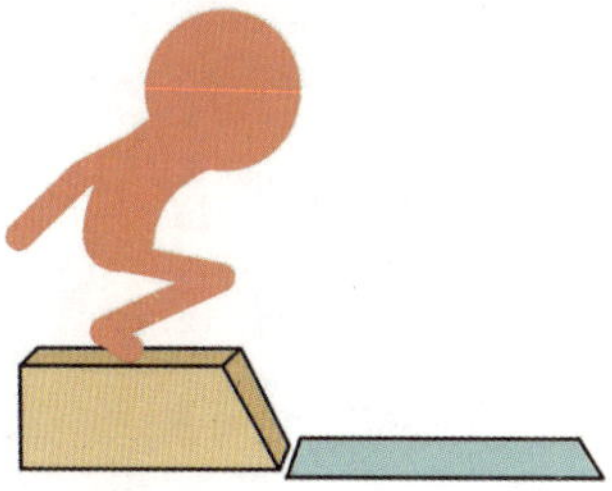

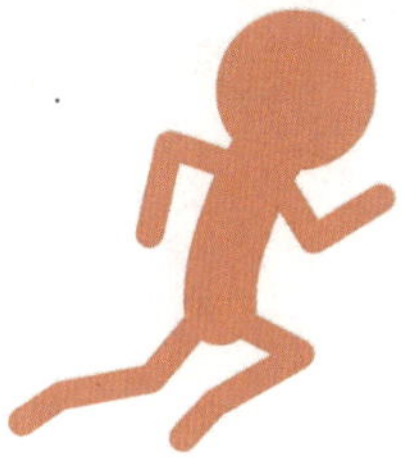

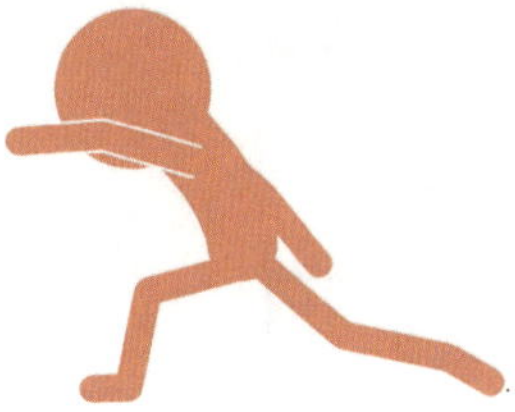

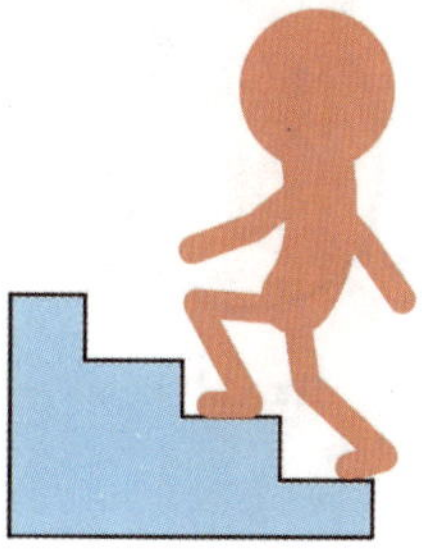

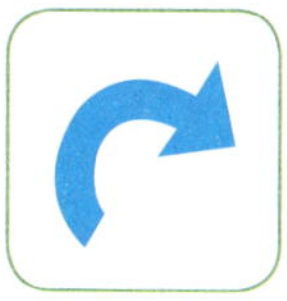

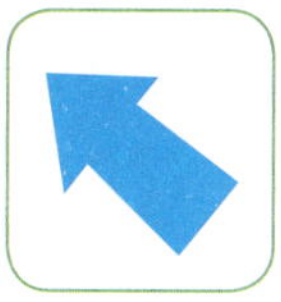

（2）

2. 人们在拼图的时候，会将每一块拼图通过旋转不同的角度进行拼凑，最终拼成漂亮的图案。

（1）

这里有9块拼图，要拼成如上图所示的图案，下图 ⭐ 处应该怎么拼？在答案处圈出来。

A.  B.  C.  D.

（2）

这里有12块拼图,要拼成如上图所示的图案,下图☆处应该怎么拼?在答案处圈出来。

A. 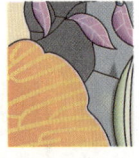   B. 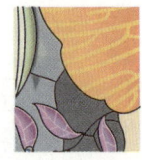   C. 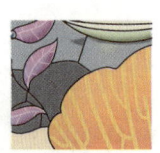   D.

3. 按照箭头所示走一走，贪吃蛇能吃到多少个水果？

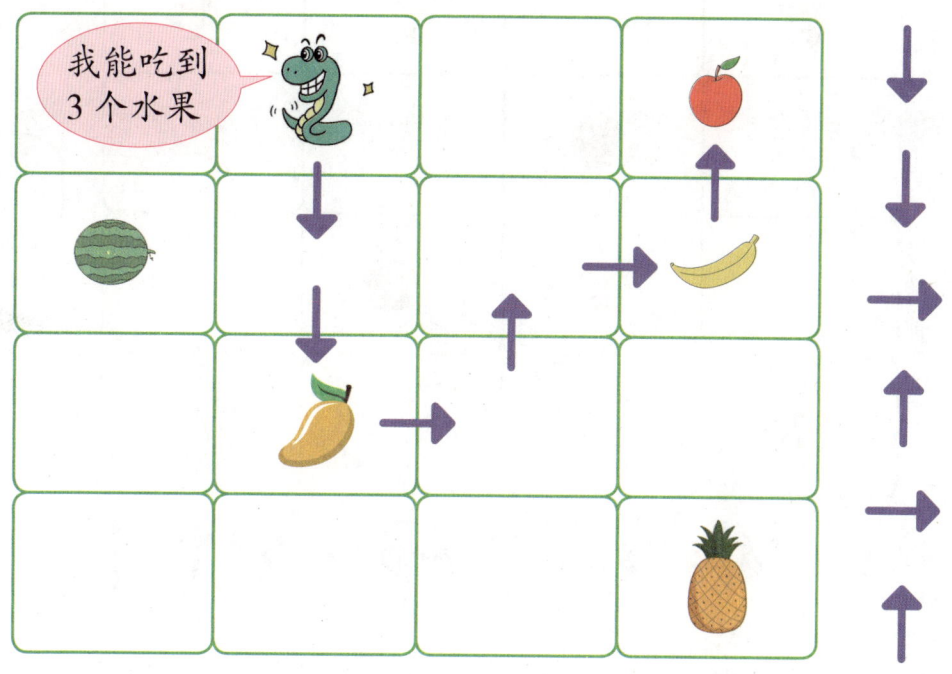

（1）请你也画一画，把吃到水果的个数写在右面的方框里。

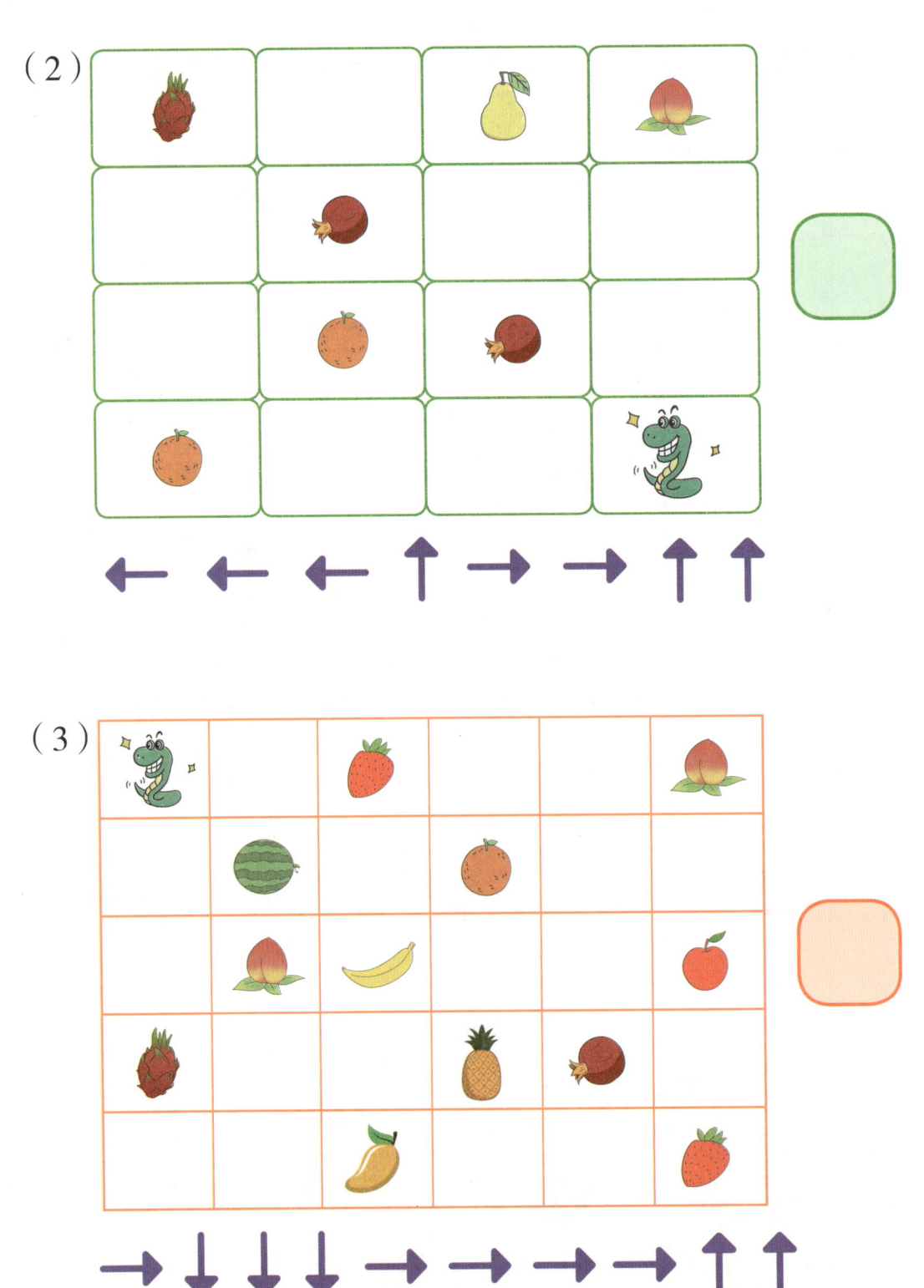

4. 下面哪条路可以让小猫吃到猫粮？请你选出来。

A ← ↓ ← ↓

B ↓ ↓ ↓ ← ← ←

C ← ↓ ↓ ↓ ←

D ← ↓ ← ↓ → → ↓

5. 下面哪条路可以让小狗吃到骨头？请你选出来。

A ← ← ↑ ↑ ↑

B ← ← ← ← ↑ ↑

C ↑ ↑ ← ↑ ← ↑ ←

D ← ↑ ← ↑

6. 下面哪条路可以让小兔子吃到红萝卜？请你选出来。

Ⓐ → ↓ → → → →

Ⓑ → ↓ → ↓ → ↓ ↓

Ⓒ → ↓ → ↓

Ⓓ → ↓ → ↓ → ↓ →

 **路线图**

扫码获取学习资源

1. 森林社区里住进来好多小动物，大象快递员要去给他们送快递……

如果要依次去给   送快递，路线是这样的：

如果依次去下面动物家里送快递，行走路线是什么样的呢？请选择相应的序号填入方框内。

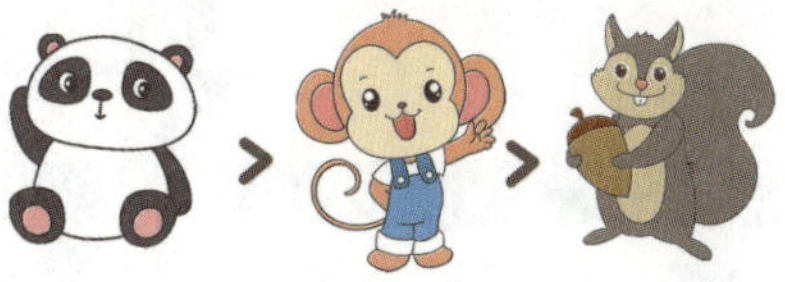

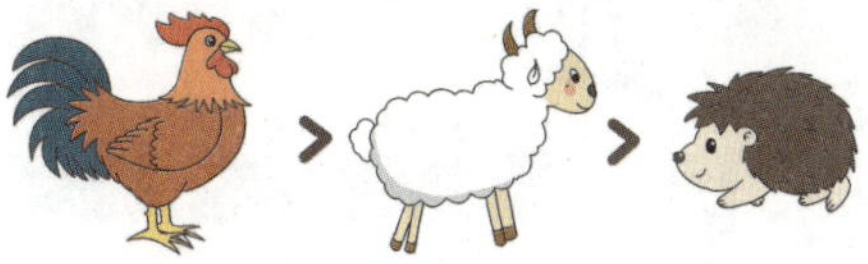

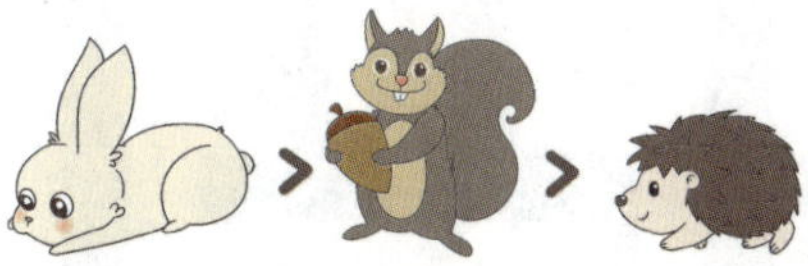

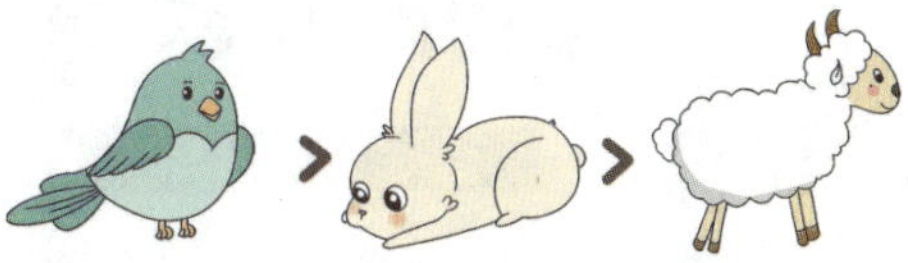

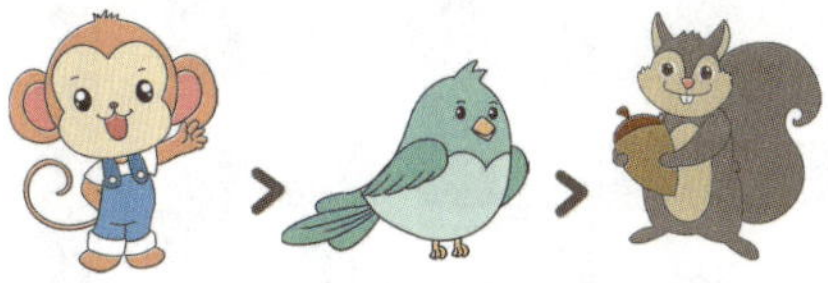

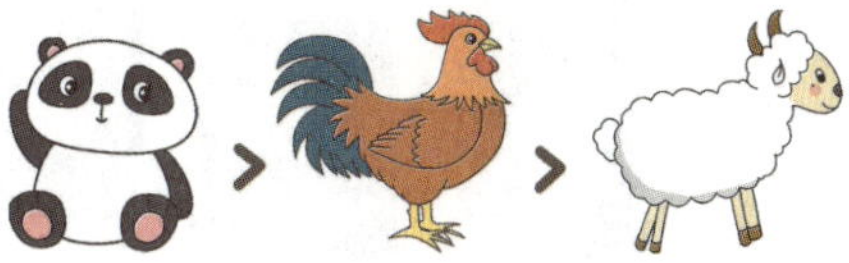

A 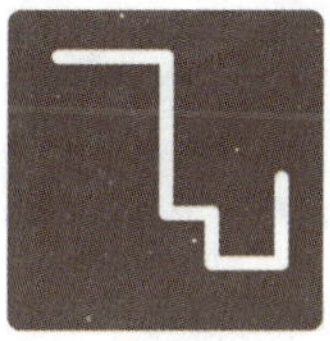

B 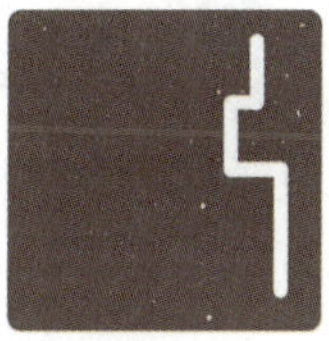

C 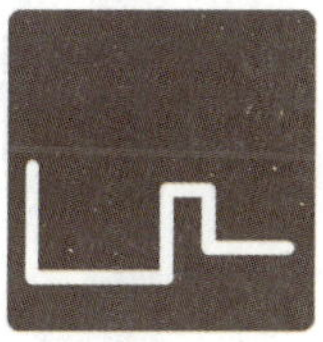

D 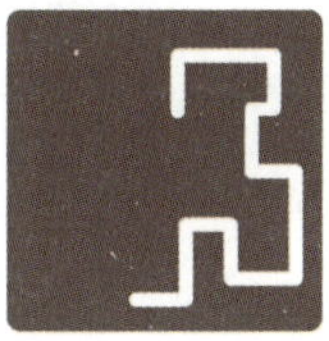

E 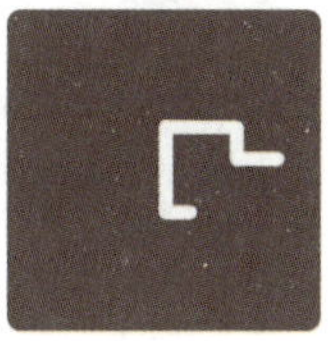

F 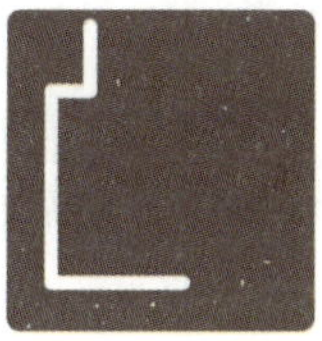

2.

左图中，六位小朋友要进入迷宫寻找遗失的书包，书包在星星所在的位置，他们的行走路线是怎么样的呢？请选择相应的序号填入方框内。

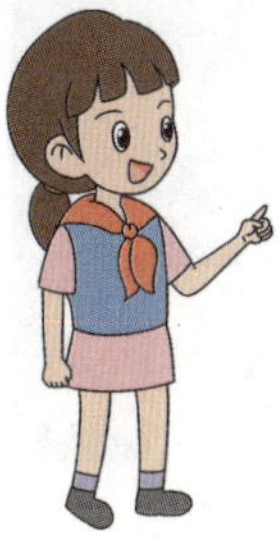
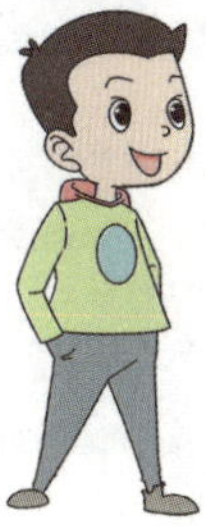
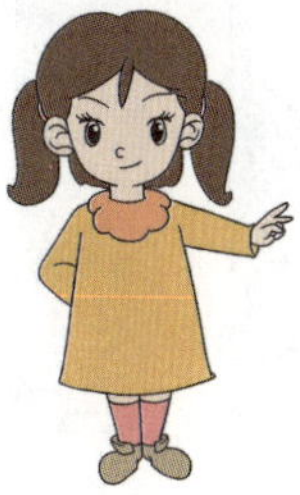

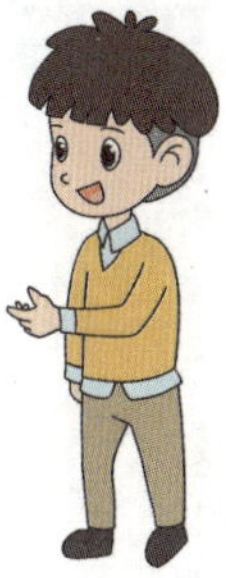
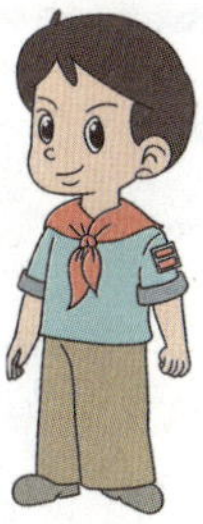
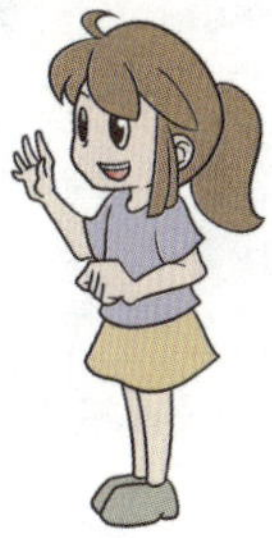

A 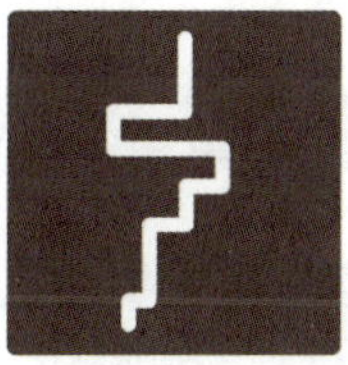
B 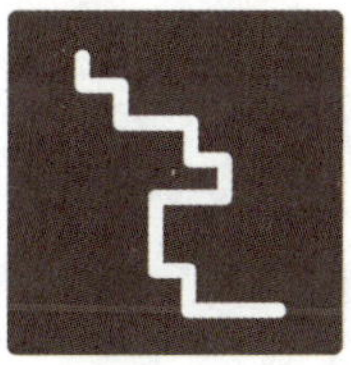
C 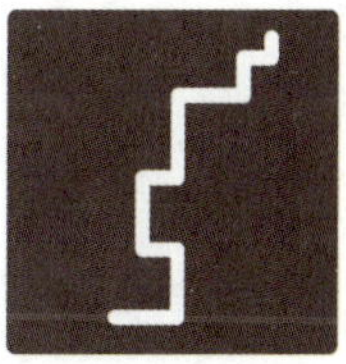

D 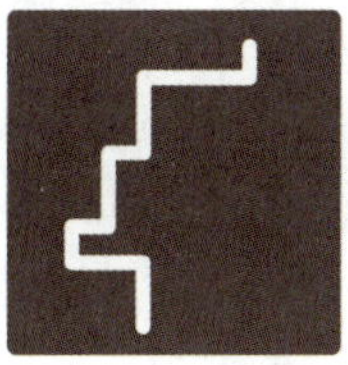
E 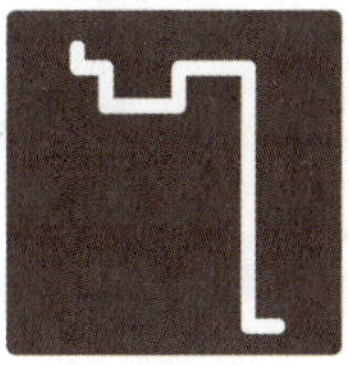
F 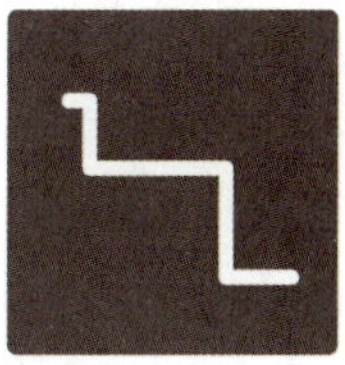

3.

下面是欢欢在某水果店（左图）中走过的路线图，大家能猜猜她每次都买了什么水果吗？把对应序号填入方框内。

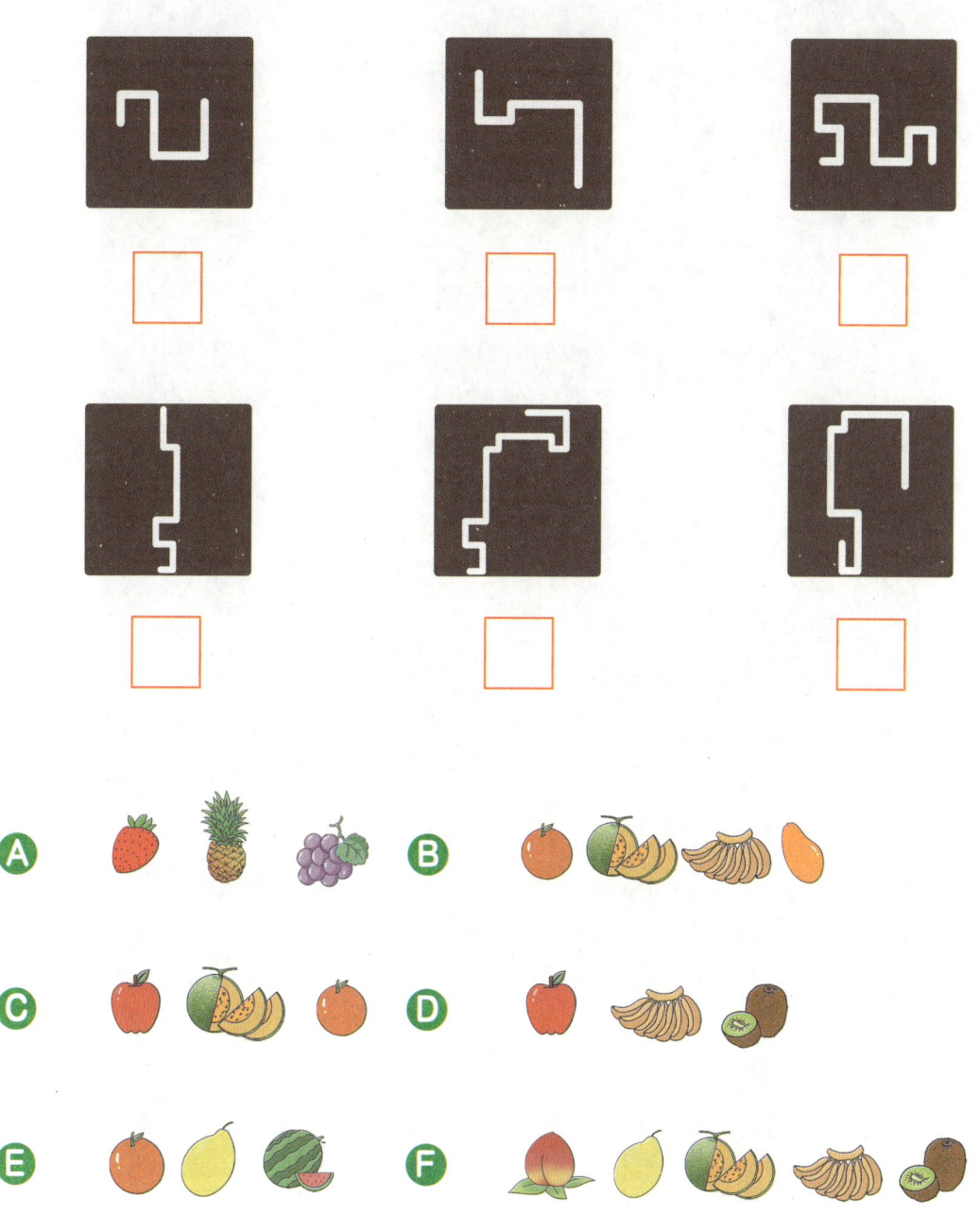

4.

小鼹鼠们要沿着管道（上图）回家，他们的路线是什么样的呢？请选择相应的序号填入方框内。

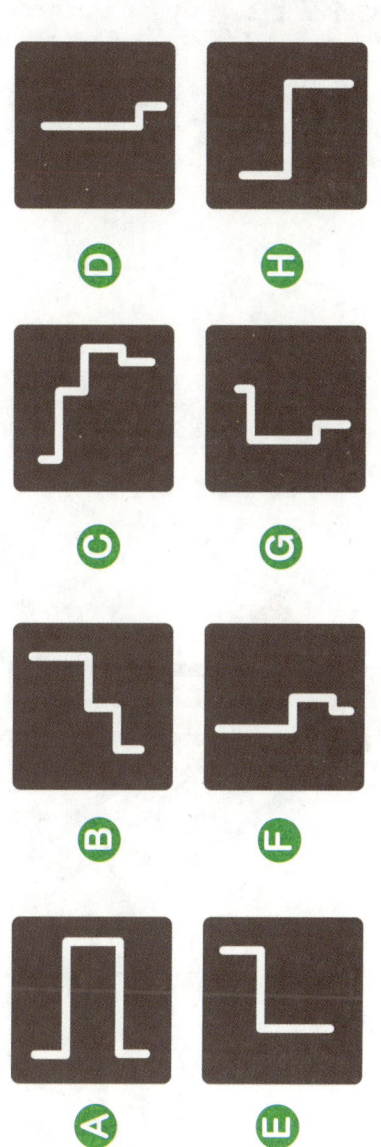

3 迷宫

扫码获取学习资源

实物迷宫

1. 你能顺利从星星迷宫中走出来吗？请拿笔画出路线。

2. 你能顺利从乌龟迷宫中走出来吗？请拿笔画出路线。

3. 你能顺利从菠萝迷宫中走出来吗？请拿笔画出路线。

4. 你能顺利从大象迷宫中走出来吗？请拿笔画出路线。

趣味迷宫

1. 一只小猫咪跑到屋顶上了,不知道怎么下来了。请画出路线,带它回到主人的身边。

2. 太空人登上了土星，后来找不到自己的飞船了。请在土星表面画出路线，帮助太空人登上自己的飞船。

3. 天快黑了,兔妈妈一直等不到兔宝宝回家,兔妈妈要走哪条路才能把5只兔宝宝一次领回家呢?

4. 据说有种魔法药水能让人使用魔法,但花精灵把魔法药水藏在了树篱迷宫里了,小老虎决定去找魔法药水。小老虎能够找到魔法药水吗?

5. 小公主迷路了，你能带领小公主回到城堡吗？请拿笔画出路线。

6. 明明一家人周末去旅游，爸爸开车在路途中迷路了。请帮助他们找到前往停车场的路吧，并在图中画出路线。

水上迷宫

扫码获取学习资源

1. 小美老师要带着小朋友去河对面的草地上野餐，你能帮助老师找到正确的路线吗？请拿笔画出路线。

2. 小朋友轩轩想去河对岸寻找大西瓜，你能助他找到正确的路线吗？请拿笔画出路线。

3. 小朋友奇奇看到他的好朋友乐乐在河对岸,你能帮助他到乐乐的身边吗?请拿笔画出路线。

障碍迷宫

1. 早晨欢欢要去外婆家做客。可是她不记得去外婆家的路了,你能帮助她找到前往外婆家的正确路线吗?请拿笔画出路线。

2. 美人鱼爱上了英俊的王子,想去海洋的另一端向女巫索求能把自己变成人的神奇药水,你能帮助她找到正确的路线吗?请拿笔画出路线。

3. 探险队来到亚马孙河，发现食人鱼，你能帮助探险船避开食人鱼安全通过这条河流吗？请拿笔画出路线。

4. 地底下，挖矿工在寻找金矿。突然，地精灵来了！你能帮助挖矿工躲开地精灵并成功挖到金矿吗？请拿笔画出路线。

配对迷宫

1. 你能准确找到下面每位小朋友的宠物狗吗？请拿不同颜色的笔画出来。

2. 你能准确找到下面三位小朋友钓到了哪条鱼吗？请拿不同颜色的笔画出来。

3. 你能准确找到下面四位小朋友喜欢的蛋糕吗？请拿不同颜色的笔画出来。

4. 你能准确找到下面每辆车各自到达的目的地吗?请拿不同颜色的笔画出来。

5. 你能准确找到下面三位小朋友被快艇牵引冲浪的路线吗？请拿不同颜色的笔画出来。

6. 好长又好棒的滑水道呦！三个滑水道中只有一个能到达下方的水池，你能帮助小朋友找到正确的路线吗？请拿笔画出路线。

管道迷宫

1. 小水滴如何走才能从水管的另一端出来呢？请拿笔画出路线。

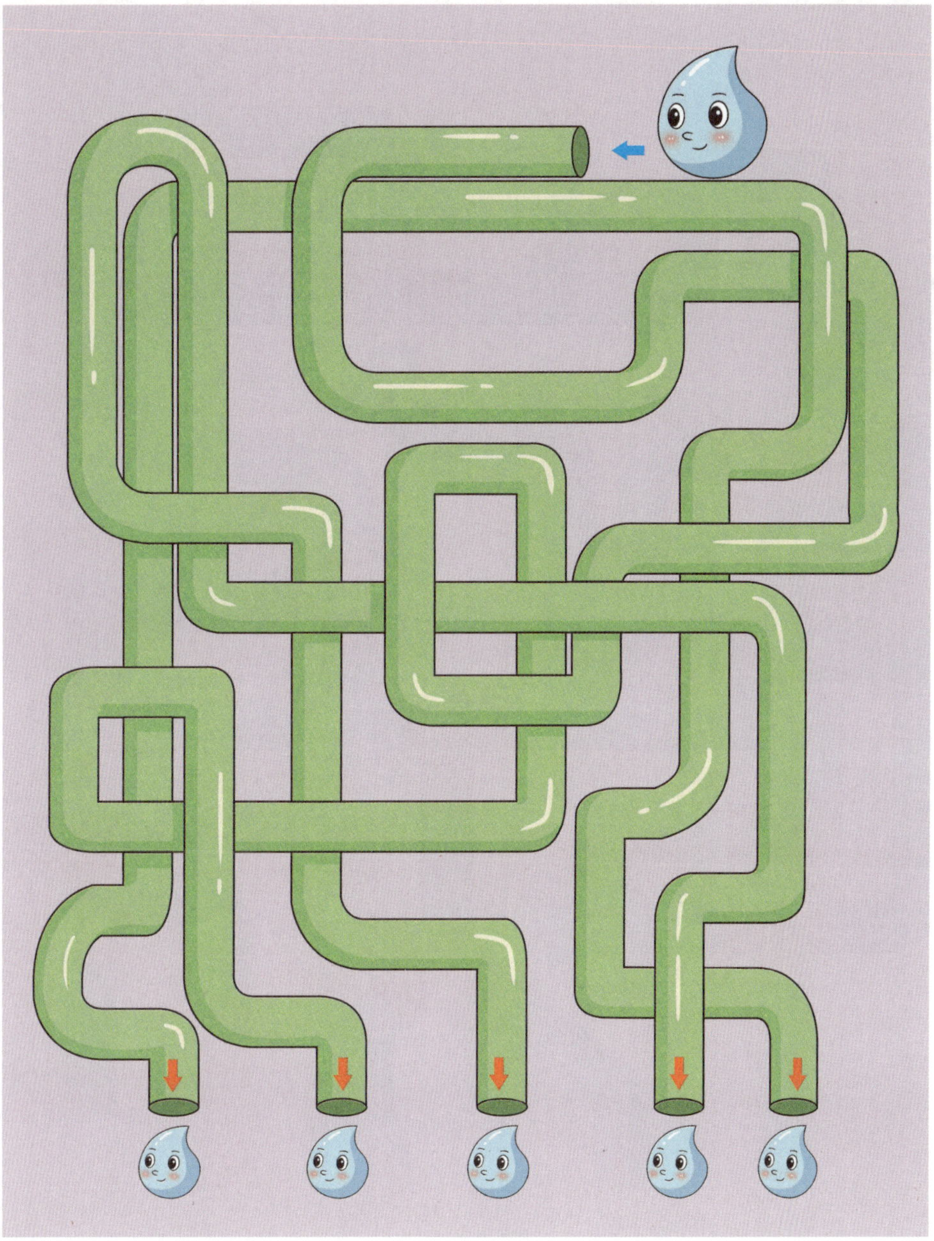

2. 小水滴要做一次水滴旅行喽！请沿着水管道路走，最后和可爱的宝宝一起洗个舒服的澡。你能帮助小水滴找到正确的路线吗？请拿笔画出路线。

（接上页图）

3. 咦？是哪根水管漏水了？你能帮助修理工找出漏水的水管吗？请拿笔画出来。

立体迷宫

1. 你能顺利从这个立方体迷宫中走出来吗？请拿笔画出路线。

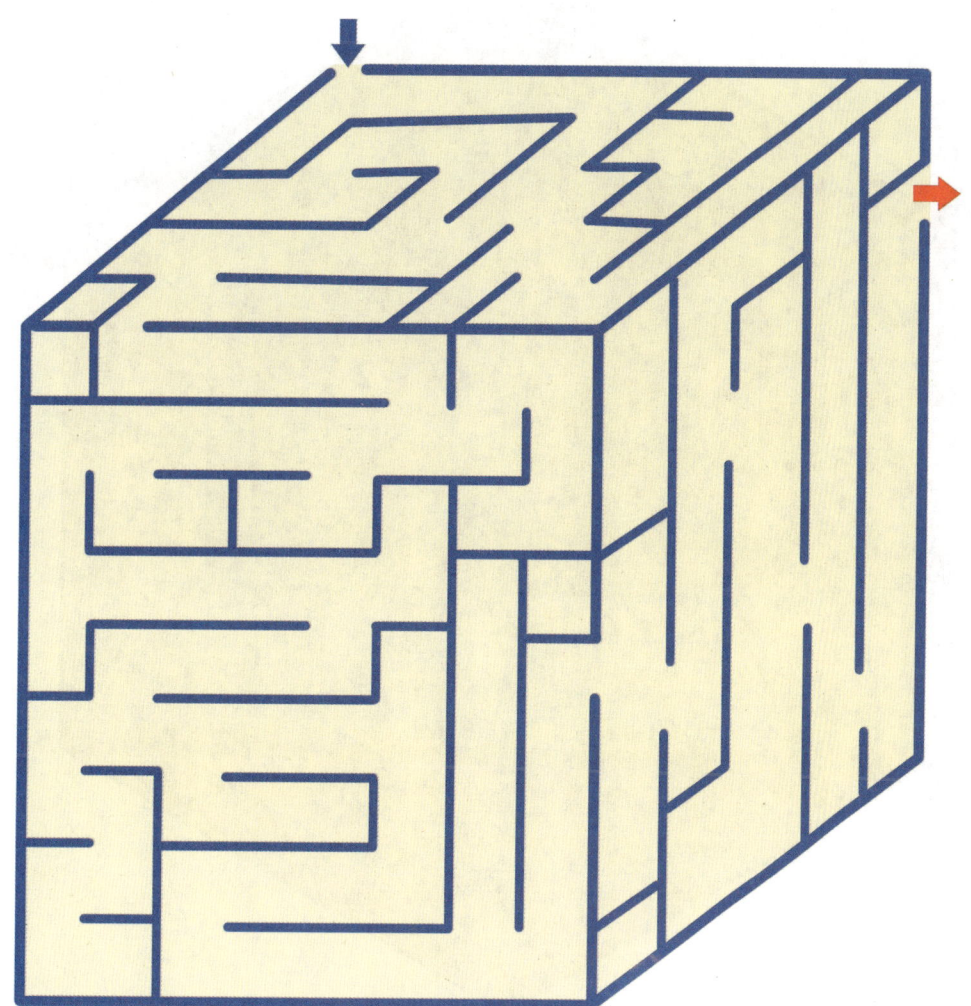

2. 你能顺利从这个积木迷宫中走出来吗？请拿笔画出路线。

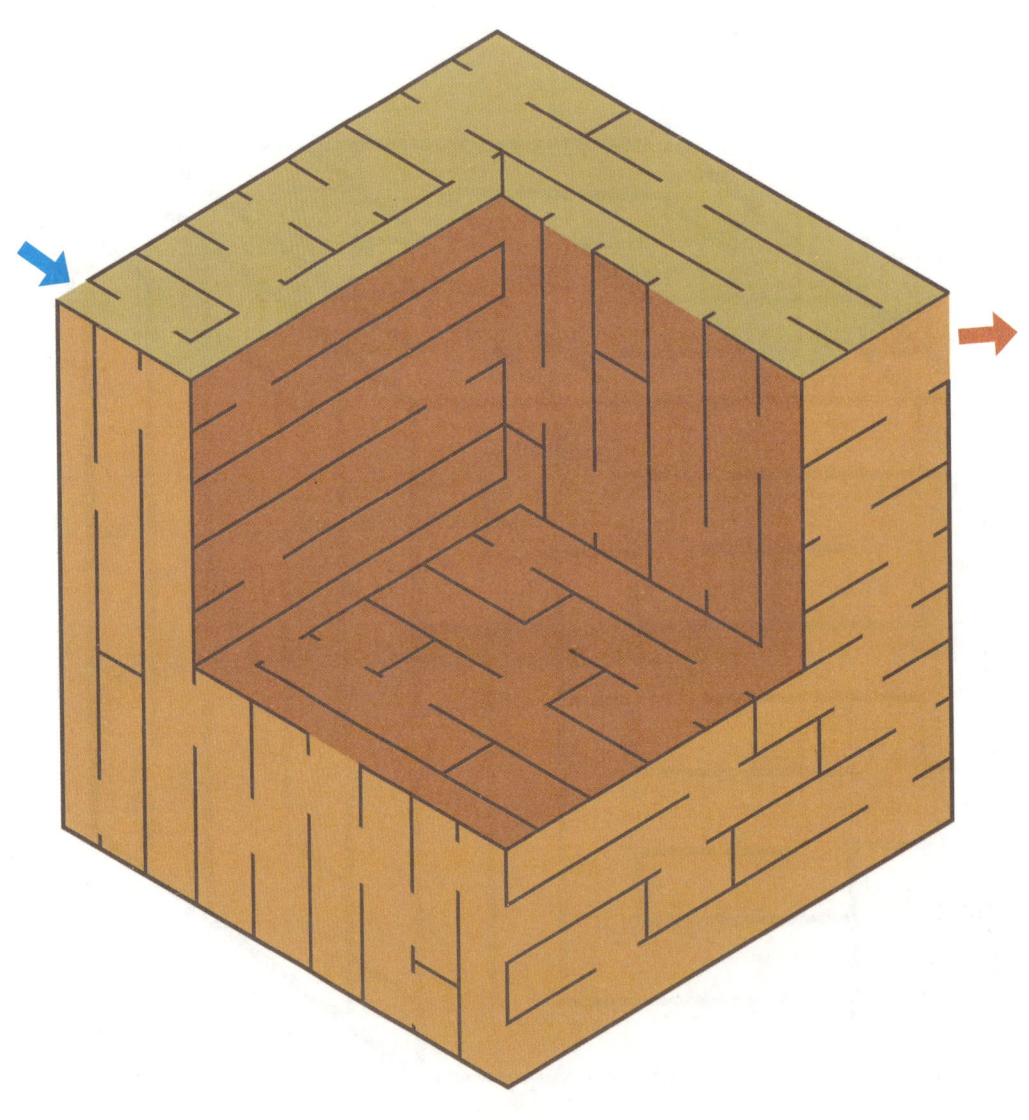

3. 你能顺利从这个房子迷宫中走出来吗？请拿笔画出路线。

4.你能顺利从这个立体迷宫中走出来吗？请拿笔画出路线。

纵向迷宫

1. 小朋友鹏鹏要去寻找七彩虹城堡,可是去城堡有好多条路,你能帮助他找到正确的路线吗?请拿笔画出路线。

2. 小海盗们要去寻找传说中放在城堡里的宝藏,可是去城堡有好多条路,你能帮助他们找到正确的路线吗?请拿笔画出路线。

3. 小毛全家开车去山里郊游，汽油快用完了，要去加油站加油，你能帮助他们找到正确的路线吗？请拿笔画出路线。

4. 小松鼠住在森林里的一个树洞中,你能帮助它找到回家的路线吗?请拿笔画出路线。

规律迷宫

1. 小松鼠游玩时发现了一处橡果树林，它打算召集其他松鼠一起来采摘橡果。它沿途做了记号，只要顺着单数（1、3、5、7、9）橡果就能找到回去的路了。你能帮助小松鼠走回去吗？请拿笔画出路线。

2. 星星们在彩虹池里洗了个澡，全部染上了颜色。彩虹姐姐告诉它们，只要按照"红橙黄绿青蓝紫"的顺序排好队，走过彩虹桥就会恢复原样了。你能帮助他们走过彩虹桥吗？请拿笔画出路线。

空间迷宫

1. 轩轩和小白进入了城堡，可是城堡里很黑，他们需要一支火炬照明。城堡里的路太复杂了，你能帮助他们找到火炬吗？请拿笔画出路线。

2. 仓鼠嘟嘟要去拜访仓鼠小花，途中要经过楼梯和管道，你能帮助嘟嘟找到正确的路线吗？请拿笔画出路线。

参考答案

1 运动方向

1. （1）E A D C B F
   （2）A C B D E F
2. （1）D　（2）D
3. （1）

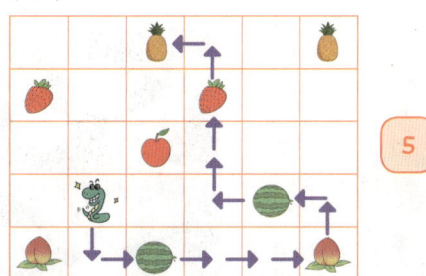

（2）

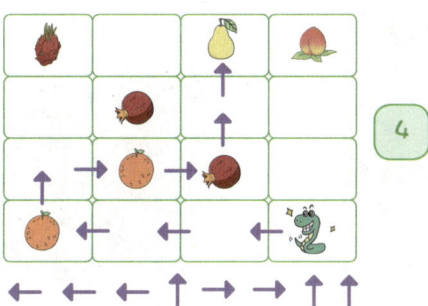

（3）

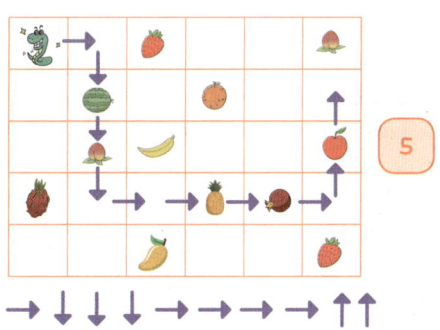

4. B　5. C　6. D

2 路线图

1. A C B D E F
2. E F D C A B
3. A D E C B F
4. F H A B C D E G

3 迷宫

实物迷宫

1.

2.

3.

4.

趣味迷宫

1.

2.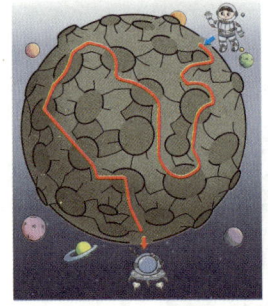

3.

4.

5.

6.

水上迷宫

1.

2.

3.

障碍迷宫

1.

2.

3.

3.

管道迷宫

1.

4.

4.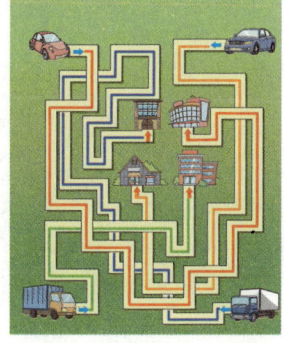

2.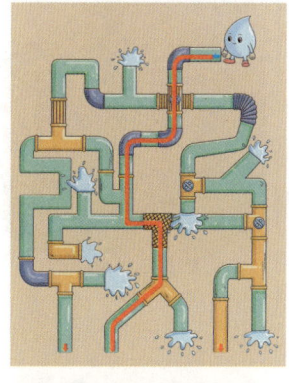

配对迷宫

1.

5.

2.

6.

3.

立体迷宫 纵向迷宫 规律迷宫

1.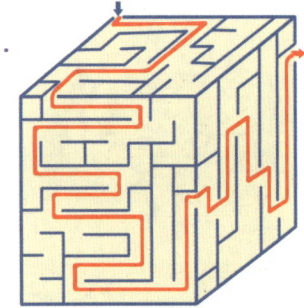
1.
1.

2.
2.
2.

空间迷宫

3.
3.
1.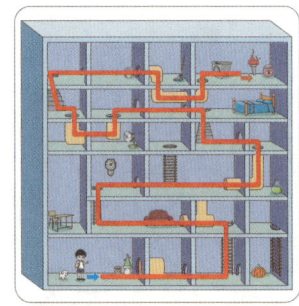

4.
4.
2.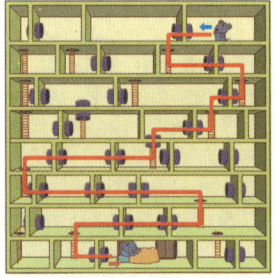